湛庐 CHEERS

与最聪明的人共同进化

HERE COMES EVERYBODY

CHEERS
湛庐

坪效之王
BECOMING
TRADER JOE

[美] 乔·库隆布　帕蒂·奇瓦莱里
Joe Coulombe　Patty Civalleri 著
侯静雯 译

浙江教育出版社·杭州

关于乔氏超市的运营之道，你了解多少？

扫码加入书架
领取阅读激励

扫码获取
全部测试题和答案
一起了解乔氏超市的
发展历程

- 与 7-Eleven 等超市相比，乔氏超市独特之处在于面积大吗？

  A. 是

  B. 否

- 以下哪项是乔氏超市自有品牌商品的经营原则？（单选题）

  A. 倚赖既定标品

  B. 可以适当添加人工色素

  C. 打造商品明确的差异点

  D. 一直售卖厕纸等日用品

- 乔氏超市会为商品取一些独特、有趣的名字作为个性化标签，这是为了迎合哪类目标客群的喜好？（单选题）

  A. 受过高等教育的低收入人群

  B. 受过高等教育的高收入人群

  C. 未受过高等教育的低收入人群

  D. 未受过高等教育的高收入人群

扫描左侧二维码查看本书更多测试题

Becoming
Trader Joe

推荐序 1

回归零售本质，打造超强商品力

裴亮
中国连锁经营协会名誉会长

超市的出现已有 94 年了，本书作者库隆布创建的乔氏超市——Trader Joe 既不是历史最久的，也不是规模最大的。不过，这家超市很有个性，这些个性让它成为美国消费者最心仪的超市，也成为中国零售同行最关注的超市之一，学习了解这家企业的经验是很多人的期望和心愿。

值得庆幸的是，乔氏超市的创始人库隆布不仅是一位优秀的企业家，还是一位深入思考商业运作底层逻辑的学者，两种身份的有机结合，带来了这本乔氏超市的创业与管理故事，这也让本书与其他介绍零售品牌的书有所不同。本书讲了乔氏超市的成长经历，包括库隆布对每一次企业变革的思考和价值判断。针对中国零售业当下的发展趋势，结合书中提到的关乎企业命运的两次重大决策，我在这里和大家分享一下我的感受。

第一个重大决策是超市经营模式的变革。 中国的超市行业发展了 30 多年，关于"回归零售本质"的讨论从来没有停歇。现在，通道费模式即将走入"死胡同"，业内普遍认同，超市转型的方向是打造商品力。但具体如何转型，很多企业还在苦苦摸索中。《坪效之王》一书详细介绍了乔氏超市如何在短短几年时间里告别通道费模式，完成采购变革，为成就之后 40 多年的辉煌业绩打下坚实基础。在 20 世纪 70 年代的美国，超市行业通道费模式和今天的国内超市如出一辙：各家超市的货架上都摆着同样的商品，整天围绕着进场费、货架与卖场位置，和供应商进行博弈。商品高度同质化，各零售商只能靠促销、各种优惠券和价格战来争得市场的一席之地。超市里订货、陈列甚至退货等业务都交给了厂家的促销员，部分超市为了把这些工作甩给供应商而不受规制，不惜与零售工会斗争。此外，超市收银员扫描商品收集的信息，也没有被善加利用……总之，相当一部分超市已经失去了商品经营能力这个立身之本。就在乔氏超市当时所在的加州放开了牛奶的最低限价，取消了针对酒类的公平贸易法案后，超市赖以生存的最后一个支撑不复存在，该州的超市盈利水平瞬间大跌，通道费模式也彻底崩盘。为了向真正的零售经营转变，乔氏超市制订了一个"五年规划"。其中的重中之重，就是围绕商品力打造，实施精益采购（IB）策略。我把这个策略概括为"三个转变，三个能力"。

第一个转变是由品类经营转向单品经营。 单品经营的基本原则是：不卖没有显著客户价值的产品，且每个单品都必须创造利润。乔氏超市摒弃了追求品类齐全的做法，大幅度压缩单品数：有货单位的数量从 20 世纪六七十年代的近万个减少到 20 世纪 80 年代末的 1 100～1 500 个。与当时的超市同行相比，竞争对手的卖场一般每平方米有 10 个单品，乔氏超市减少到 2 个，开市客（COSTCO）则低至 0.5 个。以酒类为例，乔氏超市先后淘汰了100个苏格兰威士忌品牌、70个波本威士忌品牌、50个杜松子酒品牌，还有数量众多的加州精品葡萄酒。压缩单品的原则为，要么价格最低，要么别家没有，否则淘汰。如何做到这一点？乔氏超市的主要方法包括：买断整个供应链，避免同质化竞争；以自有品牌为主；现金采购，保证购买力；鼓励供应商把产品的包装规格做大，降低采购成本；不怕损耗。

第二个转变是由谈判转为深度参与产品开发。 采购的任务不是谈判而是开发产品。乔氏超市聚焦自有品牌和"无牌"产品，从中发掘具有独特优势的产品。与之形成对比的是，固守传统模式的超市经营者对没有品牌或品牌力比较弱的商品，一般都缺乏操盘能力。乔氏超市先从葡萄酒和健康食品入手，例如奶酪，先购入整块的奶酪，然后分割成小份在店内销售。在产品开发方面，乔氏超市的成功案例不胜枚举。

比如海鲜冻品。在加州，超市经营的冷冻海产品都是品牌企业的产品，乔氏超市从这个品类入手开发自有品牌冻品，以更低的价格和更高的利润成为全美黑虎虾销售冠军。同时，在这个过程中，库隆布要求员工必须深入学习掌握海产品以及相关的包装、运输方面的知识。

还有一个例子是枫糖浆。当时，大品牌厂家的枫糖产品的主要成分是蔗糖，只添加微量枫糖在里面，唯一一个纯枫糖的品牌产品价格很高。超市对枫糖的经营并不重视，认为这种高价产品不会有什么销售贡献。库隆布则认为，枫糖有很大的增长空间。他们与枫糖浆最主要的产区——加拿大魁北克的农业合作社开展深度合作，采购大桶原浆，进行分装并贴牌，然后低价销售。现在，乔氏超市是美国最大的枫糖浆零售商。

第三个转变是从毛利率定价转为毛利额定价。当时，行业流行的定价法是确定一个毛利率，按毛利率确定零售价。这个方法简单，但不是一个好方法。而库隆布的定价策略是毛利额主导而非毛利率主导。例如，一瓶零售价为 20 美元的香槟，即使毛利率仅有 13%，毛利额也高达 2.6 美元；一款 2 美元的商品，毛利率就要定高一些，否则就无利可图。乔氏超市不销售 1 美元以下的商品，单罐的汽水和可乐在乔氏超市是看不到的，所以，乔氏超市客单价的平均值和客单价的中间值非常接近。乔氏超市的定价方法是：先找出要采购和销售的某商品的现行价格，在此基础上确定一个有市场竞争力的价格，同时计算出销售该商品能够获取的利润。库隆布在书中提到他的体会：在这个过程中，首先要破除一个观念，即品牌厂商定的价格（出厂价或批发价）是固定的，谈判只能在这个既定价格基础上争取利益。要相信，所有商品的价格都是可以变动的，如果真的不能变动，那就放弃这个商品。

实现三个转变，要依托组织的变革。 作者讲述了组织转型的三个要点，我把它归纳为三个能力。**一是组织保障**。首先，减少一线采购人员与总经理之间的层级，就像总经理与门店经理之间没有太多层级一样。其次，采购人员需要深度了解生产、包装和运输，但日常的沟通应该由助理完成，要让采购人员从日常的文案和订货工作中解脱出来。还有一点非常重要，采购人员应该拥有较高的薪资水平，同时避免把采购人员严格限定在某个（些）品类上，也别配备专门的办公室，要打破采购人员间的界限。**二是学习能力**。采购人员必须"懂"商品。精益采购的优势源于机动性和灵活性，这个做法是否行得通，取决于采购人员对商品知识是否有深刻理解和把握，包括对商品的消费、市场、生产、供应链诸方面有全面深入的了解。如果没有这个基本功，最好还是回归通道费模式，把商品经营交给供应商来负责。我不禁联想到目前中国的商科教育，设置商品学专业的院校寥寥无几，而且课程与实战有不少差距。换一个角度看，这也是商科院校培养人才的机会点。**三是合作关系**。在买方市场，买家扮演着甲方角色，零售商在与供应商的合作中处于主动地位。但必须认识到，购买力的重点不在于"买"，而在于"卖"。有钱在手就可以做买家，但如果没有出色的销售能力，包括好的地段、营销手段和价格，零售商采购的优势也会化为乌有。库隆布还强调了，要尊重供应商，别让供应商排队"觐见"。供应商并非零售商的对手，反而可能会提供绝佳的产品概念和特别的采买机会。另外，也不要排斥中间商，有能力的中间商是采购流程的重要补充。

第二个重大决策是公司"卖身"奥乐齐（Aldi）。介绍这一段故事，是基于我对行业下一阶段发展的一个预判，即随着超市行业整体增速放缓，很多企业都会产生与产业资本或其他企业间兼并重组的机会或诉求。出让企业的股权和所有权，对每一个创始人来说都是一个艰难的决定，但这种事情经常发生，特别是在企业经营遇到困难或者经济形势不好的时候。40多年前库隆布把乔氏超市卖给奥乐齐的故事中，他的一些做法和思考，在今天看来也是很有启发的。

当时，美国的相关法律有一些未决风险，这些风险有可能给乔氏超市带来灭顶之灾。因此，乔氏超市的出售，很大程度上是一种风险管理，而不是创始人想变现或退出。当时美国卡特政府的经济政策，特别是严苛的税收政策，对超市行业的影响还是很大的。库隆布在书中讲到当时的情景，引用了一段提问："风险管理是什么？风险管理就是问自己这个问题——'如果我接受，会承担什么风险？如果我拒绝，又会面临什么？'"

1970年前后，德国奥乐齐折扣连锁店的阿尔布雷希特兄弟分家，哥哥掌管南奥乐齐，弟弟负责北奥乐齐。南奥乐齐在20世纪70年代中期通过收购一家本地超市进入美国市场，弟弟步哥哥后尘，也准备以同样的方式进军美国，正好看上了乔氏超市。面对奥乐齐的收购邀约，库隆布考虑了乔氏超市及自己有可能遭遇的风险：第一，按照卡特政府的夫妻间遗产税，如果库隆布亡故，遗孀需要缴纳的税费会令公司破产；第二，政府打算在1980年终止资产所得税的优惠，把资产所得的税率由33%提高到73%；第三，公司即将因无法获得附加税减免而损失10万美元；第四，根据经济学家康德拉季耶夫周期波动理论预测，1985年，美国经济将进入新一轮的危机与萧条，超市经营会更困难。

从另一个角度考虑，如果卖掉公司，用库隆布的话来说，最大的风险是自己"会失去一个参悟世界的窗口"。因为"通过公司经营，自己可以保持与世界的互通"。库隆布承认，这已然成为事实，也是卖掉公司必然付出的代价。另一个风险是有可能失去更多的财富，关于这一点库隆布认为，奥乐齐的出价"刚刚好"。乔氏超市赞同亚里士多德的中庸之道——节制、谦逊、谨慎、纯洁、得体、自控，万事不可过度。

乔氏超市"卖身"奥乐齐，还有几个细节也耐人寻味：当时，库隆布提出了"一页纸合同"的要求，把交易简单化，他一直坚持这个立场，并征得了对方的同意。交易在1979年完成，库隆布说，他并不是把公司"卖给德国公司"，只是把股权交给了特奥多·阿尔布雷希特为两个儿子设立的家族信托基金。阿尔雷特希家族没有对乔氏超市直接进行投资，也不参与分红。乔氏超市被收购后，继续独立经营，不和奥乐齐做联合采购之类的事。之前，库隆布曾经拒绝了两家美国同行的收购邀约，选择德国而非美国同行，是因为他担心被美国公司收购后，乔氏超市会成为母公司的提款机，进而把公司、员工置于险地。选择奥乐齐，是因为乔氏超市认为阿尔布雷希特和自己一样，属于财务保守型企业家，他们是为现金而不是为不动产去经营生意。另外，他认为与美国公司相比，欧洲企业更倾向于长期持有一家公司而不会把公司卖来卖去。

乔氏超市的出让过程对顾客和供应商都是透明的，而且，并购之后公司依然保持原来的经营方式，唯一的变化是把公司原来的 8 个公司进行了合并，否则，公司就享受不到附加税减免政策了。

以上库隆布关于风险管理与卖掉公司的论述，是每一位企业家在打算出让企业时需要认真思考的一些维度和视角。居安思危，是管理企业风险的核心。出售企业，应顺应中庸之道，树立理性的财富观，同时不放弃对世界的继续探究。

当然，作者在本书中所分享的超市经营之道远不止于此。关于自有品牌、员工薪酬等方面，作者都有非常独特且值得细细体会的经验和感悟。希望超市同行、零售业者，乃至企业家、相关学者都能抽出一点时间，在库隆布生动的叙述中领略美国消费行业的变迁，感受"坪效之王"乔氏超市发展的精彩历程。

Becoming
Trader Joe
推荐序 2

优质优价的自有品牌"王国"

庞小伟
联商网董事长

当我向德国零售商奥乐齐的经理了解他们对美国乔氏超市的看法时，他们不约而同地表达了赞赏，仿佛是对一个值得尊重的对手表达敬意。而事实上，奥乐齐北方公司已在 1979 年收购了乔氏超市，经过 40 多年的发展，今天的乔氏超市展示出强大的生命力，赢得了员工和顾客的认可，也创造出令业界瞩目的经营业绩。

在一项关于顾客对零售商喜好指数（Retailer Preference Index）的调查中，根据价格、质量、运营机制、便捷性、折扣等评价维度，乔氏超市连续多年成为美国人心中的"最佳超市"，更是华人口中亲切的"缺德舅"[1]。

---

[1] 取自 Trader Joe's 的谐音。——编者注

乔氏超市由乔·库隆布于1967年在美国加州创立,目前是全美领先的社区连锁食品超市,以自有品牌为主体,在"天天平价"的模式下,出售来自全球各地的高质量食品。

在乔氏超市创办初期,乔·库隆布瞄准那些受过良好教育但收入并不是很高的群体为目标顾客,他们喜欢旅行度假,愿意尝试新的食品和饮料,在追求品质的同时,也在意价格,具有价值理性。

1977年,加州政府不再对牛奶实行最低零售价格管制。竞争之下,乔氏超市牛奶品类的毛利从22%下降到2%,而当时,乔氏超市售卖的货品,有50%都受到价格管制的"保护"。库隆布提出了"五年计划",真正奠定现代乔氏超市的模型:

- 聚焦食品品类,但减少对牛奶和酒精的依赖。
- 放弃依靠广告宣传的品牌商品,拥抱自有品牌。
- 聚焦具有稀缺性(季节性)的品类。
- 精选大单品而非整条产品线,砍掉低价值品类。
- 重视选品策略和供应商系统。如不能做到价格最低,或唯一经销,就不能上架。

管制取消导致的盈利波荡,严重影响了创始人和员工的心态,为出售埋下了伏笔。当时,奥乐齐北方公司正在寻找机会进入美国市场。1979年,双方达成交易,奥乐齐全资收购乔氏超市,同时请库隆布继续留任CEO。在收购后,奥乐齐方并没有对乔氏超市的管理多加干涉,依旧由库隆布打理乔氏超市。1988年,库隆布正式离开,由其大学校友约翰·希尔兹（John Shields）接任董事长。之后乔氏超市开始大力扩张，门店数量每年新增20%。

目前，乔氏超市在全美的门店总数超过530家，员工超过10 000人，近年来新店的平均面积约1 000平方米，门店SKU数不超过2 500个，年销售额超过130亿美元。有咨询机构估计，乔氏超市的毛利率不高于25%（传统超市的毛利率为28%），其中自有品牌毛利率25%～30%，品牌商品毛利率10%～20%。

2016年，《财富》披露乔氏超市坪效（每平方英尺的销售额）约为1 750美元。相比之下，开市客约为1 200美元，全食超市约为850美元，山姆会员店约为700美元，沃尔玛超市约为400美元，乔氏超市是美国超市业当之无愧的"坪效之王"。

我跟踪研究奥乐齐超市已经超过20年，奥乐齐南北公司都在不断进行全球扩张，而乔氏超市是一个特立独行的存在，不仅在被收购后继续保留"乔氏超市"这个品牌，而且坚持自己的风格和定位，赢得员工和顾客的心，持续创造优异的业绩，主要原因有以下3个：

首先，创造顾客价值。乔氏超市长期致力于为顾客提供"安全、健康、美味"的食品，采购团队常年在世界各地飞行，寻找质量上乘又独具特色的食品，并将商品信息生动详尽地告知顾客，方便顾客做出购买决策。因此，对于顾客而言，乔氏超市创造出一种"寻宝"的感觉，让他们有机会尝试各种新奇美食，像是"美食门店+折扣仓库"的混合体。在确保商品质量的同时，乔氏超市通过经营自有品牌、高效运营、控制成本等方式，提供极具竞争力的商品价格。比如，乔氏超市推出的高品质的查尔斯·肖（Charles Shaw）葡萄酒仅售 2 美元，自 2002 年推出后的 10 年间已售 10 亿瓶，成为全球葡萄酒销量之冠。

其次，赢在员工。乔氏超市倡导"轻松、快乐、简单、优质、天然、友爱、自由"的价值观。在员工的面试与工作中，乔氏超市重点关注员工的态度和性格，不仅给员工行业领先的薪资，还建立了健全的员工培训体系。管理者都从内部提拔，而不是从外部招聘。乔氏超市倡导工作应充满乐趣，因为要对得起自己的生命。门店的店员们在工作中都穿着夏威夷衬衫、戴着花环。在这样的文化熏陶之下，员工和谐友好、轻松自如，都愿意长期在乔氏超市工作，比如其收银员平均在职年限高达 19 年。

最后，开放多元的文化和严谨精神的结合。库隆布奠定的"分享全球美食"的开放式风格和形象定位，让乔氏超市在顾客心中种下了生生不息的吸引力种子。而奥乐齐在收购乔氏超市后，在成本、效率、品类、店型、自有品牌等方面，为创造顾客价值最大化提供了理性科学的方法。这两者的高效结合，为乔氏超市注入了非凡的魅力。

胖东来创始人于东来曾说，他希望胖东来成为世界级的零售企业，他说的"世界级"不是指数量和规模，而是品质和文化。零售恒久远，乔氏超市以轻松的态度、鲜明的风格、始终如一地提供优质优价的食品，在激烈的竞争中为员工和顾客创造了真正的价值，不愧为世界级的美好商业典范！

创新规则第一条，打破常规

勒罗伊·D.沃森（Leroy D. Watson）
乔氏超市前高级运营副总裁

1957年，乔·库隆布招聘我来帮忙开第一家普隆托商店（Pronto Market），也就是乔氏超市的前身。当时我从没想过这会是一段不可思议的探险旅程。我是乔氏超市的第一名员工，一路做到副总裁，后来担任高级运营副总裁。能和库隆布肩并肩共事，见证他如何运用独一无二的市场营销概念和充满想象力的创意来玩转杂货零售业，我深感幸运。

库隆布的第一条创新规则就是打破常规，但永远要为顾客和员工考虑。

库隆布掌舵的那个时代，经济、政治和文化正发生巨变，这些变化如同海啸般将我们推向未来。

在这本书里，库隆布将我们一路以来学到的宝贵经验和盘托出。

无论你是企业家、商科学生，还是一直以来都很喜欢乔氏超市的忠实顾客，都会因为库隆布的营销天分、过目不忘的记忆力和无可挑剔的诚信品质而受到感染和启发。这本干货满满的书读起来会让你感到愉悦，里面那些创意爆棚的市场营销战略依然适用于如今的时代。

希望你爱上这本书，如同我在乔氏超市工作的 43 年中对它的热爱一样。直到今天，我还是会满心欢喜地光顾乔氏超市。

Becoming Trader Joe
自 序

超高坪效是把其他事做好的必然结果

"书籍并非用来相信的,而是用来探讨的。当我们阅读一本书时,不应该去问它在说什么,而是要问它的意义。"这是评论家们非常清楚的一条格言。也许,爱众生者的使命是让人们对真理发笑,也让真理发笑,因为唯一的真理是学会从对真理的疯狂追求中解脱出来。

——翁贝托·埃科(Umberto Eco)[1]

15世纪以前的欧洲,除了上层贵族之外,其他阶层的人都没有姓氏。后来没过多久,非贵族阶层开始有了姓氏。有些人以他们居住的城市命名,所以我们可以看到以做肋排出名的托尼·罗马(Tony Roma),以及

---

[1] 翁贝托·埃科,意大利符号学家、哲学家、历史学家、小说家,被誉为"20世纪后半期最耀眼的意大利作家"。这段话出自其著作《玫瑰的名字》(*The Name of the Rose*)。——编者注

生于佛罗伦萨芬奇小镇的列奥纳多·达·芬奇。

也有人会以自己的职业来命名，比如库珀（Cooper，桶匠）、史密斯（Smith，铁匠）、弗莱彻（Fletcher，制箭者）、谢泼德（Shepherd，牧羊人）以及库隆布（Coulombe）。库隆布是干什么的呢？

除了拥有一个姓氏，贵族的另一项特权是可以饲养鸽子作为食物。贵族们建造高大的圆形石塔，命名为"columbaria"（科伦巴里亚）。该词来源于拉丁语"columba"（科伦巴），是鸽子的意思。这些石塔里养着成千上万只鸽子，贵族们雇了大批农民来照看这些石塔里的鸽群。到了大家开始拥有姓氏的时候，欧洲突然遍地出现了由"科伦巴"衍生而来的姓氏。

但很遗憾，当时没什么人会拼写这个姓，连贵族也拼不对。而且19世纪前，关于单词拼写也没有什么统一的规范。科伦巴这个姓氏的拼写很容易就被人们随性创作了。在魁北克尤其如此。17世纪60年代，路易十四的新财政部长让-巴蒂斯特·科尔伯特（Jean-Batiste Colbert）发起了一项政策，特意把诺曼底粗钝的农民迁移到北美洲的新法兰西地区，以确保那块属地是法国的。那些农民中间有一个人叫作路易斯·科隆贝（Louis Colombe），在某些方面，他做得很成功。

这些努力工作但没受过教育的人有一种天赋，他们会在姓名拼写上加加减减，也不管发音是怎样的。于是，科隆贝就有了一种新的写法——库隆布（Coulombe）。这就是为什么你在巴黎的电话簿上找不到库隆布，而在蒙特利尔的电话簿上能看到好多页都有这个姓氏。

自　序　超高坪效是把其他事做好的必然结果

　　Coulombe 的发音是"coo-LOAM"。知道这点可能对你阅读这本书有所帮助。至于拥有一个很少有人能正确发音的名字是否会让人产生一种轻微的偏执感，并在塑造乔氏超市的过程中发挥作用，这就交给你来判断了。是不是因为在"右撇子"为主流的世界里，一个"左撇子"的极度偏执让乔氏超市变成了一个"左撇子"世界？这倒是无可争议的。对一些竞争对手来说，"乔氏超市"具有"邪恶"和"左撇子"的两重意思①。

　　有关这个神秘说法，请继续往下读。

　　罗杰·菲茨杰拉德（Roger Fitzgerald），《海鲜领导者》（Seafood Leader）杂志的高级编辑，1990 年在与一些亚洲海鲜出口商的一次令人失望的会议上曾说过这样一句话："我努力解释什么是市场营销，他们却只想听到奇迹。"我写这本书是为了帮助企业家或者期望成为企业家的人。这就是为什么书里没有奇迹，只有采购、广告、物流和店铺运营等关于市场运作的絮絮叨叨的细节，还有很多关于成功的代价的讨论，也就是关于我们付出了哪些巨大的代价才建构起一家成功的企业。

　　那么，乔氏超市到底有多成功？它是一家令专业人士叫好的公司，但是它的财务营收状况真的漂亮吗？很多书和电影叫好但不叫座，我们也常看到很多曾被誉为管理成功典范的公司不出几年就破产了。

　　来看看乔氏超市。1958 年与雷氏药店（Rexall Drug Co.）达成合作后，我们成立了普隆托商店。在普隆托开到第 6 家分店后，我在 1962 年

---

① "邪恶"和"左撇子"在英文表达中都是 sinister。——译者注

XVII

买断了雷氏手里的股份。接着来到 1967 年，当我开了第 18 家分店的时候，我开始将普隆托商店转型成乔氏超市。1988 年底，我辞职离开了乔氏超市。在我供职的 26 年间，我们的销售额每年以 19% 的复利率增长。

在那 26 年里，我们的净值也以每年 26% 的复利率增长。更重要的是，在同期的最后 13 年里，我们没有任何固定的带息长期债务，只有流动负债。我们早期使用杠杆，到 1975 年实现了零杠杆。此外，我们从未亏损过，即便遇上营业收入税率大幅波动，每年利润依然比上一年高。

自我 1988 年底离开后，乔氏超市对外公布的销售额每年增长 20%。可以说，极少有公司在过去的 35 年里（约 1986—2020 年）持续保持这样的增长速度。我现在没有乔氏超市的内部数据，所以不知道现在的净值是多少，但我相信其表现依然是非常好的。

尽管如此，我也是失败的，因为我本来可以做得更好，本书后面会详细探讨这一方面。在这里，给大家分享我最喜欢的管理著作，由唐纳德·克利福德（Donald K. Clifford）与理查德·卡瓦纳（Richard E. Cavanagh）所写的《制胜表现》(The Winning Performance)里的一句话：

> 制胜企业的第四个普遍主题：利润与财富是你把其他所有事情做好后必然产生的副产品。金钱是衡量绩效和利润的有效标尺，也是对投资人的责任。但是，"赚钱"在制胜企业的目标中排名甚低。

1994 年，斯坦福大学商学院发表了一项以那些经营时长超过 100 年

自　序　超高坪效是把其他事做好的必然结果

的成功企业为对象的研究，名为"基业长青"，该研究得出了和以上相同的结论。

在本书中，你会看到一个焦虑挣扎的企业家，他的妻子直到 39 岁才有了一台烘干机，他的几个孩子都被早早训练独立上厕所（那是在纸尿裤时代之前）。书里有很多 20 世纪的美国日常生活细节，也许到了 25 世纪，像费尔南德·布罗代尔（Fernand Braudel）[①]这样的史学家会有兴趣来研究。

---

① 费尔南德·布罗代尔，法国历史学家，年鉴学派代表人物。——编者注

Becoming Trader Joe

目 录

推荐序 1 回归零售本质，打造超强商品力

裴亮

中国连锁经营协会名誉会长

推荐序 2 优质优价的自有品牌"王国"

庞小伟

联商网董事长

推荐序 3 创新规则第一条，打破常规

勒罗伊·D. 沃森

乔氏超市前高级运营副总裁

自　　序 超高坪效是把其他事做好的必然结果

引　　言 那些令我们引以为傲的宝藏产品　　　　　　001

第一部分
创业之路，从缝隙中崛起的传奇　　　　　　011

第 1 章　我急需寻找新的出路　　　　　　015
第 2 章　"普隆托船"，听我指令　　　　　　019

第 3 章	任何决策都以优待员工为核心	027
第 4 章	乔氏超市从机会缝隙中诞生	037
第 5 章	打造自有品牌才是王道	041
第 6 章	围绕4项指标，把坪效跑出来	049
第 7 章	以葡萄酒为开端，开启大单品传奇	061
第 8 章	开创健康食品潮流	077
第 9 章	用"知识型的广告"征服消费者	085
第 10 章	解决那些不期而至的难题	099

第二部分
成为"坪效之王"，从小众品牌到行业巨头的蜕变　　**111**

第 11 章	打磨刀锋，每一个单品都要有锋芒	115
第 12 章	集采，在食品零售上切开机会口子	121
第 13 章	物流，建立轻盈的运营系统	135
第 14 章	自有品牌，不依赖任何既定标品	149
第 15 章	清仓促销，成为顾客的寻宝乐园	157
第 16 章	开店，少量、高销售额的经营原则	165

目录

第17章	内部管理，臭鼬工组策略	179
第18章	运营决策，"复式记账"式分析	185
第19章	长期规划，以5年为周期设计未来	229

第三部分
优雅退出，为乔氏超市谋求更长远的发展   237

第20章	不遗余力推进员工持股计划	241
第21章	为长远计，出售乔氏超市	247
第22章	和一切再见，开启新征程	259

后　记	不可思议的新体验	265

引 言

那些令我们引以为傲的宝藏产品

1998年3月,我在烹饪历史学会做了一次讲座,那次讲座的内容促成了本书的出版。会上有人提问:"你迄今为止做过的最好的交易是什么?"

罐头沙丁鱼

1981年,《新闻周刊》(Newsweek)发布了一则报道,称新英格兰地区正在推广一种沙丁鱼,它的味道很像金枪鱼,但是比金枪鱼便宜很多。不知道这则新闻是怎么传播出去的,但是很快我们发现这种鱼卖得不好。后来,进口商把鱼推销给了我们。我们打开罐头,发现这种鱼的品质非常好,基本上和白金枪鱼、长鳍金枪鱼一样美味。

这个时期,我们已经意识到乔氏超市正在变成一个影响力很强的品牌。我们订了这种沙丁鱼,重新贴标,定价是绿标金枪鱼的2/3、长鳍金枪鱼的一半。

因为被这个产品吸引,我找到了这种沙丁鱼的源头:秘鲁的一个加工厂。1982年6月,我带着妻子爱丽丝去利马参观这个罐头厂。我们发现了一些有意思的事情，比如，美国对进口金枪鱼是有配额限制的。一旦秘鲁的配额满了，这个罐装生产线就会出现"生物奇迹"，原来的金枪鱼会变成沙丁鱼——一个鲱鱼科成员，而美国对这个品种没有进口配额限制。这应该是除了耶稣在加利利海的神迹[1]之外唯一的奇迹了！直到今天，乔氏超市仍然是这种沙丁鱼的唯一零售商。

因为政府法规的关系，我们又捡到了便宜货：大眼金枪鱼，一种体型巨大、肉质优良的金枪鱼。在加拿大，大眼金枪鱼也被叫作"长鳍金枪鱼"或"白金枪鱼"，因为它们符合加拿大的白光光谱测试分级标准。但美国政府规定，只有长鳍金枪鱼才能被标为"金枪鱼"或"白金枪鱼"。多亏了我们在乔氏超市积累的产品知识，进口的大眼金枪鱼成了餐桌上的另一种便宜好货。

乳清黄油

我们在"尖刀麦克"（Mac the Knife）阶段[2]推出的第一批产品有乳清黄油，来自俄勒冈州著名的蒂拉穆克奶酪公司（Tillamook）。当用牛奶制作奶酪的时候，大部分的乳脂会变成奶酪，但是有一小部分会留在乳清里和乳糖混合（乳清中约60%是乳糖）。蒂拉穆克公司发现，他们可以从乳清里分离这种乳清黄油作为黄油来出售。在分子构成上，这种乳清黄油和黄油一模一样，只是缺了酪蛋白。

乳清黄油还有一些特别的优点：它有更浓郁的"黄油"风味，从冰箱

---
[1]《圣经》中记载的耶稣在海面上行走这一神迹发生在加利利海。——编者注
[2]乔氏超市发展的一个阶段，约从1977年开始。详见本书第二部分。——编者注

里拿出来后也更容易软化。

到1977年，我们已经成为蒂拉穆克公司的大客户，他们提议我们采购奶酪的时候可以一起运走乳清黄油。我喜欢这个提议，因为这让我们有了压低洛杉矶黄油价格的机会。然而，蒂拉穆克公司的乳清黄油也有两个缺点：

1. 出厂包装只有1磅[①]装的规格，没有0.25磅的小包装，而且外面只有一层厚重的羊皮纸，没有纸盒。但是我们发现，因为它的价格比普通黄油便宜20%，精明的顾客完全能接受这种包装。
2. 加州法规一直对本地乳品极度保护，所以要求我们给这个商品贴上"次等品"的标签。虽然俄勒冈州没有这样的规定，但是加州政府对一等品有明确定义，乳清黄油就只能标为次等品。

因此，我们对乳清黄油做了降价促销活动，结果大受欢迎，一年销售了50万磅。但后来，蒂拉穆克公司改进了奶酪加工流程，几乎没有多少乳脂留在乳清里了。显然，做奶酪的利润要比做黄油的利润更高。不过蒂拉穆克公司也很善解人意，答应在节假日的时候供应我们一些黄油来应对烘焙旺季。

后来，美国政府干预了。从俄勒冈州运到加州属于州际交易，而政府

[①] 1磅≈0.45千克。——编者注

法规里不承认乳清黄油这样的商品，所以蒂拉穆克公司出产的乳清黄油就要去掉"乳清"的标签。这让顾客摸不着头脑，因为包装上只剩下了"次等品"的字眼。

于是，我们找到了一家加州的生产商，他们可以帮我们制造乳清黄油。因为这不再是州际贸易了，我们就可以在商品上标明"乳清黄油"。当然，还是得写上"次等品"。没有了蒂拉穆克公司的高端品牌名的加持，我们把商标改成了"乔氏风味黄油"。这款商品比一般黄油便宜15%，而且烹饪口感更好。

枫糖浆

在大萧条时期的最低谷阶段，我母亲卡梅莉塔·哈丁（Carmelita Hardin）在索拉纳海滩小学任校长，兼任四至六年级的教师，同时也担任附近伊甸园学校的校长，一个月工资150美元。后来，圣迭戈最大的房产商破产，当时政府没有房产税来支付教师工资，所以我母亲有段时间虽然上着班，却没有收入。

因此，我童年的大部分时光都是和我祖母布兰奇·格林伍德·杜马斯（Blanche Greenwood Dumas）一起度过的。她是第三代的佛蒙特州人，她的家族离开魁北克的时间比我祖父要早得多。在最艰难的南加州岁月里，祖母和村民一起重建了她所在的佛蒙特村子诺斯菲尔德。周一是洗涮日；周三她会烤好一周的面包；周六我可以尝到甜菜焖肉碎，也就是把一周的剩菜绞碎后放入甜菜根，这样就会出炉一锅红红的甜菜色食物。

引　言　那些令我们引以为傲的宝藏产品

成年后我才意识到，甜菜根不仅给剩菜加了颜色，也贡献了甜味，就像中国厨师手中色香味的"戏法"一样。我母亲的名字来源于西班牙语，但她在田纳西州的布里斯托尔出生长大，她一直觉得甜菜焖肉碎只适合喂给动物吃。我祖母的架子上永远有枫糖浆，那是特意为周三制作面包准备的。刚出炉的面包热热的、软软的。如果我表现好，就有可能在架子上找到枫叶形状的枫糖糖果。

进入食品零售业后，我无法理解为什么行业中对枫糖浆关注甚少。所有做枫糖浆的大品牌，比如杰迈玛阿姨（Aunt Jemima），他们的基本做法就是在甘蔗糖浆里加一点点枫糖浆。凯里（Cary's）是唯一的配方是纯枫糖浆的品牌，但是他们的一小瓶枫糖浆就很贵，一般超市觉得这个商品根本没有销售潜力。

在我们的集中采购和虚拟物流（关于这两个部分，后文有单独的章节进行介绍）的运营体系下，我们和魁北克的主要合作社达成交易，采买208升的大桶枫糖浆，然后运到洛杉矶，装瓶贴牌——品牌名为"朝圣者乔"（Pilgrim Joe's）。这样不仅降低了成本，而且彻底颠覆了枫糖浆的市场定价。

枫糖浆和我们葡萄酒零售业务的内在逻辑相似：每年的产量和质量都不同。所以，1981年的枫糖浆就好比1982年产于波尔多的葡萄酒。枫糖浆的品质完全取决于当年3月期间白天日照和夜间低温的恰当比例。

我们不仅颠覆了枫糖浆的价格，还是唯一销售稀有的头道枫糖浆的零售商。多年以来只有我们能做到这一点。头道枫糖浆透明无色，大多数加州人既不懂得识别，也不喜欢它。他们已经习惯了味道很冲的 B 级深色枫糖浆。但是我们坚持售卖头道枫糖浆，不仅能占据价格优势，还保证了枫糖浆品种的多样化。我们还不时地从威斯康星州采买枫糖浆，也拥有产于那里的头道枫糖浆产品。

据我所知，乔氏超市是美国最大的枫糖浆零售商。要是我的祖母能看到这一切，那该有多棒啊！

野生稻米

野生稻米的故事和枫糖浆很相似。人们没有太强的品牌意识，也没有几家零售商有兴趣帮助顾客买到对的产品。在我们集采和物流体系的合力之下，我们成为美国最大的野生稻米零售商。

比维尔维塔奶酪更便宜的布里奶酪！

这是乔氏超市著名的商品推广传单《新品简报》[1]里我最喜欢的标题。这本书里将经常出现勒罗伊·沃森这个名字，我们就叫他勒罗伊吧。勒罗伊搞定了一个难题，他采买到了价格便宜的布里（Brie）奶酪，所以我们才能把布里奶酪卖得比低价的再制奶酪维尔维塔（Velveeta）还要便宜。在我们看来，维尔维塔奶酪此前就是美国最低廉的食品，所以我们特别高

---

[1] 乔氏超市将其推广传单称为 *Fearless Flyer*，相当于产品宣传广告。该简报每年出版5期，每期20页，内容丰富，语言幽默。简报不仅包括产品介绍，还包括制作过程、产品历史及相关的有趣背景或传说。这一形式大大增强了乔氏超市对于顾客的吸引力。——编者注

兴能把布里奶酪做到更低价。后来，鲍勃·约翰逊（Bob Johnson）将我们在欧洲的奶酪物流业务做得日臻完美，让我们能不断地给顾客提供便宜好货。

布兰神佑

后文会说到，我的朋友詹姆斯·凯卢埃特（James C. Caillouette）医生向我介绍了关于高纤维饮食能预防结肠癌的医学研究成果。这让我们对麦麸产生了兴趣，后来因为要配合麦麸的运输，我们也开始涉足坚果和干果领域。我们以凯尔特神话中生育之神"布兰"命名产品"布兰神佑"（Bran the Blessed）。因为我的祖父63岁因结肠癌去世，所以这款商品对我有着特殊的意义。看到麦麸因为我们的推广而流行开来，我非常骄傲。后来，我们又成为第一批推广有助于控制胆固醇的燕麦麸皮的商家。

杏仁酱

在杏仁的加工过程中会留下很多杏仁碎屑。道格·劳赫（Doug Rauch，他的名字也会经常出现在后面的章节）想出了一个主意，把杏仁加工磨成花生酱一样的形态。说易行难，碾磨杏仁和碾磨花生的工艺完全不同。最后，劳赫找到了俄勒冈州的一个信教者群落，他们擅长杏仁制酱的手艺，并教会了劳赫。多年以来，我们几乎是美国唯一一家售卖杏仁酱的零售商。在有些年份里，基于当年杏仁和花生的供求变化，我们甚至能把杏仁酱卖得比花生酱还便宜。

一方面，将剩余的碎杏仁物尽其用，这让我们感到特别自豪，因为这就是"地球哈利"①所倡导的天然主义精神。我们的一位医生顾客还把杏仁酱当成治疗粉刺的药方！

另一方面，劳赫还做了"棉籽黄油"。这种产品同样对生态非常友好，而且质优价廉。不过，有几位顾客食用后出现了过敏性休克反应，我们就马上将之下架了（美国大约有 5% 的人会对花生酱过敏）。

宠物食品

一家狗粮生产商提供给我们一个由加州大学戴维斯分校农学院设计的狗粮新配方。狗狗似乎不太容易消化玉米，所以我们推出了这款无玉米狗粮，售价只有高端狗粮的一半。由于我们宣传这是戴维斯分校的配方，校方因此表示不满，我们便立刻撤回了高校的背书，但是狗粮还在继续售卖。

也许我也应该开始吃这款产品了，因为我家 11 岁的狗狗拉布每天 5 千米的徒步比我走得快多了。它只吃乔氏超市的狗粮和乔氏超市的花生酱骨头零食。爱丽丝说，如果我们没把狗食盆从地板上拿走，我们 3 岁的孙女奥黛特就会去吃盆里的狗粮。说起来，万一门没关好，蓝松鸦也会跳进厨房来吃。

番茄沙司

美国政府对于诸如蛋黄酱和番茄酱之类的产品都有"标准规定"。如

---

① 乔氏超市的一个发展阶段，以"健康"为发展方向，约从1971年开始。——编者注

引　言　那些令我们引以为傲的宝藏产品

果你的产品不符合他们所列的成分规范，你就不能用相应的品类名称。令人失望的是，番茄酱的标准要求含有 30% 的糖分。番茄确实有天然的糖分，但是没有那么甜！

一家供应商向我们提供了不额外添加糖的番茄酱。但当我们贴上乔氏超市番茄酱的标签去申请的时候，政府驳回了我们的申请，原因是糖含量不达标。听说了这件事，我儿子小乔从苹果电脑上抬起头来，想了半天，说："咱们可以叫个不一样的名字，比如'沙司'（ketchy）？"即便我们的顾客很热爱健康食品，但是这款番茄沙司一直卖得不好。我们尝试了几次，最后还是放弃了。但是这些尝试是很值得的。你会在后面第 13 章再次读到小乔的故事，你也会在好几个章节看到我们和政府法规之间有多次令人无奈的冲突。这些实践部分中，建议你特别关注第 18 章里有关"供给端零售"的部分。

平价冷冻鱼

我们从无到有创造了平价冷冻鱼这个产品类别，关于这段内容，你可以在第 12 章读到。我们总会为提供低价且优质的食品而兴奋不已。我们欣慰地看到，《日落》（Sunset）杂志和《海鲜领导者》杂志都肯定了我们的冷冻鱼品类。如果鱼是在被捕获时急冻的，通常比鲜鱼的品质更好。

让我们回到 1965 年一个秋日的下午。在一间酒吧里，乔氏超市初萌芽。

Becoming Trader Joe

第一部分

创业之路，从缝隙中崛起的传奇

Becoming Trader Joe

专家导读

瞄准"精致穷"客群,打造独特性

张智强

元旨品类管理创始人、畅销书《品类管理》作者

环顾全球超市行业,乔氏超市绝对是一个奇迹般的存在。它打破了诸多通行的行业规则,却取得了人人羡慕的绝佳业绩。

如今,乔氏超市的500多家门店分布于美国的42个州,拥有约5万名员工,平均单店面积在750~1400平方米之间,远远小于一般的美国超市。比如,西夫韦公司(Safe way)的门店的平均面积是4 300平方米。乔氏超市门店的品项个数(SKU)通常在1 500~2 000(普通超市的品项个数约为30 000),基本都是自有品牌产品或是独家经营的小品牌产品。按公司总销售额为133亿美元换算,单店年销售额大约为2 600万美元,即每天7万多美元,超过10个7-Eleven便利店的总和。

外观上,乔氏超市的门店像夏日海边的游客中心,店内的装饰也是五彩斑斓,充满欢乐的氛围。店长被称为"船长",副店长叫"大副",店员们叫"水手",他们的工装是夏威夷风格的花衬衫和短裤。

这样一家彻底反传统的超市,却拥有一群最忠实的顾客,他们是一群狂热的崇拜者,是乔氏超市的"铁粉"。随便在网上搜索"乔氏超市的七大美食""乔氏超

市的56种必买商品""在乔氏超市购物的24个秘诀"等话题，每个话题下都有无数热爱乔氏超市的顾客热情地分享自己的购物经验和喜爱的商品。社交媒体上满是顾客好评。

这本书的第一部分，作者乔·库隆布回顾了自己从开始涉及零售行业（1957年），到乔氏超市品牌诞生（1967年）及逐渐成熟的历程。其中颇多精彩之处，值得中国零售同行学习和借鉴。

每一个成功企业的基因中都有着创始人的行事风格和价值观。创业者在关键节点的动心起念及对关键问题的处理方式，是形成企业文化的重要基础。

超市属于劳动力密集型产业，经营好员工团队，是成功的超市企业的必备要素。库隆布是这方面的绝对高手。他从创业之初就立下自己的规则，给员工高出同行的薪酬，让他们发挥出更大的价值。不仅利用员工的双手，还帮助员工发挥个人才智，创造性地解决问题。他说，决策链上不该有秘密。对员工开诚布公，让员工理解他的目标并积极地参与到工作中来，比保守秘密更重要。

所有优秀的零售企业家都是沟通大师，掌握有效地鼓舞员工和团队的密码，库隆布也一样。不同的是，库隆布还是一位与顾客沟通的大师。当零售品牌悄然崛起时，乔氏超市率先走在了行业的前头。库隆布把目标顾客定位为"接受良好教育，喜爱到处旅行"的人群，后又精准调整为"学历高，收入低"的人群。从门店的选址、设计风格、商品选择，到与葡萄酒客沟通的"内部参考"和后来的《新品简报》乃至选择古典音乐频道做科普广播等，都是零售行业少见的精准有效的品牌营销方法。甚至在广告语上，他也强调要用柔和的语气，优雅地对顾客说："我们一直都在，错过了这次还有下次，常来就好。"

没有哪一种成功的业态一开始就是完美的，乔氏超市在发展历程中也经过了3次大的调整，每一次都能更贴近目标顾客。难能可贵的是，在选址上，乔氏超市坚持把店开在目标顾客集中的地方，以保持品牌形象的持续一致性。

库隆布始终是个积极的学习者，坚持向经典学习，向同事、同行、供应商和顾客学习，不断更新并强化他本人和员工的产品知识，这是使乔氏超市在产品特色上长期保持领先的重要前提。

第 1 章

我急需寻找新的出路

乔氏超市的创立始于拉谢内加大道的一间酒吧。1965年10月的一个周五下午,我在那儿有个令人头疼的危机要处理。鸡尾餐厅(Tail O' the Cock)在拉谢内加大道上的一众餐厅里很显眼,洛杉矶和比弗利山庄的有钱人和酒鬼都会来光顾,午饭后开车经过拉谢内加大道是要冒点生命风险的。

请我喝酒的是小梅里特·亚当森(Merritt Adamson Jr.),他刚喝完他例行的3杯吉布森酒。当他叫第4杯的时候,我觉得大概发生了一些事。

当时我35岁,是普隆托商店的总裁和主要控股人,普隆托在洛杉矶有16家连锁便利超市。1958年,在雷氏药店的支持之下,我成立了普隆托商店。而就在1962年,我们濒临破产边缘。当时我没有现金,所以我用很大的杠杆利率买下了6家普隆托商店,小梅里特为我提供了大部分的资金,帮助我们扩张到了16家店,并且有了不少盈利。

小梅里特比我大不了几岁,在10年前他父亲突然去世后,他就早早被推上了阿多尔乳业(Adohr Milk Farms)总裁的位子。鸡尾餐厅就在北面距离阿多尔乳业的办公室和乳品厂几个街区的地方。我们每个月在那里开午餐会，普隆托虽然规模还很小，但已经成为阿多尔乳业最大的牛奶和冰激凌客户了。我们的生意体量还不够大，然而阿多尔乳业正在慢慢衰败，因为小梅里特是个难得的讲道义的生意人，而当时整个加州的乳业充斥着腐败、贿赂。

1935年大萧条期间，牛奶被以低于成本价的价格倾销，小梅里特的父亲帮助起草了"牛奶控制"法案，这是政府管控加州乳业的一部分动作。该法案此后又更新了几次，特别是关于牛奶公司和零售商店之间的关系的部分。第二次世界大战后，这些法案形同虚设，大型乳品厂和大型连锁超市利用非法的回扣或其他非法财务手段互相勾结。

这就是用准法西斯式的法案控制市场时通常会造成的结果。但是1935年，墨索里尼的把国家和工业捆绑在一起的概念在全世界流行。罗斯福总统试图在美国国家复兴管理局的"蓝鹰"运动中复制这个体系，直到1937年该体系被最高法院废止。可是，这个概念的"余孽"仍然留存在各州工会里，出现在牛奶控制法案中，在酒精饮料法案里也阴魂不散。

老梅里特·亚当森起草法案的那个时候几乎没有超市，大多数牛奶是直送到家的。战后，阿多尔乳业受困于这种送奶模式，因为新郊区的发展使人们的牛奶购买行为大量地转向了新兴超市。但如果小梅里特要抢过超市的生意，就要违背他父亲制定的法案。他拒绝向现实妥协，只能眼睁睁看着阿多尔乳业继续沉沦。他在文图拉县放养几千头金根西奶牛的地方是美国最大的牧场，也是他父亲的另一笔遗产，而他无法销售掉这些奶牛的乳产量了。

第 1 章　我急需寻找新的出路

1962 年，虽然我因为要把普隆托商店从雷氏药店剥离而急需资金，但其实，我已经从许多乳业公司那里暗中拿到了足够多的报价。"只要你在国外和我们碰头，我们直接付你现金。因为我们海外的分公司会来走账，所以美国国税局不会查到。"这就是他们典型的话术。然而，以我的谨慎推测，这种暗箱操作一定会给我下套，让我以后再也不能更换品牌。

这么说吧，在我为雷氏药店经营普隆托商店的时候，我的道德准则并不是从一开始就毫无瑕疵。引用后来萨姆·欧文（Sam Ervin）在"水门事件"听证会上被问及是否曾经违反法律时所说的："我所犯的罪已经过了诉讼时效。"

食品零售业的敲诈勒索手法比比皆是。在大型交易会上，总有无辜的零售商（我站在零售商这一边）发现自己被陷害了——是的，陷害！酒店房间、特别"热情友好"的女士和隐藏的摄像头。一些面包公司就因为这样的事情而臭名昭著。

1962 年，小梅里特和我达成了共识。他来做我们的牛奶供应商，我们获得了资本。我们之间的合作干干净净，完全符合政府法令。他的律师朱利安·伯克（Julian Burke）起草了这样一份融资计划。伯克后来成为一位以扭转企业颓势著称的专家，在 70 岁时还管理着洛杉矶大都会运输代理公司。虽然这个计划非常棒，但还是无法完全解决金根西牛奶过剩的问题，因为当时市场上开始流行脱脂牛奶，而金根西牛奶以高油脂著名。

小梅里特还有另外一个问题：他和他的姐妹们继承了马里布。他的母亲萝达·林奇（Rhoda Rindge，他们乳业公司的名字 Adohr 就是 Rhoda 倒过来拼写而成的）是这片曾有西班牙人驻足的土地的继承者，我们农民管那里叫"马里布"。但这恰恰成了一个大问题。亚当森家族土地丰沃，却没有足够的现金，他们缺乏资金来开发这片辉煌的土地。因此，他们不得不以远低于土地的潜在价值的价格，廉价售卖了其中一部分。

4杯吉布森酒应该够了。小梅里特虎背熊腰，脸上永远是晒过日光浴的黝黑肤色。他其实是一个非常容易害羞的人，所以得靠酒精开口。喝完最后一口，他终于把要讲的话和盘托出。他难过地摊牌："乔，我把阿多尔卖给了南方公司（Southland Corporation）。"

南方公司大家可能不太了解，它是7-Eleven便利店的所有者。我和雷氏药店合作的时候，在1958年套用7-Eleven的模式开始经营普隆托商店。当时7-Eleven便利店还没有进入加州，有一部分原因涉及我在后文讲到的劳工问题。小梅里特告诉我三点：第一，我的资金来源会被砍掉；第二，这个比我们富有千倍的竞争对手会进入我们的市场；第三，南方公司已经找到一些在加州避免支付高额劳工费用的办法。

我知道，我们可能不经意间就会被这头"野兽"压垮。便利店的生意90%取决于店面地段，10%取决于其他因素，如商品、人员等。在谈地段的时候，租户的资产负债表是很重要的参考内容。而普隆托商店和南方公司的实力毫无可比性。

听完，我突然完全清醒了，于是开车回家，带上爱丽丝和孩子们去加州的箭头湖闭关了两天，想要找到出路。自此我便开启了经营乔氏超市的旅程。

第 2 章

"普隆托船",听我指令

> 开源之神
> 将丰盛交予我手——
> 满载的货物
> 和听我指令前行的船只。
>
> ——拉迪亚德·吉卜林(Rudyard Kipling)[1]

1986年,我在乔氏超市的职业生涯晚期,决定给管理层增加一些势能,于是招入了能带来最新管理理论的MBA应届毕业生。我们成立乔氏超市的时候,团队里只有一名大学毕业生,他叫戴夫·约达(Dave Yoda),是我们的财务总监。在这之外,把乔氏超市一路打造至今的负责人都来自需要摸爬滚打的社会大学。

我见的第一个来为我们提升管理水平的候选人是一位来自斯坦福大学

---

[1] 拉迪亚德·吉卜林,英国小说家、诗人,1907年诺贝尔文学奖得主。这句诗出自其著作《迭戈·巴尔德斯》(*The Song of Diego Valdez*)。——编者注

的年轻女士。我们一边喝咖啡，一边交流我的公司是怎么运作的。显而易见，她越听越没耐心。"噢，乔，"她最后终于忍不住说，"你所有的决定都是歪打正着！"当然，她没有得到这份工作。

屈尊俯就是那些初出茅庐的 MBA 毕业生的典型心态。没有人比我在 1954 年的姿态更低了，那年 6 月我得到了第一份也是唯一一份我能找到的工作。那时正处于美国经济衰退期的第一个阶段，很少有人知道或看重 MBA 学位。我很幸运，在当时得到了一份月薪 325 美元的工作，说"幸运"是因为在斯坦福大学学习期间，我没有选修过关于零售的课程，对于零售到底是什么也毫无兴趣。比得到工作机会更幸运的是，雇用我的人很包容我，他鼓励我，教给我成为一名首席执行官需要的所有知识。这个人就是小韦恩·巴德·菲舍尔（Wayne Bud Fisher Jr.），这一章就是向他致敬的。

30 年后，在斯坦福大学商学院的校友会授予我"年度企业家"的殊荣时，我有了一次向他公开致谢的机会。尽管那天是巴德和妻子的结婚 40 周年纪念日，但他俩都参加了颁奖晚宴。他有点尴尬，因为我把殊荣都归功于他。

有一阵子我在想，直到 1993 年他去世前，我和他之间持续了 40 年之久的合作关系是如何维系的。后来我发现原因非常简单：我们两个都是左撇子。我觉得惯用手是一个人了解另一个人特点的重要因素。当然，今天的员工申请表里不会出现这个问题。但是，读写障碍是左撇子大脑里潜在的问题，这意味着左撇子是用另一种视角来看这个世界的。而这种与大多数人不同的视角有时候会给我们带来好处。所以，我在面试别人的时候，会让他们写一些东西。我一度被指摘说在乔氏超市组织了一个"左撇子集团"，比如乔氏超市东海岸地区总裁道格·劳赫就是其中一个左撇子。

巴德是南加州一个创业家族中的帅气接班人。他是波莫纳学院、哈佛大学、斯坦福大学的校友，也是一名登陆诺曼底的中尉，娶了位美丽的金发女郎。后来他成为雷氏药店猫头鹰连锁药房的执行副总裁，这是一家在西海岸拥有300个分店的濒临破产的连锁药店。由考尔和克拉克先生创立了自助型零售服务的超凡新概念——Sav-on药店，像汽油弹一样火遍了洛杉矶。有一家Sav-on药店分店开张，就有3家猫头鹰药店关门。

巴德雇我去查出问题的原因。要看看有多少问题吗？就这次来说，一个MBA毕业生态度傲慢是合理的，更不用说嘲笑了。猫头鹰药店到处是漏洞，除了一份有价值的资产，也就是刚来的巴德。我做得不妥当的地方是，在表达对这些漏洞的厌恶时，方式有些不恰当。虽然巴德和我一样无法容忍上级的拜占庭式的管理，但是他为我的鲁莽做了辩护。他年长我10岁，而且由于他在诺曼底从军的经历，也更显成熟。那些既经历过大萧条又经历过第二次世界大战的人，现在要么已经去世了，要么离开了管理岗位，但他们曾是为战后美国奠定基础的强大力量。

我们在为猫头鹰药店调研、寻找替代方案的时候，发现了得克萨斯州的7-Eleven便利店，当时它还没有进入加州。杂货零售店的概念吸引了我。

不久，我辞职了。我和巴德说，我在猫头鹰药店已经学到了所有能学的，如果我继续留下去，恐怕会失去我在斯坦福大学习得的管理水准。我去了休斯飞机公司（Hughes Aircraft），成了半导体部门的金融理财师。

在那里短暂任职期间，我使部门业务增长至原来的6倍。

然而，巴德和我都没忘记我们从7-Eleven便利店窥见的商业机会。根据邓白氏集团（Dun & Bradstreet）的报告，在20世纪50年代，这家便利店的投资回报率是54%。在我辞职18个月后，巴德打电话给我。他说服了雷氏药店，让我回去帮他们克隆7-Eleven的商业模式。这就是为什么我在27岁的时候就成了雷氏普隆托商店的总裁。

是时候大显身手了

那时候加州没有7-Eleven便利店，所以我们一开始试运营的6家普隆托连锁店很成功。但是项目开展2年后，晴天霹雳来了：著名的雷氏药店总裁贾斯廷·达特（Justin Dart，多年后他成为里根总统的非正式顾问团成员）收购了特百惠（Tupperware）。听说这是董事会一致的决定。一年内，特百惠就贡献了雷氏药店1/3的利润。

达特下令清算他所有的1 100家连锁药店，包括南部的莱恩药店（Lane Drug）、东部的利格特药店（Liggett Drug）和猫头鹰药店。这样做是为了募集资金，使他能与埃尔帕索天然气公司（El Paso Natural Gas）合作，生产特百惠需要的塑料。特百惠的垂直供应链的整合会阻碍猫头鹰药店和普隆托商店的横向整合。

达特面临一个问题，那就是没有人想出资收购正在"蜕皮"的猫头鹰药店。在今天，这种情况下会有"秃鹫"资本家来抢食，但是那时候，既没有"秃鹫"资本家，也没有风险投资人。30多年后的1992年，当我负责清算 Thrifty 药店的时候，有 8 位如饥似渴的"秃鹫"资本家来竞标。1960 年的美国就像今天的欧洲或日本，而风险投资和"秃鹫"资本就是美国超越欧洲和日本的主要原因之一。

因为没有买家，我去找巴德聊了一下。那时，达特让巴德做猫头鹰药店的总裁。我建议我们及时止损，把生意最好的、约占总数 1/5 的猫头鹰店铺抽出来上市。1961 年的股市很火爆，可以赚本金的 20 倍。对于生意好的店铺，利润即便以 13 倍的市盈率来算，也能获得足够多的现金来冲抵关店的费用。1990 年的银行业危机期间，政府用了同样的策略，被称为"好银行，坏银行"方案。巴德和我打算之后来运营这家上市公司。普隆托商店虽然只是其中一小部分，但它是盈利的。我们两个有读写障碍的人就这样达成了共识。

达特是西北大学的橄榄球四分卫明星，和我喜欢招募左撇子一样，他喜欢雇用前橄榄球运动员，虽然他没有读写障碍，但也喜欢这个主意，于是我们就开始着手实施。可是，没有一家顶级的承销商愿意出手，一个地位显赫的旧金山人在太平洋联合俱乐部甚至对我们说"避之不及"。但巴德和我在加州各地到处飞，聚集了一批稳定的"粉单市场"股票经纪人，他们做的是最具风险的交易。

好事多磨。对今天的 MBA 学生来说，很难理解在电脑甚至是电子计算器普及之前，整理财务数据有多慢、多难，更别提当时连传真机或者先进一点的复印机都没有。我运营普隆托商店的时候，用的是一台加数器和一把柯费尔 & 埃瑟牌（Keuffel & Esser）计算尺，不知道今天斯坦福大学的学生有没有听说过计算尺这种东西。这让我想到一件事。1992 年我们在清算 Thrifty 药店的时候，我们的投资银行摩根士丹利 5 天时间就做好了一本完整的账本递给"秃鹫"投资方。

而我们当时花了 6 个月才整合好能被普华永道认证的数据，部分原因是猫头鹰药店从来没有自己的独立审计，而是合并在雷氏药店下面。当我们把所有数据收集完整，准备递交美国证监会的时候，肯尼迪总统在 1962 年春天和大钢铁公司发生矛盾，股市随之开始走低。我们的交易本来就需要一个强壮的消化系统，现在完全"瘫痪"。雷氏公司的政策阴晴不定，巴德和我突然成了不受欢迎的人。于是巴德辞职了。他很快被幸运超市"挖"走，几年后就闪亮登场，成为幸运超市的首席执行官，一直做到他 1980 年退休，巴德成为零售业界最受好评的高管之一。

我只有买下普隆托商店或者出去找份新工作这两个选择。

股市下跌加速。1962 年 5 月，我走进了雷氏公司财务主管的办公室。他正在和《华尔街日报》通话，试图解释为什么雷氏公司的股票从 60 美元跌到 21 美元。我在他桌上放了一张字条，上面写着："我会按账面价值买下普隆托商店。"他用手挡住话筒，小声说："账面价值加 1 万美元，你拿走。"我和他握了手。接下来，我要在 90 天里筹集到这笔钱。

即使负债也要买下普隆托商店

可能你想了解一下我的经济状况。爱丽丝和我是 U-HAUL 拖车俱乐部的发起成员。我们在读研究生期间结了婚，从斯坦福大学毕业时我们把所有东西都塞进了当时能租到的那种最小的 U-HAUL 拖车。在我买下普

第 2 章 "普隆托船",听我指令

隆托商店的时候,我们可能只需要换一辆大一点的拖车,主要是为了能塞进去我们两个孩子的婴儿床。

我们还是想办法筹到了钱。雷氏公司愿意做出让步,达特急着结束他的零售业务,这对我来说是巨大的优势,因为如果我走人了,他手里的零售业务就成了一地鸡毛。爱丽丝生孩子前的教书所得有 4 000 美元,我们日常靠我 325 美元的工资生活。我把我们的小房子卖了,售价 7 000 美元,向祖母借了 2 000 美元,从我父亲那里借了 5 000 美元。父亲是一名工程师,在通用动力公司(General Dynamics)断断续续地工作,因为航空业变化莫测。那期间他应该还做过一些小生意,似乎 1962 年时他还有过一家工具店。17 年后,当我最后卖掉公司的时候,我所有的投资成本只有 25 000 美元。然后我把一半的股份卖给了员工,并且是以账面价值计算的,没有放大预期。感谢上天,那么多人给了我信任。

但是,当我去见美国银行的汤姆·迪恩(Tom Deane)时,我们还是缺不少资金。我向他介绍了我的情况。结果,他当场就答应了我和爱丽丝签名的文件上贷款的数目。多年后,我问他当时怎么那么大胆。"很简单啊,"他回答说,"雷氏给普隆托担保租约,我判断他们是不会让你破产的。"

就这样,我成了 7 家普隆托商店的控制股东。我、爱丽丝和两个孩子一起,住在一幢每月租金 150 美元的房子里。爱丽丝负责处理家里的应付款项,我们完全处于负债状态。而且,洛杉矶县开始了一项大型的水灾管控工程,施工地点就在我们最新开设的、位于卡尔弗城的第 7 家店。整整 6 个月,顾客只能从一块盖在约 7.5 米深的沟渠上的板子走进店里。卡尔

弗城店的开销加上报表里的利息服务费，正在吃掉我们所有其他分店的利润。你可以在第 11 章里看到我们是如何解决这个问题的。

当我累了一天，晚上回到家时，我们会播放《三分钱歌剧》(The Threepenny Opera)①。我喝着保罗·马森（Paul Masson）的奶油雪利酒，一方面因为穷（我们存了许多这种酒），更多的是因为无知。但未来的我可是葡萄酒专家。

当时我正在读巴巴拉·塔奇曼（Barbara W. Tuchman）的《八月炮火》(The Guns of August)，书里间接地描述了无最优解问题的多种解题方法。

而我，确实在操控着 7 艘船只……

---

① 《三分钱歌剧》是20世纪最伟大的戏剧作品之一。故事以维多利亚王朝末期的伦敦为背景，影射了创作者所在的德国于第一次世界大战战败后社会政治风气腐败和经济衰退的乱象。——编者注

第 3 章

任何决策都以优待员工为核心

差不多正确的决策绝对优于百分之百的错误。

——卡维思·里德（Carveth Read）[①]

"如果所有事实都能被预料到，傻瓜也能够做出正确的决策。"这是美国利顿工业公司联合创始人特克斯·桑顿（Tex Thornton）20世纪60年代中期在《洛杉矶时报》上的言论。我在谈论管理的时候特别喜欢引述这句话。

说实话，我不喜欢普隆托商店1962年夏天的状态。那时候，我花了4年时间用7-Eleven便利店的模式来运营普隆托，也观察了加州其他一些复制7-Eleven运营模式的店铺，才意识到这个模式的本质就是把营业时间最大限度拉长。因为1962年的经济衰退，我们前一年的公开募股无疾而终，而我仍然不知道如何优化当前的运营模式。

1962年，巴巴拉·塔奇曼出版了《八月炮火》，这本书是关于第一次

[①] 卡维思·里德，英国哲学家，逻辑学家。——编者注

世界大战最初 90 天的故事。这也是迄今为止我读过的最好的管理类书，确切地说，我认为它是一本把管理失误写得最出彩的书。

我从塔奇曼的书里得到了一个最基本的认识：如果你采用一个合理的战略并坚持下去，而不是继续等待下一个更理想的选择，你大概率会获得成功。坚持不懈的精神和聪明才智同样重要。德国和法国都有出色的参谋，但是他们都没有坚守自己的战前计划，这导致了全球陷入之后 4 年血淋淋的战争泥沼。

《八月炮火》出版 28 年后，1990 年 11 月 10 日的《经济学人》杂志是这样评论这段历史的：

……无最优解问题这样的迷局只存在局部最优方案，没有全局最优方案。而传统的方法论却错误地试图寻找全局最优解。

所以我觉得不需要为普隆托面临的困境去寻找最优方案，而是要寻找一个局部合理方案。在商业中寻找最优方案的想法就是在浪费时间，因为方程式里的所有因素都是变量。

但决策需要有锚点。我选择的一个核心锚点就是我在 1958 年初实施的高薪政策。这听上去像一个走极端的商业决策，可我希望能对得起当时普隆托商店为数不多的雇员，他们把关于未来的信念交付给我，与我同心共愿。毕竟，他们筹募了买下雷氏药店所需的一半资金。

这就是我迄今所做的最重要的商业决策：给员工高薪。从一开始的普隆托商店到乔氏超市，我们保持了零售业内最高的薪资和待遇。接下来的问题就是，我怎么让自己付得起承诺的高薪。

最重要的原则是为员工支付高薪

> 我从不用"同事"这种委婉表达。"同事"夹杂着"低人一等"或者"重要的其余人"及其他一些在现代语汇里会混淆的定义。
> ——山姆·沃尔顿，沃尔玛超市创始人

有些读者可能期待听到乔氏超市发展历史中的浪漫故事，但接下来对于员工政策的理性讨论可能会令你们失望。30年来，那些让乔氏超市成功运转、为乔氏超市贡献了许多优秀想法的员工，他们把应得的赞誉都给了我。这是我在乔氏超市真正体会到的浪漫。

给员工高薪，这就是我迄今所做的最重要的商业决策。我常常问自己，为什么没有人成功复制乔氏超市的模式？答案就是：没有人愿意提供这么优渥的薪水和待遇，从而吸引并留住优秀的员工来为公司服务。我关于高薪的标准很简单：商店里所有正式员工的收入必须达到加州的中等家庭收入水平。在开始的那段日子里大约是每年7 000美元。在我写这段文字的时候，中等家庭收入水平是每年4万美元。20世纪60年代，我还没有预料到后来全国很多家庭夫妻双方都会出去工作。当我开始制定这个政策时，平均家庭收入约等于平均个人收入。20世纪七八十年代发生了巨大的社会转变，数百万女性进入职场，平均家庭收入一下子冲高。但是我仍然坚持原来的薪资准则，而这样的坚持让我获得了丰厚的回报。

虽然我特别想展现利他主义的姿态，但我出台这样的薪资政策，部分原因其实是不希望加入零售店员工会。那个时期，该工会在传奇人物乔·德席尔瓦（Joe DeSilva）的影响下给零售行业带来不小的恐慌。我们的时薪水平并没有高过工会规定的范围，但是我们员工的工作时长更短。因为工会规定的时薪相当高，大多数超市就会对工作时长控制得非常苛刻，并且想尽办法避免支付加班费。我的政策是把加班时间一起算进计时系统，这样每名员工都是5天工作制，大家可以收到一周48小时的满薪。而实际上，超市常出现工时上的波动，员工要么一周工作4天，要么工作6天，工时为38.5～57.5小时。这样常会有3天的周末假期，而这种排班很受员工们欢迎。

工会的问题不在于他们制定的薪资结构，而在于工作规则和年资规定。自从我1954年离开斯坦福大学起，美国的工会会员体系就已经开始崩溃。这在很大程度上是因为雇主千方百计地抵制工会的规定。今天的欧洲面临同样的问题，工作规则更多是由法律而非工会合约制定的，但很多事情也无法解决。平心而论，就是因为雇主的不作为，才制定出了这些规则，规则并不是像屎壳郎一样从土里钻出来的。例如，为什么要规定剧院经理的助手必须在当晚歌手演出完离开剧场的时候，拿着签字的支票当场结账？因为自从威尔第开创歌剧的时代起，很多歌手在演出后被剧院经理坑了。

1963年，我们的企业规模第一次达到了可以受到美国《公平劳动标准法》（*Fair Labor Standards Act*）保护的标准。我必须找到一种方式，让我们可以在这个法案的规范下继续保持高薪资结构。感谢交易协会的帮忙，我发现了1937年美国最高法院通过的《公平劳动标准法》的一项模糊规定，让我公司的 48 小时周薪保障体系能够轻松通过。我不需要解释这项规则，只要承诺这个薪资结构有效且能够被明确审计出来就行。关于这部分内容，你将在本书后面的章节读到。

我们的员工从来没有被零售店员工会接洽过。我们的高薪待遇体系（后来又修订加入了健康医疗和退休利益条款）是让我们不被工会打扰的重要原因。

还有一项同样重要的政策，那就是我们每 6 个月会安排一次全职员工面谈。在斯坦福大学我学到了一点：员工从不因为钱而组织起来，他们聚集并对抗是因为在工作上遇到的困难被置若罔闻。所以我们制订了一个规则，要求每名全职员工以及部分兼职员工与他们的直属经理的上一级领导谈话，而不是与他们直接汇报的上级或店铺经理面谈。设定这个规则的目的就是让每名员工都能轻松地说出不满，从而在可能的情况下解决这些问题。我认为这个面谈体系和高薪资体系一样重要，它让我们得以留住员工。

组织稳定是达成高效生产力的关键因素，所以我相信，人员流失是劳动力成本最高的部分。令我非常骄傲的是，在我经营普隆托商店和乔氏超市的 30 年间，几乎没有全职员工离开我们，除了人类不可抵抗的问题——员工离世。基本上所有的全职员工都是从兼职员工转过来的。我们的"亲友圈"很热闹，有兼职员工和大家的亲朋好友做全职员工的储备，我们从来不需要做招聘广告。

我在给南加州大学商学院的一次演讲中提到过以上情况。一位年轻女士举手提问："那么你为什么能比竞争对手承担更高的薪水成本呢？"答案当然是因为获得高薪的优秀员工会有更多的价值输出。廉价支付劳动力反而会低效低能，让企业不堪重负。

增加投资回报的两个有效方法

1966 年，在小梅里特·亚当森把阿尔多乳业公司卖给 7-Eleven 的时候，我要面对的问题是，我们有 16 个签署长期租约的便利店，这让我一时不知所措。

便利店通常面积小、库存空间小，放不下几个展示架，很难找到让员工提高生产效能、产生更多价值的机会，这让支付员工高薪这件事变得很难。显然我本末倒置了，我先考虑了员工的收益，然后才想到便利店的盈利。或许真如 1986 年那位斯坦福女士所说的那样，我所有的决定都是歪打正着。我职业生涯中的大部分精力都花在了满足对员工的高薪承诺上。

我们改变的第一步是**只在黄金地段加码投资**。租金更高，销售额也更高。

租约就是一种投资，它可能是一家零售企业最慎重也是变动最少的决定。在财务方面，一份租约就是一项长期贷款。当我买下普隆托商店的时候，不仅公开的资产负债表上全加了杠杆，而且因租金产生的实际负债使隐藏表单看上去更加糟糕。这些负债只包括房租本身，不包含物业的公摊部分，而这部分费用通常有基本房租的 1/3 那么多，一般会被计入应付账款。这种隐性负债只会出现在审计师报告的注脚里。大多数零售企业破产

第 3 章　任何决策都以优待员工为核心

多半是因为租赁选址的错误决策。这就是为什么雷氏药店会在 1930 年破产：在 20 世纪 20 年代飞速发展的辉煌日子里，雷氏药店做了错误的租店决策而失败出局。

在我早年的职业生涯里，我学到了两种决策：一种是可逆的，另一种是不可逆的。15 年的租约就是那种不可逆的决策。所以，在整个职业生涯中，我对房地产相关的决策保持绝对控制权。这个主题会在第 16 章详细讨论。为了维持我们的高薪资政策，我们在 20 世纪 60 年代初期就必须拿到黄金地段的商铺。因为 1966 年 7-Eleven 进入加州后，同他们争抢地段这件事将变成一个巨大挑战。7-Eleven 漂亮的资产负债表和低廉的员工成本，让他们能够有资本抢走最好的地段。

把 7-Eleven 挡在加州之外的是乔·德席尔瓦激进的工会组织策略。7-Eleven 在得克萨斯州和南方其他州的运营都没遇到什么问题。我们原以为，即便工会不能阻碍 7-Eleven 进入加州，也至少能让他们进不了洛杉矶。但 7-Eleven 的管理者还是非常精明的。他们采用了特许经营制度，即使这样意味着他们不能以一家连锁机构的名义来采买或储存酒类商品，因为法律规定必须拥有所有店铺的共同所有权才可以这样做。

以我偏颇的观点来看，7-Eleven 的加盟制就是"农奴"制。不过，这个体制确实避开了工会，并且使 7-Eleven 的薪资成本降到了普隆托商店的 1/3。好看的资产负债表和低廉的薪资成本让他们得以把店铺开在普隆托商店的对面，接着填补亏损，最后把我们逼走。

我对加盟制从不感兴趣。我们看到的是连锁加盟方式被滥用的现象，这使得加州和其他一些州制定出复杂详尽、更具保护性的特许经营法。以前我每个月都会接到几个电话，对方说想要获得乔氏超市的特许经营权。我连"不"也不想说，直接就是一句："没门儿！"

为了支撑我们的高薪政策，给普隆托商店增加投资回报的第二个办法就是卖酒。我们不再仅仅贩卖啤酒和葡萄酒，也开始在酒类品种里加入烈酒，我们在 7-Eleven 便利店进入我们的地盘之前就把这块做得很好了。那时，卖酒许可证的费用非常高，加上每立方米的高净值库存，使我们在约 223 平方米的传统便利店大小的标准下的单店投资金额翻了一倍。

当时，加州对所有酒精饮料实行公平贸易法（*Fair Trade*）：生产商来定最低零售价，由州政府强制实施该定价。如果违反此规定，就要受到刑事惩戒，而不只是民事惩罚。这是大萧条背景下的另一则准法西斯式法律条款。所以消费者买不到打折的酒，和第 1 章提到的情况一样。所以，有一张卖酒许可证就意味着有收入保障。这也是为什么那时牌照非常昂贵，而现在，自从公平贸易法终结后，卖酒许可证几乎免费了。在 7-Eleven 便利店出现之前，我们 1/3 的店铺都有卖酒许可证。

由"超大号鸡蛋"而来的核心产品原则

从雷氏药店买断普隆托商店之后，我们开始逐渐了解一些产品知识。前文提到的那位 32 岁几近破产的普隆托总裁，他喝着保罗·马森奶油雪利酒，却对葡萄酒和其他售卖的酒类一无所知。当时，他和其他零售店店主在这方面的状态一样。直至今天，还有许多零售店店主和超市连锁店的采购对自己售卖的商品知之甚少，也毫无兴趣去了解。他们只在乎向生产商巧取豪夺进场费、合作广告的收入、退场费和回程运输优惠。

我们的第一次产品知识突破是"超大号鸡蛋",这个故事很受欢迎。我从雷氏药店买断普隆托商店之后,有一天,我的办公室里来了一位走投无路的鸡蛋供应商。

当时我和伯妮丝·克利夫(Bernice Cliff)合用一间小办公室。克利夫曾在猫头鹰药店会计部工作,她是我的忠实支持者。克利夫负责算工资和总账会计工作。在此声明一下,她不是我的秘书,而且,我在普隆托商店和乔氏超市工作的 30 年里从来没有过秘书,我也从不觉得自己需要秘书。这也是为什么我觉得我在圣迭戈高中学习时最值的课程就是打字了。如今,使用互联网不过是在增强这项技能的价值。

我们付不起全职工资给戴夫·约达。约达是从猫头鹰药店会计部来的另一位"移民",也是一位我们的支持者,他半工半读地给我们做账。感谢巴德·菲舍尔的帮忙,他让约达在幸运超市上班,负担了另一半工资。在过去的 30 年里,我负责所有的租店、搭建、采购、定价、商品营销、人员招聘和店铺管理工作。这期间,得到了我的左膀右臂勒罗伊的很多帮助。勒罗伊是我雇用的第一位员工,也是最棒的员工。每当我无法应对问题的时候(比如,我有一次在暴风雨中卸完货后昏迷了 3 周),勒罗伊就会接手,帮我管 7 家商店中的一家。当我们扩张到 10 家店的规模时,我终于有足够的钱将勒罗伊和约达转成全职员工。

这就是为什么在 1962 年,我迫切地需要从阿多尔乳业那里获得资金,不然就无法负担运营 7 家店铺的核心管理团队的人员费用。

说回那天走进小办公室的那个卖鸡蛋的人。他说自己碰到一个问题：存了太多超大号 AA 级鸡蛋。他愿意以普通大号的 AA 级鸡蛋的价格卖给我们，而普通大号的 AA 级鸡蛋是所有超市主推的商品。按照州政府的规定，超大号鸡蛋比普通大号的鸡蛋大 12%。这笔交易意味着我能以普通大号鸡蛋的价格售卖超大号的鸡蛋！

更重要的是，别的超市无法效仿我们的做法。超大号鸡蛋的供应量根本满足不了西夫韦超市（Safeway）的需求。大家稍加思索就能理解，超大号鸡蛋只有那些快"退休"的老母鸡才能生产出来，而有那样资历的"老姑娘"可不多。

我们投放的相关广告为普隆托商店带来了革命性的变化，这些超大号鸡蛋的收益帮我挣到了使商店生存下来的利润，以及之后用来创立乔氏超市的资金。今天，超大号 AA 级鸡蛋仍然是乔氏超市商品的一块"基石"，关键不在于这个项目本身，而是它让我开始思考供应链里非标产品的价值。8 年后，我们制订的乔氏超市的选品原则之一就是不走普通超市的标品路线。

在 7-Eleven 便利店进入加州的时候，普隆托商店是全美连锁型便利店单店销售额最高的品牌，比其他连锁店的平均销售额高出 3 倍。这不仅归功于员工的高薪政策、店铺优越的地理位置和几张卖酒许可证，还因为我们开始懂得用产品知识来建构商品的差异化，超大号鸡蛋就是一个成功的例子。当时，我们还不知道下一站去哪里，但我们已经踏上了成为乔氏超市的道路。

第 4 章

乔氏超市从机会缝隙中诞生

> 大多数公司采用的决策方式就是根据确定性来做预判，结果往往适得其反，或者说毫无成效……面对不确定性来做规划，需自问："哪些狀況已经发生，并且它们会成为建构未来的要素？"首先要看的就是人口形态的变化。
>
> ——彼得·德鲁克

我猜想，在7-Eleven便利店进入加州"绝杀"普隆托商店之日到来之前，我可能还有两三年的时间来做准备。短期内，南方公司仍需要我们的牛奶订单。我们和南方公司达成的协议让我有权回购阿多尔乳业公司在普隆托商店的股份。

普隆托商店的超大号鸡蛋计划成功后，我们赚了不少钱，这里就不赘述一系列的商品销售举措了。同时，在美国银行的帮助下，我很快还清了阿多尔乳业的债务。小梅里特·亚当森也得体地促成了相关事项。通过一系列精明的房地产运作和出售阿多尔乳业等举措，小梅里特1986年去世前使家族财富创了新高，他最关键的一个决策是让佩珀代因大学迁入了马里布。

在我的整个职业生涯里头，我非常幸运地得到了很多人的帮助，比如巴德·菲舍尔、汤姆·迪恩、小梅里特·亚当森、纳特·伯申（Nate Bershon）等。伯申先生是一位富有的房地产开发商，他押注在了普隆托商店那点不起眼的资产上，给我们建造了 5 家普隆托店铺。其中在洛杉矶西部的西木大道和国家大道的那家店铺，至今仍挂着乔氏超市的牌子在营业。那家店的坪效是当时全美最高的，达到了约 32 300 美元 / 平方米。1985 年，93 岁高龄的伯申在过世前还能亲自为自己的房地产帝国填税单。

我从他那里学到的最重要的一件事是：和有些人握手而得到的承诺远胜过任何合约。后来，当我出售乔氏超市的时候，也只是通过一次握手就成交的。

我得说，南方公司给我们的供货都很到位，但在 1971 年，我们开始了新的健康食品计划"地球哈利"，只能放弃选用南方公司的牛奶，因为它们无法满足我们要认证生乳的需求。南方公司后来因为一系列非理性扩张以及来自油气公司连锁店的冲击而破产，如 Arco 公司的 AM-PM 连锁店。

如今的牛奶市场结构已经大不相同。当连锁超市规模变大并上市之后，就会放弃他们与品牌乳业公司的交易，开始建设自有乳品工厂，因为这样能赚取更多利润。大多数乳业公司在 20 世纪 50 年代持续失去订单，要么销声匿迹，要么彻底转型。1990 年，在南方公司垮掉之后，阿多尔乳业被前洛杉矶市市长迪克·里奥尔登（Dick Riordan）的风险投资公司救助，由当时的管理层买下并运营至今。

第 4 章　乔氏超市从机会缝隙中诞生

独特的人群定位，抓住差异化竞争的机会

我意识到便利店零售作为我的营收来源有点"好"得过头了，我几乎找不到任何可以进一步开发的机会。美国很多经营便利店的同行觉醒不够及时，以至在 20 世纪 80 年代后期因为行业崩盘而出局。南方公司就是其中最大的溃败者。便利店零售业的底层问题是产品同质化，无法进行差异化竞争。

我需要的是给一家小而美的公司找一个小而美的商业机会：非标品，有差异化竞争力的零售业务。当时我本可以选择把普隆托商店卖给 7-Eleven 公司，然后去为他们工作，或者到别的地方打工。但是，当年雷氏药店和休斯飞机公司那种拜占庭式官僚的管理氛围，让我深信只有自主创业、自主经营才能获得真正的安全感，而我这种左撇子在这方面是有优势的。

同时，我也非常确信我身负一种神圣的使命，那就是开一家让员工来做主的公司。我希望有朝一日，员工拥有公司百分之一百的股份。这点后来没有实现。不过，带着这份信念，也伴随着远离拜占庭式地狱管理模式的渴望，我生出了无比的信心，觉得我们一定能赢。

1965 年，我在《科学美国人》(*Scientific American*) 杂志上看到的一则新闻成了乔氏超市雏形的基础。我的岳父比尔·史蒂尔（Bill Steere）是一名植物学教授，他在我们离开斯坦福大学时给我订阅了《科学美国人》。要说到后面发家致富的启发，这份杂志给了我最重要的影响。

杂志上的新闻内容说，1932年，美国还在大萧条的泥沼里时，有资格上大学的人中实际只有2%能进入大学。相比之下，到了1964年，有资格入学的人群里有60%都成了大学生。当然，如此大的改变源自1945年生效的《美国退伍军人权利法案》（The GI Bill of Rights）。无论在什么时代、身处怎样的社会，迄今为止，这一法案的颁布都是推动美国大众接受高等教育的最大的一次社会实验。到1965年，第二代复员军人开始进入大学。

第二则新闻是《华尔街日报》上的报道，新闻提到波音747飞机将于1970年开始飞行服务，这会大幅降低国际旅行的成本。在这之后，从美国去欧洲的机票费用是1950年时的6.7%。在普隆托商店的日常经营中，我们发现那些出去旅行过的人，即便只是去过旧金山，他们探索新食物的需求也已经远远超出我们当时所能提供的水平。旅行，本质上就是一种教育形式。

乔氏超市就是从这两则关于人口形态变化的新闻中孕育出来的，这比彼得·德鲁克的教诲早了差不多30年。我发现的商机就在人口数量当时还不大，但在持续增长的高学历人群当中。7-Eleven便利店乃至整个便利店行业都在忙于满足那些不多加思考的人的最基础的需求，他们提供的商品里充斥着香烟、可乐、牛奶、啤酒、糖果、面包和鸡蛋等。隐约地，我看到了一个能够将我们和面向大众的主流零售店明显区分开来的机会。

1966年的美国社会已经变得高度同质化，这甚至值得用一整个章节来细说，而我在人口变化的新闻里找到了社会同质化现象中蕴藏的新机会。

第 5 章

打造自有品牌才是王道

19世纪早期，人们见证了现金经济取代易货经济的转变，零售业也因而兴起。那时候的食品技术还停留在大桶灌装的水平，所以零售商主要以散装方式销售商品。品牌的概念基本上连影子也没有，零售商的厂牌实际上就是大桶装面粉、盐、糖和咖啡的品牌名。

为了解决拿破仑帝国军队的粮食问题，1809年尼古拉斯·阿珀特（Nicolas Appert）发明了罐头食品。这是食品摆脱散装零售形式的第一步。滑铁卢战役约30年后，美国出现的第一种品牌罐装食品可能是安德伍德牌（Underwood）的"魔鬼"火腿罐头。战争也进一步刺激了食品科技的发展。盖尔·博登（Gail Borden）发明了罐装牛奶，此后，品牌食品如雨后春笋般蓬勃出现：皇家泡打粉（Royal Baking Powder）、贝克巧克力（Baker's Chocolate）等。这次的品牌浪潮里也包括了非食品类，比如梨牌香皂（Pear's Soap）、莉迪娅·平卡姆（Lydia Pinkham）之类的专利药品、第一个苏格兰威士忌品牌厄舍绿条纹（Usher's Green Stripe）。品牌浪潮成为全球现象。一些知名的香槟品牌，如凯歌香槟（Veuve Clicquot），瑞士巧克力品牌，如瑞士莲（Lindt）等，也从这时开始崛起。

19世纪90年代，第一台全自动玻璃瓶制造机的出现加快了品牌化的速度。可口可乐这样的饮料品牌得以诞生，而不再是从苏打机里面出来的散装货。第一次世界大战造就了品牌香烟，而在这之前，相较于雪茄，香烟被视为女性化产品。

同时，1870年左右，卡夫公司（Kraft）发明了棕色购物纸袋，顾客可以把在店内购买的商品都放入一个纸袋。即便在今天的欧洲，这种做法也并不普遍。

品牌与广告在美国兴起

做品牌就得做广告。美国当时只有纸媒，大量发行的媒体的崛起就是倚赖品牌广告的力量，如《星期六晚邮报》（Saturday Evening Post）和《科利尔杂志》（Collier's Magazine）。烟草公司总裁乔治·华盛顿·希尔（George Washington Hill）的经典香烟广告"幸运烟，选幸运，不选糖果"（Reach for a Lucky instead of a sweet）经久不衰。报纸行业也因为品牌广告而生机勃勃。

然而，到了20世纪20年代末，网络广播电台闪亮登场。第一个获得巨大成功的节目就是《阿莫斯与安迪秀》（Amos'n Andy）。该节目由芝加哥一个鲜为人知的牙膏品牌白速得（Pepsodent）赞助。一夜之间，白速得一跃成为牙膏中排名第一的品牌。关于这方面的资料，可以查阅建筑师查尔斯·勒克曼（Charles Luckman）的自传《活了两次》（Twice in a Lifetime）。从那以后，电子媒体的统治时代来临了。

1930年，经济大萧条出现了。在第一次世界大战前就合并的连锁药店开始针对白速得这样的品牌推出"跳楼价"来吸引客流，自此形成了零售商和强大品牌共生制衡的生态。这个模式在1935年各州推出公平贸易法后一度被打破。虽然这些法案在1960年失效了，但即便在推行公平贸易法的时期，大多数食品生产商还是避免将"公平交易"应用于他们的品牌。

新的广播网与著名的戏剧演员签约合作，这些演员实打实地变成了赞助品牌的形象代言人：杰克·本尼（Jack Benny）对应吉露牌果冻（Jello）；菲伯·麦吉（Fibber McGee）和莫莉（Molly）对应庄臣（Johnson）的产品；埃德加·伯根（Edgar Bergen）和查理·麦卡锡（Charlie McCarthy）对应蔡斯·桑伯恩咖啡（Chase & Sanborn coffee）；宾·克罗斯比（Bing Crosby）对应卡夫奶酪；鲍勃·霍普（Bob Hope）对应利华兄弟（Lever Bros.）；埃德·威恩（Ed Wynn）对应德士古（Texaco）的"消防队长"形象。这些晚间半小时的大牌明星节目位于大众节目金字塔的顶端，这部分节目共有如下几种：

1. 品牌独家赞助的半小时夜间节目，如好彩香烟（Lucky Strike）金曲榜单、骆驼香烟（Camel）大篷车、力士（Lux）广播剧场等。
2. 15分钟的日间肥皂剧，每部都以剧中女主角命名，由特定的香皂品牌赞助，如玛·珀金斯（Ma Perkins）、玛丽·诺布尔（Mary Noble）、玛丽·玛琳（Mary Marlin）、斯特拉·达拉丝（Stella Dallas）等。
3. 15分钟的傍晚儿童节目，相关赞助商有：《独行侠》（The Lone Ranger）的赞助商韦伯面包（Weber's Bread），广告词是：

"我的魔法解码戒指在哪里？"《杰克·阿姆斯特朗》(*Jack Armstrong*)的赞助商麦片品牌 Wheaties,《小孤儿安妮》(*Little Orphan Annie*)的赞助商阿华田(Ovaltine)等。
4. 特别活动，比如吉列(Gillette)赞助世界职业棒球大赛(World Series)，德士古石油公司赞助大都会歌剧院(Metropolitan Opera)，还有新闻节目，比如里奇菲尔德汽油公司赞助《里奇菲尔德报道》(*Richfield Reporter*)。

如果不是这么详细地列出来，我们很容易忘记广播电台是如何崛起的。娱乐内容和广告几乎在一夜之间天衣无缝地结合到一起，进入公众的视野。这也是为什么品牌会变得如此强大，而零售商则沦为品牌分销浪潮中的无名之辈。后者虽然富有，但毫无影响力。

比起品牌，我们更重视产品

超市和广播电台一样，也是在1930年兴起的。超市的特色不在于店铺里有什么商品，而是停车场的条件如何（停车"自助服务"始于1915年左右）。超市开始具有举足轻重的地位，是因为他们认识到了汽车的重要性，而百货商店在第二次世界大战之前并没有意识到这点。早期的超市要么有自己独立的地盘，要么和附近没有停车场的商业区合在一起。第二次世界大战之后，购物中心蓬勃发展。可以说，超市模式的日臻完善是由第二套车轮驱动的，那就是1937年超市购物车的发明。

超市的兴起正赶上广播电台的风头。那些投入广告的品牌产品也理所应当地成为超市的垄断商品。超市从诞生之日起就受到广播电台的影响，所以，超市在布局商品的时候一直以品牌为导向，超市运营者很少会关心并了解他们售卖的产品。事实上，20世纪30年代美国的超市只经营"干货"包装类，而且大多数是品牌方的产品，烘焙材料、肉类和酒类通常是特许经营商品。

乔氏超市在发展过程中，最独特之处不在于面积大小或者装修风格如何，而是我们对产品知识的重视和投入。我们对品牌商品几乎是漠然的态度，这种做法使乔氏超市与大众零售业的文化截然不同。

第二次世界大战造就了广播电台和广告品牌的"强强联手"。大众传媒在困难时期给美国人提供了安慰，就像母亲、苹果派和"上帝保佑美国"一样，这句话源自凯特·史密斯（Kate Smith）参与的由大西洋和太平洋食品公司（A&P）赞助的广播节目。

大西洋和太平洋食品公司及美国国家茶叶公司（National Tea）等早于广播电台出现的连锁零售商一直依靠的是自有品牌。虽然他们开设了大超市来取代原有的200多平方米的店铺，但是他们无视品牌商品的主导地位，这导致他们在第二次世界大战之后经历了痛苦而漫长的衰败。

品牌一路高歌猛进，不仅仅影响了超市，还影响了很多零售商。像雷氏药店这样的连锁药店在1930年前是以自有品牌为基础建立起来的，后来被健康与美妆品牌狂轰滥炸的电台广告逼得开始妥协。安力神片剂（Anacin）的广告投放在《基恩先生》（*Mr. Keene*）与《失踪者的追踪者》（*Tracer of Lost Persons*）中，采婷乳液（Jergens）的广告投放在《沃尔特·温切尔》（*Walter Winchell*）中。这些广告都是大手笔。第二次世界大战后闪亮登场的 Sav-on 药店已几乎没有任何自有品牌，大多数超市1950 年之后才开始销售健康与美妆用品，所以广告带来的冲击主要落在了经营自有品牌的药店和百货商店上。

与面向大众的主流零售店区隔开来

广播电台史无前例地重塑了美国人的生活方式。然而，广播电台统治媒体 20 年后，1950 年起，全美铺设同轴电缆，网络电视因此扫遍全美，后者仅用短短 3 年时间就让广播电台销声匿迹了。电视不仅消灭了广播，也同样使大众杂志，尤其是晚报出局了。电视是有史以来最强大的广告媒介，它将美国文化同质化至惊人的程度。

到了 20 世纪 60 年代，电视的国民渗透率达到了 100%，那些因为广播媒介的影响而变得非常强大的知名品牌的影响力创新高。需要指出的是，电视广告的投放费用非常昂贵，只有那些头部大公司才买得起投放时段。在这种情况下，很多小品牌无法生存，小酿酒厂品牌和处于弱势的软饮料品牌几乎全军覆没。超市之前被广播塑造形象，现在则被电视影响。其他许多零售商也倍受影响，比如，由演员贝蒂·怀特（Betty White）代言的家电经销商西屋电气（Westinghouse），美国前总统里根代言的通用电气（General Electric）。

这就是 1966 年我们所处的环境。地方口音、某一地区的穿衣风格和地方菜单都被同化到相同的标准，比如史云生（Swanson）电视餐、美汁源橙汁、美乃滋和福爵咖啡。零售商不需要对产品做任何了解，只要确保产品会出现在《我爱露西》（*I Love Lucy*）和《荒野大镖客》（*Gunsmoke*）

等节目的广告里就行了。

1966年，我又一次误打误撞地做出了一个正确的预测。我猜测，电视在拥有95%的观众份额之后就无法进一步发展了。20世纪60年代的电视观众正是那些在20世纪三四十年代没钱上大学的人群，而一批新的受过高等教育的人的消费能力正在慢慢崛起，他们也许不喜欢这种大众文化，他们更加挑剔，渴望获得不同的东西。

网络电视确实在1970年达到了巅峰，那时正值演员约翰·韦恩（John Wayne）因《大地惊雷》（True Grit）赢得奥斯卡奖。而从那之后，不出所料，我看到电视的市场份额逐年下跌。到1997年，美国全国广播公司（NBC）、哥伦比亚广播公司（CBS）和美国广播公司（ABC）的份额都跌到50%以下，而剩下的那些份额代表的是购买力最低的社会阶层。

1966年，我本来认为公共电视将会是这种转折的一个重要因素，但我错了。公共电视的市场份额一直保持在3%。可能的原因有这样几方面：

1. **科技**。有线电视和卫星电视取代了网络电视，录像带的诞生又颠覆了所有电视形式。索尼当初开发录像带的时候，从未想到未来录像带主要会被用来观看影片，而不是录制电视节目。
2. **移民**。有线电视上有许多西班牙文、韩文、日文和中文频道。洛杉矶最火的广播站点现在都是西班牙语的。
3. **公共电视**。这方面已发展无望，但其他一些类似的有线频道，比如历史频道、布拉沃（Bravo）和美国有线电视新闻网（CNN）等新闻类频道，已经侵占了网络电视的地位。

数字媒体使美国社会达到了空前的多元化和碎片化，仅在洛杉矶就有 70 多家广播电台。现在，互联网使数字媒体的碎片化程度几乎达到了极限。乔氏超市就是这些碎片的一部分。碎片化使有独立思考能力的人们可以脱离主流。你可以想象一下，乔氏超市就像是众多有线频道中与小众共鸣的那一个，而其他超市则是像 NBC、CBS 和 ABC 这样的大多数。

第 6 章

围绕 4 项指标，把坪效跑出来

请给我一个富有成果的错误，随时都行，里面充满了可以自我纠正的种子。你可以把那些没有结果的完美真相留给自己。

——斯蒂芬·杰·古尔德（Stephen Jay Gould）[1]

不少朋友有一些错觉，他们总觉得乔氏超市的诞生和发展完全是凭空从我的头脑中冒出来的，就像雅典娜从宙斯的脑袋里蹦出来一样。关于这点，我想澄清一下。还是用比喻来解释，乔氏超市的成形更像历经 11 年的进化过程——长出一个手肘，再长出一片指甲，在一次偶然的、痛苦的生产后诞生了主躯干。大体来说，乔氏超市在 1966—1977 年这一时期基本上有 3 个主要进化版本：1967 年的"好时光查理"，1971 年的"地球哈利"和 1977 年的"尖刀麦克"。后期基本上已经看不到"好时光查理"的痕迹了。

提升坪效的基本原则

"好时光查理"时期，我们在经营上集合了以下这些想法：

---

[1] 斯蒂芬·杰·古尔德，著名进化论科学家、古生物学家、科学史学家和科学散文作家，这段话出自其作品《熊猫的拇指》（*The Panda's Thumb*）。——编者注

1. 我们关注人口数量小但正在迅速崛起的人群，他们受过良好教育，热爱到处旅行。
2. 从营销角度来看，酒类消费情况和顾客受教育水平的相关程度几乎是 100%。
3. 为了维持我们的高薪资结构，我需要持续在每个职位上更多地投资，其中最简单的方式就是增加蒸馏酒品类。我们引进了酒类商品，改造了更多的普隆托商店，但实践发现，便利店不是售卖酒类商品的理想渠道。还有一个挑战，那就是几十家 7-Eleven 便利店涌入市场，不过他们都不卖烈酒，一家便利店的公众形象和烈酒不太匹配。
4. 售卖烈酒的优势可以从 3 个指标来看：坪效高，这对一家小面积的商店来说至关重要；消费率高；易于运营。

如果要加上第 4 个指标的话，那就是我们必须在这个领域里足够优秀。酒类应该是一个很理想的品类，因此，在这家还没有命名的新商店里，一定会有全球最多品种的酒类商品。后来，在"好时光查理"的实际运营中，我们有 100 多个品牌的苏格兰威士忌，70 个品牌的波本酒，55 个品牌的朗姆酒，14 个品牌的龙舌兰酒。另外还有葡萄酒。关于葡萄酒，后面再详述。那时，酒类的公平贸易法在加州还有效，我们不能在价格上做到引人注目，只能在品种选择上出类拔萃。

不管怎样，还是要想办法使一家小商店的坪效最大化。于是我继续用这 4 个指标来寻找其他合适的品类：坪效；消费率高；易于运营；价格或品类数占优势。比如，钻石符合第 1 个指标，但是无法满足第 2 个指标。水果、蔬菜能满足前 2 个指标，但是达不到第 3 个指标，因为蔬果需要店员不断地理货。不过，如今新的塑料包装改变了这个情况。新鲜肉类则不符合第 3 个和第 4 个指标。

1966 年 2 月，我写了一份白皮书，上面包含每当我遇到事情的关键转折点时会采取的行动。这是我从成立普隆托商店之初就养成的习惯。在一份白皮书里，要尽量写下计划中要做的每件事情及其背后的动机，这样，当以后事情发展不顺时，也不至于因手忙脚乱而搞砸一切。白皮书的另一个重要用途就是同步给组织成员传阅，获得大家的支持并征求他们的意见。

关于如何做一名企业家，我的大多数想法来源于 20 世纪最伟大的西班牙哲学家何塞·奥尔特加-加塞特（José Ortega y Gasset）所写的《大众的反叛》(*The Revolt of the Masses*)。这本书出版于我出生的前一年，也就是 1929 年，但书里的内容仍然能够清晰地解释我们当前生活的时代。我读后觉得，这本书为那些既没声望又没什么资源的创业者提供了纲领性的行动计划。我就是这样一名创业者。我在斯坦福大学的最后一年，一边挨家挨户推销柯比（Kirby）吸尘器，一边读这本书。

关于普通人如何开始创业，加塞特在书中给出了解释。他举出了恺撒大帝的"职业生涯"发展。恺撒大帝是一个初期没有任何权势的"创业者"。《大众的反叛》一书中，加塞特关于国家的论述给了我很大启发，相关论述如下：

> 人生本来的意义就在于专注投入一份事业，无论这份事业是光荣还是卑微的，也不管最终的成就杰出还是微小……

一个国家之中原本都是自然分裂的各个部族，后来人们意识到他们必须共同生活，于是组成一个整体。这种服从不是由暴力驱使的，而是人们趋向同一个目标，一项能整合分散部族的共同任务。国家最基础的定义是一种行动计划和协作程序。人们被召集起来是为了共同完成某件事情……完成共同使命的意愿是出于纯粹的动力，因此，国家的概念完全不受物理上的限制……

没有人可以在这个世界上根据他自己的意愿而非公众意愿来进行统治……即便是一个试图统治军团、掌控统治权的人，也需要依靠军队集体的意见和其他民众的意见。正如法国的传奇政治家塔列朗（Talleyrand）曾经对拿破仑说的："陛下，你可以靠刺刀做任何事情，除了靠这个统治人们！"

在我职业生涯的大部分时间里，我都在销售"行动计划和协作程序"，无论是让雷氏药店投资普隆托商店，还是找美国银行来帮助我全资买断普隆托，或者是说服房东、供应商，他们中的很多人对我的计划都曾满怀疑虑，甚至显示出抵触态度。还有最重要的，就是说服我的员工们。如果你想知道我和大多数管理者的差别，那应该就是这一点。感谢加塞特，让我从一开始就明白了说服每个人的重要性。

因此，在我的整个职业生涯中，关于企业的真实状况，我对员工都是开诚布公的，几乎没有遮掩。我从巴顿将军那里学到了一个秘诀，巴顿将军认为，最大的危险不是敌军知道了你的计划，而是你自己的军队对你的计划一无所知。

巴德·菲舍尔也教了我不少。他非常直率，即便这样的行事风格有时会让他损失利益，但这份坦诚让他在经营过的任何一家企业里，赢得了上到执行副总裁，下到保安人员的所有人的忠心。

然而，这种坦诚以对的原则却让大多数管理者难以接受，甚至我自己的管理团队也是如此。多年来，我都会带所有的新员工去吃午饭。虽然我被提醒过很多次不要这么做，但我还是会告诉新员工们，如果外面有更好的机会，他们应该抓住。不久之后，我的现场主管们取消了这样的午餐聚会。我的高管们还否决了我另外一个坦率的想法：我想在每年发布薪资公告的时候，公开他们和我自己的工资、奖金。

人们喜欢秘密，因为秘密会带来权力。想想那些古希腊的祭司为什么要守护圆周率的秘密，这也是为什么我从来没有过秘书。离开乔氏超市后，但凡我在任职的公司里发现有"行政秘书"这个职位，都会取消它。这些岗位的员工掌握了太多秘密，而且热衷于不断增加他们的秘密"存货"。充满秘密的地方通常应该在人力总监办公室，而不应该出现在决策链上。首席执行官的秘书即便不是主观刻意而为，也常常由于客观因素身不由己地被卷入秘密之中。

让热爱旅行的高知人群流连忘返

1966年，美国处于繁荣的巅峰。在美国前总统林登·约翰逊（Lyndon Johnson）坚持的"枪支和黄油"的政策下，只有黄油进入了公众视野。那时候基本上还没有出现通货膨胀和大面积失业的情况。《洛杉矶时报》的专栏为了大众如何过好休闲时光的问题而绞尽脑汁，因为那时已经确定了每周 35 小时工作制。道琼斯工业指数[①]在调整通胀率后达到了历史最高点,而这样的盛况在后来的 20 世纪 90 年代才再次出现。

所以,乔氏超市是诞生在这样一个充满欢乐、休闲和繁荣的环境中的。几年前,我们在迪士尼乐园玩了"丛林巡航"项目,那次经历在我头脑里挥之不去。在那个年头,酒店大堂里循环播放《黄鸟》(*Yellow Bird*)和《礁石之外》(*Beyond the Reef*);"维克商人"餐厅(Trader Vic's)正处于它的黄金时代;三十几岁的人不喝霞多丽葡萄酒,而是喝迈泰(Mai Tais)和雾之刃(Fog Cutters)鸡尾酒,契合波利西亚式酒吧那种"雨声在屋顶滴答"的意境,这些鸡尾酒被端上来的时候还带有迷你阳伞装饰。在我童年的某个模糊的角落,我肯定看过琼·哈洛(Jean Harlow)和克拉克·盖博演的《红尘》(*Red Dust*),也读过《南海白影》(*White Shadows in the South Seas*)和《大探险》(*Trader Horn*)。

因为我们的目标是那些热爱旅行的人,所以"乔氏超市"的名字(Trader Joe's)纯粹就是上面那些素材的集合体。我们检索了商标库,发现可以注册"Trader Joe's"这个名字。我们还搜索了电话簿黄页,找到了一家同名公司,它是位于加州桑兰郊区的二手轮毂盖经销商。

一位市场营销专家觉得这是个糟糕的名字,他认为"Trader Joe's"不是一个和南洋海岸相关的浪漫名字,反而可能令人联想到贩卖劣质马肉

[①] 道琼斯工业指数是由《华尔街日报》和道琼斯公司创建者查尔斯·道创造的几种股票市场指数之一,测量美国股票市场上工业构成的发展。——编者注

的交易。有的人认为这个名字容易和"维克商人"餐厅搞混。一开始确实如此，直到我们后来比它更出名就不会了。还有一些人一直以为乔氏超市是在洛杉矶中国城经营"小乔氏"餐厅（Little Joe's）的意大利家族的产业。

我们的品牌标识基本上是由弗雷德·施罗德（Fred Schroeder）设计的，这是给玛丽·卡伦德餐厅（Marie Callender）设计标识的一家小型制作商。我很喜欢玛丽餐厅的招牌，他们的店标上有个屋顶图案，看上去令人愉悦。所以我才会找施罗德，他给我设计了一种隐约带有东方风格的字体。

1967年8月，第一家"乔氏超市"在洛杉矶帕萨迪纳的阿罗约大道上开张了。店标上有个带花托架子的大门图案，大门有遮阳篷设计，上方是波利尼西亚风格的屋顶。一开始，大多数开车经过阿罗约大道的人都以为这是一家餐厅，这可不是我期待的效果。超市内部到处是缤纷的海洋艺术品，有船钟、船桨、船网和搭着半条划桨的小船。收银区是一个有塔顶的"岛屿"，柜台是用旧舱盖制成的，上面还镶嵌了玻璃纤维做的贝壳，整个"岛屿"被安置在了碎木桶上。我们在海洋艺术装置变流行之前就已经这么做了，我会去洛杉矶港口的海洋废料回收点，在那里买东西论磅称，一磅才几美分。

所有员工都穿着波利尼西亚风格的衬衫和百慕大短裤。经理被称为"船长"，助理经理是"大副"，包装男孩是"土著搬运工"。大喇叭里放着夏威夷风格的音乐，我曾经在《纽约客》上了解到，商店里放夏威夷音乐能让顾客的速度变慢。员工会定期更换专辑，一段时间里一直重复听几首曲子的话，人是会发疯的。

以上就是关于我们在1966年下半年起的品牌名和完成的视觉设计。勒罗伊、弗兰克·河野（Frank Kono）和我一起开发设计了这家约420平方米的样板店。

这里提出一个好问题：既然我的需求是摒弃便利店的模式，那为什么还要坚持开面积小的店铺？如果是在1967年，当时我已经有18家店，那么开小面积店铺的做法是理所当然的。可是到了20世纪80年代，乔氏超市已经成为强大而成功的企业，这种坚持就不合常理了。关于这个问题，在汤姆斯·彼得斯（Thomas J. Peters）于1982年所写的管理类畅销书《追求卓越》（*In Search of Excellence*）里有清晰的解答。他把这种模式称为"模组化的力量"。

> 一家企业最基本的模组是无须等待上级的任命，能够自发行动的部门。成功的关键在于成员们对每个实际的问题都了然于胸，并且能马上解决……小团队是最有代表性的模组部分。

乔氏超市最基本的"模组"是由享受高薪的"船长"和"船员"运营的各家店铺，他们都有能力自行判断来做决策。我欣赏诺德斯特龙百货（Nordstrom）指导员工的基本准则：运用你的最佳判断。

最终，乔氏超市在20世纪80年代确定了约743平方米的店铺平均面积。但是，运营相对来说面积小、员工少的店铺的理念仍然是我们的企业文化之一。当我们开第一家"好时光查理"的时候，和普隆托商店一样，营业时间从早上7点到午夜。随着时间的推移，我们逐步把营业时间缩短为早9点到晚9点。每次我们缩短营业时间，都比之前挣得更多，因为我们减少了员工换班的次数，而且店员之间的互动也增多了。

锁定葡萄酒这一细分市场

我给乔氏超市找到的第一家理想店铺的位置，是帕萨迪纳阿罗约大道旁一座建于1911年的瓶装水工厂。我的房产经纪人——他也是乔氏超市的一名高管，已经耗费了很多时间和一名顽固不化的律师帕特里克·詹姆斯·柯比（Patrick James Kirby）谈判租约。柯比的态度非常强硬，后来爱丽丝开玩笑说她以后如果要离婚，一定找柯比当律师，柯比听了很得意。

当时，业界认为我疯了：竟然在阿罗约大道付高额租金，当时那地方几乎就是一个工业贫民区。只有我的房产经纪人理解我，因为我的新计划和那个地方太匹配了。帕萨迪纳区是一个大学园区，那里有加州理工大学、帕萨迪纳城市学院（Pasadena City College），加州大学洛杉矶分校也离那里不远。附近的亨廷顿医院（Huntington Hospital）里都是高学历的职工，另外还有如帕森斯公司（Parsons）这样的大型工程技术公司。总之，帕萨迪纳可能比加州同等规模的其他城市拥有更多受过高等教育且游历广泛的人口。

阿罗约大道这个建筑的另外一个问题就是面积太大，它比我们原本为乔氏超市规划的420平方米大一倍。我们通过两种方式来解决这个问题。

第一，分租一部分空间给一家肉类加工服务商。如果没有肉类加工服务，对于是否能让这些游历广、见识多的高知人群满意，我着实有点不安。好在我们找到了合作的肉铺经营者罗恩·德森（Ron Dessin），可以说他是个"神奇"的人：既是一位游刃有余的肉类处理艺术家，也是一名企业家。德森在我们第一家乔氏超市获得成功的过程中起到了非常重要的作用。在之后的4家店铺旁我们都设置了肉类加工服务点，然而事实证明，像德森这样既是屠夫又有企业家头脑的人无法复制。当时机允许时，我们就中止了其他类似的服务合作。自此以后的新店扩张，我们就不再提供肉类加工服务了。

第二，我们意识到，额外的空间最重要的用途应该是扩展计划中的葡萄酒部门。要知道，我们几乎不懂葡萄酒。我们在乔氏超市开业之前，在普隆托商店做了一些尝试，这些尝试要么没什么成果可言，要么完全令人失望。在这里，要感谢我们的经理弗兰克·河野，还有乔治·麦柯（George McCoul）。麦柯是个大个子的亚美尼亚人，以前他在普隆托商店旁边开了家肉铺，现在去了纳帕谷。我们结识了几家加州小酒厂，然后就决定将乔氏超市葡萄酒部门的目标定位在"全世界品种最丰富的加州葡萄酒"上。那时我们有17个品牌。我们对标的是当时领先的精品食品连锁品牌于尔根森（Jurgensen's），它只有7个加州葡萄酒品牌。

1967年，葡萄酒一级市场几乎不存在，加州的葡萄酒二级市场更糟糕。特别幸运的一点是我们可以提供足够的货架空间给那些小微酒厂，后来它们出名了，比如赫兹（Heitz）、世酿伯格（Schramsberg）、梅亚卡玛斯（Mayacamas）、苏维雷（Souverain）、菲玛修道院（Freemark Abbey）和充满争议的马丁·雷（Martin Ray）。马丁·雷可能是我知道的最伟大的也是最有争议的酿酒商。出乎我们的意料，在第一位"船长"

第 6 章　围绕 4 项指标，把坪效跑出来

杰克·巴顿（Jack Button）强大的销售能力之下，葡萄酒方案大获成功。当然，也是因为公平贸易法，我们才获得了利润的保障。我们开始印制葡萄酒推广手册，并起了一个自嘲的名字，叫"内部参考"。葡萄酒生意可以说是风生水起。接下来的 4 年，我们雇用了麦柯，定期开办品酒会，认认真真学习葡萄酒知识。

位于帕萨迪纳的乔氏超市就相当于一家便利店的杂货集结处（那时我们还不懂食物知识），再加上一个大型酒类部门。还有一些商品和服务通过了我在普隆托制定的 4 个测试标准，包括折扣杂志、折扣纸质书、折扣袜类、折扣唱片（这款商品效果不好，我们很快就放弃了）和折扣照片洗印服务。照片洗印服务的效果特别出色，完全击中我们目标客户的"痛点"，尤其成功。

乔氏超市的起步很不错。于是，我们开始将目标人口地段的普隆托商店转型为乔氏超市，比如洛杉矶西部、卡尔弗城、富勒顿等，同时出售那些不太适合继续运营下去的普隆托商店，它们是我们在急于销售阿多尔牛奶时租下的。到了 1970 年初，情况看起来很顺利，我们就租赁了更多的地点。

随后，经济开始恶化。那个充满欢乐、休闲和繁荣的派对时代一去不复返。消费趋势转向更加有益于身心健康的方向。乔氏超市也随之在 1971 年从"找乐子"风格的"好时光查理"转变为关注健康的"地球哈利"版本。

第 7 章

以葡萄酒为开端，开启大单品传奇

> 我有个治口渴的秘方，和那些治疗疯狗咬伤的办法完全不同。如果你一直追着狗，狗就永远不会咬你；如果你总在口渴之前喝水，你就永远不会口渴。
>
> ——拉伯雷[①]

1970年是乔氏超市历史上最重要的一年。

让我们像一名MBA好学生那样先从了解经济环境开始。1970年左右，经济状况非常糟糕。在经历了1969年股市繁荣之后，尼克松总统开始削减国防开支。在南加州，10万个与航天相关的工作几乎一夜之间消失了；在有些城镇，每10户人家就有一家人在卖房；《洛杉矶时报》的社论专栏从之前讨论大家如何在一周工作35小时后度过闲暇时光的话题，转而关注人们迁离洛杉矶的潮流。

1970年在洛杉矶所发生的状况，是我经历过的最糟糕的经济事态。

[①] 拉伯雷，文艺复兴时期法国人文主义作家。这段话出自拉伯雷的长篇小说代表作《巨人传》。——编者注

和"冷战"后的萧条不同，当时并没有出现从墨西哥来的移民潮，也没有像如今这样毒品交易泛滥。我认为，地下经济就是1990—1994年洛杉矶无声的救星。那时还发生了肯特州立大学枪击事件和五角大楼文件泄露丑闻，使经济情况雪上加霜。

而且，在20世纪70年代的头几年，情形也没有变好。战争开支导致的通货膨胀紧随着1970年的经济衰退而来。时任总统尼克松"一把关上了黄金之窗"。1945—1971年，美国通过《布雷登森林协议》(Bretton Woods Agreement)，实行美元与黄金挂钩的固定汇率制度，每盎司①黄金约等于35美元。其他国家的央行因而快速兑换美国的黄金，导致尼克松不得不背弃承诺。随后，1973年固定汇率制终结，美元跌落谷底。1973年夏天，我去法国葡萄酒产区出差，那时我甚至无法用美国运通卡绑定的美元旅行支票来兑换现金。1973年发生的能源危机使通胀现象走势更猛烈，政府开始控制工资与物价水平。接着，伴随1974年的道指触底，"水门事件"被揭露。

乔氏超市出台了3个举措来应对国内的经济政治形势。以下按时间顺序来列举：

1. 1970年初，我们启用了《新品简报》。
2. 利用公平贸易法的漏洞，我们得以在1970年末创造了进口葡萄酒的价格新低。
3. 最重要的是在1971年，我们在1967—1970年打造的"好时光

---

① 1盎司≈28.3克。——编者注

第 7 章　以葡萄酒为开端，开启大单品传奇

查理"派对主题店的基础上融入了健康食品店的概念。

这 3 个举措基本上构成了乔氏超市的第二个进化版本"地球哈利"。本章会讲讲如何合法合理地在公平贸易法下灵活变通，下一章里会说说与健康食品相关的事情。最后在第 9 章再谈谈《新品简报》和乔氏超市的整体广告策略。

萧条时期的大机会

禁令从来不会被"撤销"。公平贸易法在 1933 年修订后，授权美国每个州自主规范酒业。有些州完全实行了禁酒令，比如堪萨斯州；有的州政府垄断所有酒类交易，比如宾夕法尼亚州；还有一些州，如华盛顿州，政府垄断烈酒交易，啤酒和葡萄酒类仍由私人企业经营；加州则做了相对自由市场的选择，州政府没有干预酒业，但是通过了 2 项基本法案：

1. "绑定房屋"法令，即啤酒、葡萄酒、烈酒的制酒厂或分销商不能拥有自己的零售店。零售商可以和加州的制酒厂直接做交易，但是不可以直接进口任何酒类，除非通过一家有许可证的进口商。"进口"的字面意思是：零售商不能从俄勒冈州或者华盛顿州"进口"。
2. 每个酒类"品牌"必须每月向州政府汇报最低的销售"贴牌"价。如果零售商打破了几千个"贴牌"价中的任何一个，州政府有权进行刑事处罚，吊销零售商的线下销售执照，甚至判处责任人入狱服刑。

我会详尽地分享很多细节，让从事这个行业的人有所收获。以我过往的经验，要把生意做起来，就得花时间仔细研究那些会影响经营的法规。这一点在第 10 章会重点讲到。

1970 年 6 月，我们正在推广 1 加仑装的西班牙奥利瓦侯爵葡萄酒（Marqués de Olivar）。这款酒是通过亨利先生（Monsieur Henri）进口的。亨利先生是隶属于百事公司旗下的酒类批发部，主要分销"苏联红"伏特加（Stolichnaya）。百事公司曾和前苏联政府达成了一笔交易：前苏联通过亨利先生出口伏特加，同时为百事公司打开本地的软饮市场。但是，亨利先生当时也夹带进口了其他一些社会主义国家的商品。

大多数葡萄酒经销商"贴牌"的最低市场价，一般会给到零售商最低 33% 的毛利，基本上相当于成本价提价 50%。但是，我注意到奥利瓦侯爵葡萄酒的贴牌价只有 6% 的毛利，于是我打电话给亨利先生公司的经理埃迪·伦道夫（Eddie Randolph）。伦道夫解释说："我们可以贴上任何我们想标的价格，只要是高于成本 6% 的数字，这样标价是为了让你们可以卖得火爆。"这个信息让我们重新梳理了经销商的贴牌价，过程中有一点引起了我们的注意：很多知名的法国葡萄酒对于不同的经销商有不同的贴牌价。

例如，1966 年拉菲酒庄出品的葡萄酒在杨氏酒业公司的标价为 10 美元，到了波西米亚分销商手里标价 11 美元，而在南方酒业公司批发的标价则是 9.89 美元。究其原因，是因为在加州，拉菲酒庄没有独家经销商。以上 3 种价格都给到了零售商 33% 的毛利。价差可能显示了 3 家经销商在成本管控上的差异，或者是不同经销商在葡萄酒上的不同利润率。

第 7 章　以葡萄酒为开端，开启大单品传奇

州政府所谓的"品牌"标价并不是给 1966 年的拉菲确定一个统一的价格，而是指杨氏公司经销的 1966 年拉菲一个价，波西米亚公司经销的 1966 年拉菲一个价，南方酒业公司经销的 1966 年拉菲又是另一个价。各家经销商旗下经营的同一种酒，各自被州政府认定为一个个单独的"品牌"。

后来，我们遇见了一位绅士，同时也是一名老牌进口商的埃兹拉·韦布（Ezra Webb）。韦布先生有一家很小的进口批发公司，他之前给我们供应自有品牌的波本酒。他告诉我们，我们的价格分析是对的，而且，他也可以买到拉菲。事实上，波尔多任何一家有名的酒庄出品的酒，他都可以买到。最重要的一点是，不论我们想要贴多低的零售标价，他都可以做到。老天，乔氏超市解脱了！从"尖刀麦克"的第一道光在葡萄酒杯上亮起的那天起的 7 年后，我们终于能够在商场上脱缰狂奔。我们发现了在法律规定下可以灵活变通的方法，并毫不犹豫地把握住了这个机会。仅仅用了 3 年，我们就成为加州领先的进口酒零售商，这是乔氏超市传奇的真正开端。

热爱品鉴葡萄酒的人看待乔氏超市，就像在 1981 年航空管制放开之前，热爱旅行的人看待当时的太平洋西南航空公司（PSA）。太平洋西南航空的定价决策根据美国联邦航空管理局（FAA）的规定制定，当时美国所有航线的票价都由美国联邦航空管理局制定，但如果太平洋西南航空在加州境内飞行，他们就不用遵从价格管制。太平洋西南航空曾是我的偶像之一，现在我很高兴能像他们一样向我们的顾客提供超值的产品和服务。即便是 30 年后，人们还是会和我说起当年他们用 5.99 美元买到了拉图尔红酒（Latour）、用 3.69 美元买了碧尚男爵堡葡萄酒（Pichon Longueville

Lalande）的经历。今天，这样的价格是不可能买到这些酒的，因为同一个酒庄生产的同款酒的价格是当初的10倍或20倍。涨价的一部分原因来自通胀，而更大的原因是供不应求。这些酒现在可比1970年流行多了，很多买家追着酒庄买酒，但酒庄产能是有限的。

由于1970年的经济衰退，以及《布雷登森林协议》的固定汇率制度取消后全球面临的经济困境，我们谈到了名酒的好价钱。很多公司的葡萄酒生意全面崩盘。加州的几家经销商不得不破产清算，亨利先生公司也在其中，我们在这些清算中拿到了力度很大的折扣。

打造葡萄酒银行

> 我走进去吃了晚餐。在法国，那算是一份大餐，但是上菜按照西班牙风格，细致地分开来上。我喝了一瓶玛歌酒庄葡萄酒佐餐，一个人慢慢喝，慢慢品，心生愉悦。一瓶好酒是人生的美好伴侣。
>
> ——海明威
> 《太阳照常升起》

1924年，海明威的一瓶玛歌庄园葡萄酒（Chateaux Margaux）按照当时的购买力大概要3美元。在今天，这样一瓶酒的价格约150美元。但是在20世纪70年代的乔氏超市，你买到的玛歌庄园更接近3美元而不是150美元。那些葡萄酒收藏家一直都能找到这样的美好伴侣。

在波尔多，瑞士食品公司巨头雀巢对波尔多的酒庄做出了错误的承

第 7 章　以葡萄酒为开端，开启大单品传奇

诺，造成大量存货滞销。我在 1974 年去了波尔多，以低价收购了大量的葡萄酒。雀巢公司后来拥有了加州的贝灵哲酒庄，弥补了之前的损失。

1976 年，我们的葡萄酒采买势头达到巅峰的同时，也差一点破产。波尔多葡萄酒最大的出口商德洛尔（Delors）被其英国持有人清算了，于是德洛尔把大量的库存酒交给了佳士得拍卖行。1976 年 3 月，我飞往伦敦参加了史上最大规模的波尔多葡萄酒拍卖会。我进了拍卖间，像个美国加州的"乡巴佬"一样，和 400 名来自世界各地的老道买手挤在一起。那些拍卖品的价格对我来说非常便宜，所以我不停地买。两天的拍卖会结束后，我这个"乡巴佬"居然成了整个拍卖会上最大的买家。

我当时住在康诺特酒店，对于做了这么大一笔买卖的人来说，这里也是个妥当的落脚处。这时候，我的葡萄酒买手鲍勃·伯宁（Bob Berning）打电话给我，说我们陷入了麻烦。

我们的竞争对手与州政府配合，谋划发布了新的法规：持照进口商的名字必须印在瓶子标签的前标上。这项法规不涉及加州已经上架销售的葡萄酒，但是所有新的进口酒都必须遵守。

这项新规则对大型经销商来说很容易操作，他们只需要通知厂里安排打印新的标签，上面能加上名字就行。但是，所有在佳士得拍卖的德洛尔酒的标签是早就贴好了的，如果我无法合规进口德洛尔酒，就得在欧洲处理掉它们。这么做倒不会让我们破产，但足以在我们的资产负债表拉上一道口子。

好在天才埃兹拉·韦布想到了一个好主意。他用透明贴花打印"埃兹拉·韦布进口",然后把印好的标签空运到佳士得拍卖行。我们额外支付了一笔费用给佳士得,让他们开箱把印花标签贴在每瓶酒的主标签上。这样一来,这些酒就完全合规,可以发货了。

我买的这些酒迄今仍装点着加州和墨西哥的一些酒吧。一年后,伯宁去了伦敦,在吉娜斯酒庄的拍卖会上大赚了一笔。采购的酒品包括金玫瑰酒庄、梅内酒庄、雅科宾酒庄等的酒,它们都贴着韦布的标签进口到美国。那一年是公平贸易法生效的最后一年。

我可不想让你觉得我们只对名酒感兴趣,上面讲的故事只是我们抓住了一次意外的机会,但那些酒并不是我心中乔氏超市的核心竞争力所在。我希望每个家庭每天晚上都负担得起一瓶体面的葡萄酒。我也喜欢在酒和食物的搭配上花心思,而对于没完没了地去评判葡萄酒级别的好坏,我毫无兴趣。我觉得葡萄酒盲测是没用的,酒单独存在时毫无意义,只有配上食物,酒才能发挥它的魅力。

因此,伯宁开始进口大批量品质好、价格低廉的葡萄酒,大概1.49美元一瓶。我在1971年找到的第一款廉价好酒是来自葡萄牙的赛娅(Serradayres),1972年,我在法国找到了让·格莱兹葡萄酒(Jean Gleizes)。在美国没有其他进口商引进这些酒,所以韦布在酒瓶上贴标签没有任何问题。到1999年后,我发现乔氏超市还在进口让·格莱兹葡萄酒。

我们企业真正的能力体现在进口各种葡萄酒上。渐渐地,伯宁所开发

第 7 章 以葡萄酒为开端，开启大单品传奇

的大量自有品牌的加州葡萄酒也成为我们的优势商品。我们销售的很多葡萄酒仍需要遵守公平贸易法，我们还有众多的加州小众精品酒，但好像没有更多的方法来推广它们。这时候，我想到了"葡萄酒银行"的主意。

在1970—1971年的主要经济衰退期，《洛杉矶时报》采访了一名活跃在好莱坞的凯迪拉克经销商，他的生意一直做得不错。我还真得感谢他，因为他说："有钱人一直都在。"那些有钱人或者是没有被航天产业萧条击垮的人开始收藏葡萄酒，这时候，他们就产生了一个需求：酒要放在哪里储藏？

我的解决方案就是"葡萄酒银行"：为顾客提供洛杉矶最低价的储藏柜，供他们存酒。这项业务的价格竞争在公平贸易法中没有涉及。我们建了两个"葡萄酒银行"，相距32千米，在那里为顾客存储了几千箱酒。我们的低租金使乔氏超市在那些真正的葡萄酒狂热爱好者的圈子里变得大受欢迎。

1978年，当对酒类管制的公平贸易法结束的时候，如果意外之下毁掉了那两个"葡萄酒银行"，我会很高兴。因为要运营它们其实很麻烦，比如，当一对夫妻计划离婚的时候，常会有一方抢先来清空储藏柜里的酒，"葡萄酒银行"就被扯进了官司中。

随着公平贸易法的终结，我们也不再需要守着这个微不足道的竞争优势了，但我们想坚持对顾客的承诺，所以，在我的任期内，乔氏超市还是继续运营"葡萄酒银行"。在我离开乔氏超市5年后，我的继任者关闭了"葡萄酒银行"。这是一个非常合理的商业决策，但也不可避免地让我们

那些长期优质客户感到沮丧。

乔氏超市另外一个没有被管制的竞争优势就是信用卡交易。很多葡萄酒零售商和领先的精品食材连锁店都有自己的收付款账号,但我从中看到了一个黑洞:它们会吸走现金,而顾客则会拖延付款。我们安装了VISA卡和万事达卡的支付系统,成为美国第一批启动信用卡系统的零售商。于尔根森直到破产歇业前才开始用信用卡。这个举措在行业里被认为是很激进的,因为信用卡公司会向零售商收取手续费。VISA卡、美国银行卡和万事达卡的支付系统在业界来说都是新鲜事物,此前这个行业一直由美国运通公司垄断。

现在,我已经很难回忆起当初用信用卡的日子有多麻烦了。当时不像现在,磁卡一刷就完成了支付,那时候还需要一台联网电脑,实时等待信用认证是否通过的回复。20世纪70年代,麻烦问题迭出,坏账支票随处可见,所以相较而言,信用卡坏账的风险微乎其微。虽然线上认证环节走在了时代前列,但是当时的我们很难想象到其实未来已来。

成为葡萄酒零售的强大标杆

为什么不开设一座酒厂?如果仔细阅读法规,你会发现一家零售商可以拥有一张酿酒师许可证,就和嘉露酒庄(Gallo)、罗伯特·蒙达维酒庄(Robert Mondavi)[1]的一样。所以,伯宁和我出去找加州的酿酒师许可

---

[1] 嘉露酒庄创立于1933年,是全世界最大的家族经营式酒庄,也是全球规模最大的酒庄。罗伯特·蒙达维酒庄是美国著名酒庄,以生产高品质葡萄酒而闻名。
——编者注

证。我们可以从州政府那里花 300 美元获得一张新牌许可证，但我们想要老版的。我们在洛杉矶东面的库卡蒙加找到了一个刚被废弃的葡萄园，这里有 19 世纪末全世界最大的葡萄园。1973 年，6 个关闭许久或接近于停运的葡萄园留在了那里。醋酿专家阿加佐蒂博士决定出售他在 1933 年获得的酿酒师许可证，我们花 10 000 美元买了下来。

新的酿酒师许可证没有 1933 年时的广泛特权。有了这张 1933 年的许可证，我们可以合法地举办任何品酒会，即使酒瓶上还没有乔氏超市的标签。我们也可以合法地成为代理任何酒的经销商，这样我们就能够向洛杉矶最好的私人会所和饭店售卖成千上万箱酒。

而且，这种批发特权在公司内部也非常有价值。在之后的章节中会提到，因为税收，我们分别通过 8 家独立的公司来运营所有的店铺。从技术上来说，这些店铺不能统一采买葡萄酒，但是普隆托一号公司持有酿酒师许可证，这样我们就可以通过一号公司来向另外 7 家公司批发乔氏超市的自有品牌和进口酒。

这张许可证也让我们可以和加州的葡萄酒生产商进行交易。比如，橡村酒庄（Oakville Winery）在破产的时候用库存酒作为账款付给制作酒桶的供应商债主。这位供应商不知道要怎么处理那些酒，他甚至滴酒不沾。我们买下了他手里所有的库存酒，贴上我们的酒标。如果没有许可证，我们就不能直接从他手里买货。

不过，拥有许可证也带来一个小问题，那就是它要求我们必须运营一座酿酒厂。我在南帕萨迪纳买下了一座破产的电子仪器工厂，改为我们的办公楼。这座工厂在 1932 年曾是一家约 465 平方米的超市。工厂里本就添置了各种各样的工具，我们选了约 38 平方米的地方来放工具，宣布这就是我们的酿酒厂了。我们还买了一台压榨机、一个不锈钢发酵缸和一个二手威士忌桶。根据法律，波本酒只能储存在烟熏过的新橡木桶里，用过一次以后，这些桶就被卖给制桶匠。后者把桶拆开，刮去焦炭部分，重新组装，再卖给酒庄。我们从里弗赛德县装来一卡车葡萄，整个办公室的员工都参与了做酒，还带上大家的孩子一起来压葡萄，伯宁的 5 个孩子也齐上阵。

有蜜蜂在场的制酒场面应该只有很少人见识过。被榨出来的新鲜葡萄果汁含糖量达到 28%，这会令蜜蜂疯狂。1968 年，我第一次去访问了坐落于圣克鲁斯山的山脊酒庄，那时的情景令我难忘。庄园的创始人，也就是后来闻名于世的戴夫·本尼恩（Dave Bennion），半裸着上身，将一筐筐葡萄扔进压碎机里。一大群蜜蜂像黑色的毯子一样在他身边飞来飞去，离他大汗淋漓的身体只有十几厘米，但没有一只去叮他。

这件事情发生在"地球哈利"时期，那时是我大彻大悟改变信念的时候。我在办公室的楼顶也养了蜜蜂。不过，我们这些踩葡萄的人可没有本尼恩那样能避开蜜蜂的好运气。

做葡萄酒还有一个乐子是我从来没有在荧幕上看到过的。打一个比方，凯特·温斯莱特饰演一个你心中典型的中世纪意大利乡村女孩，她正站在发酵桶里踩着葡萄。突然，她发现了王子莱昂纳多·迪卡普里奥，她完美无瑕的唇齿间闪过了一丝微笑，那是 15 世纪的完美笑容。她优雅地迈出了发酵桶，随意地擦了擦美丽的双腿，就好像她刚才只是在踩圣培露

第 7 章　以葡萄酒为开端，开启大单品传奇

气泡水的气泡。

现在，想象一下温斯莱特正在从一个初榨枫糖浆木桶里踏出来，初榨枫糖浆和葡萄糖浆的黏稠度相似。再想象一下，枫糖浆里充满数百万个小倒刺，还有那些植物的梗茎让你感觉小腿像是被中世纪的剃刀刮过。

这就是为什么我认为中世纪勃艮第地区的酿酒师是唯一把酿酒过程研究透彻的人群。他们直接用完整的葡萄串进行发酵，这种发酵法叫作二氧化碳浸渍法，勃艮第地区迄今仍保留着这个方法。我得给他们颁发爱德华·戴明奖（the Edwards Deming prize），因为他们在作业流程中去掉了不必要的步骤。

我们制作的葡萄酒非常糟糕。其中一个主要原因是我们没有用硫黄处理葡萄，以杀死野生酵母。所有的葡萄都覆盖着酵母，你可以在葡萄皮上看到那种白色的粉状物，这说明上天的本意就是要让葡萄发酵成葡萄酒。不同的酵母会产生不同的发酵效果。那些塑造了我们对葡萄酒口味和气味审美标准的酵母主要来自地中海地区，尤其是法国，而加州的野生酵母会产生非常不一样的风味。爱丽丝说，我们的野生酵母的风味就像机油。因此，我们酿酒厂的专业的酿酒师，都会先用硫黄处理掉加州的野生酵母，然后榨出葡萄汁、种入法国酵母，尤其是蒙哈榭菌株。而这些步骤我们一个都没有做。

虽然如此，我们的酒还是让我们能够合法运营。每年美国烟酒枪支爆炸物管理局（ATF）都来检查并重新认证我们的酒厂。我忘了伯宁和他们是怎么讲故事的，但我们从没有给过检查员任何成品的样品。当然，今天

要在南帕萨迪纳建酒厂是不大可能了，因为没有办法获得环保许可。

ATF 一直没有授予我们持有许可证应得的特权，那就是自主进口葡萄酒。他们说我们可以有这个特权，但是要停止在店里销售任何蒸馏酒。这个要求非常不合理，而且在加州有其他 4 家公司已经在做我们想做的一切事情。我向 ATF 的上级管理局提出了申诉，但是没有成功，只得放弃。还好韦布的进口贴标法进行得很顺利，我们也没必要自己去进口了。

1976 年，乔氏超市已经成为葡萄酒零售业的一大标杆，尤其是欧洲进口酒和加州本地的自有品牌低价产品。我们曾因为在 1976—1977 年的佳士得拍卖所得最高，在优质葡萄酒品类短暂地成为第一名。但对我们来说更重要的一点是，顾客在乔氏超市花 2 美元就可以买到一瓶优质葡萄酒，在这方面，全世界可能没有其他超市能超过我们。这个定位是我在乔氏超市任职期间所坚守的，完全满足了我们的主要顾客人群，也就是那些生活在加州的受过高等教育的低收入者。

20 世纪 80 年代中期，因为高利息，美元兑换其他货币的汇率飙升。1973 年，1 美元兑换 4 法郎；1981 年，1 美元兑换 6 法郎；1985 年，1 美元兑换 10 法郎。然而，那些大型进口商对于法国酒，特别是香槟，并没有因为汇率变化而调低批发价格。因此，几家企业开始大批采购高级香槟，并用波音 747 包机运到美国。对他们来说，空运比海运更能避免汇率波动引起的价差损失。

鲍勃·伯宁也开始全力采买。我们的高档香槟一度占到公司酒类总销售量的 10%～20%。我们经手过的世界高档香槟有汝纳特（Dom

第 7 章　以葡萄酒为开端，开启大单品传奇

Ruinart）、路易王妃（Roderer Cristal）、泰廷爵（Tattinger Comtes de Champagne）、唐培里侬（Dom Perignon）、巴黎之花（Perrier Jouet-flower Bottle）等。

我们有不少竞争对手，但他们基本上都只经营一家店。而且，我们手里还有充足的现金，可以在香槟从波音 747 上下来并直送到分销中心的当口就付款给卖家。所以，我估计在美国，我们是 20 世纪 80 年代优质香槟"灰色市场"上最大的零售商。和 8 年前在佳士得的拍卖一样，这些优质的葡萄酒并不符合我们的理念，即为受过高等教育的低收入人群服务。但是，当初这些经历还是让人兴奋不已。

好景不长，这样的情况引起了许多经销商的注意，同行们开始向加州首府萨克拉门托游说立法，他们想要阻止酒类通过这样的途径进入市场。在他们去游说的时候，很多酒商希望阻止立法。立法最后通过了，不过这也不足为奇。我和我在《洛杉矶时报》工作的朋友托尼·戴（Tony Day）一起上了电视节目，发表了反对意见。西夫韦超市要开一家叫作"酒仓"的折扣酒连锁店，获得了时任州长的支持：他否决了那个法案。

1985 年末，美元汇率下调。当我离开乔氏超市的时候，美元兑换法郎回到了 1∶6 的水平。即便要以现在的欧元来换算，我们也都在盼望美元兑换法郎 1∶10 的汇率可以重现。

之后，我们还是回到了给受过高等教育的低收入人群服务的业务上来。1986 年，我们把自有品牌中来自加州酒厂的酒换成了南法迷笛产区的，因为我们觉得即便美元走弱，进口迷笛酒还是非常超值的。今天，迷

笛产区的出品占了全球 10% 的葡萄酒销量，很多加州人都在那里投资。

我们成功推广的另一种平价酒是被很多人忽视的波尔多白葡萄酒，这也让我们看到我们的顾客群对酒类的消费偏好越来越成熟。这款硬朗朴实的白葡萄酒卖得非常好，和其他所有酒一样，这款酒能搭配很多食物。白葡萄酒让我们有了除霞多丽之外更多的选择。波尔多白葡萄酒的畅销也为后来加州长相思白葡萄酒的流行奠定了基础。

乔氏超市在美国其他大多数州的酒类销售都受到一些限制，在纽约州和宾夕法尼亚州，我们甚至完全不能卖酒品。我很高兴我现在不再需要去解决这些问题了。成为加州高性价比的酒类零售业之王是我职业生涯中最大的满足。

第 8 章

开创健康食品潮流

很多人根据客观合理的海量科学证据，认为我们的生物圈作为宜居地的期限只有几千万年，而不是之前认为的几亿年。这个结果完全是人类自身的问题导致的。我们很有可能正在面临一场大危机，其变化之大会像当初氧气出现在大气中带来的巨变一样翻天覆地。

——乔治·伊夫林·哈钦森（G. Evelyn Hutchinson）[①]

1970 年，经济环境开始变糟，销售走势乏力，我非常担心我们的生意。这时候，《科学美国人》再次拯救了我们。

每年 9 月，这本杂志会投票选出年度主题。1970 年 9 月的主题是"biosphere"（生态），这个词我从未见过。这是这本主流的科学杂志第一次提到环境问题。海洋生物学家蕾切尔·卡森（Rachel Carson）的《寂静的春天》（*Silent Spring*）在 20 世纪 60 年代末就已在《纽约客》上连载，所以生态环境面临的威胁不算是新闻，但它能带来警示。《科学美国人》的权威发布确认了这个问题的严重性。这个信息着实令我震撼。

[①] 乔治·伊卡林·哈钦森，耶鲁大学动物学斯特林讲席教授。这段话出自《科学美国人》。——编者注

满足人们对高品质的要求

几周内，我订阅了《全球概览》(Whole Earth Catalog)，订阅了所有罗德尔公司(Rodale)的出版物，如《有机园艺与农艺》(Organic Gardening and Farming)和《地球母亲》(Mother Earth)，还有其他一些我忘了名字的杂志。我对弗朗西斯·穆尔·拉佩(Francis Moore Lappé)的《一座小行星的饮食》(Diet for a Small Planet)印象深刻。我还加入了帕萨迪纳生育护理中心(Pasadena Planned Parenthood)的董事会，并在那里服务了6年。生物学家保罗·埃利希(Paul Ehrlich)表达了他的悲观预测，他宣称20世纪70年代将有上亿人死于饥荒，不过后来被证明是错的。1972年，麻省理工学院的杰伊·福里斯特(Jay Forrester)在"罗马俱乐部"①的报告里分析了相关数据，之后他的预测也被证明有点离谱。但其实我当时对他们的部分见解非常认同。

鲍勃·汉森(Bob Hanson)是我们在圣安娜市新招的经理，他在那里从一种健康的坚果开始慢慢做新的尝试。他喋喋不休地想说服我卖"健康食物"。在读了《科学美国人》上的文章之后，我被他说服了。虽然关于"为什么吃健康食物能拯救生态"的问题，我还不是很明白，但我想其他人应该也一样吧。我们都不想回到彻头彻尾的卢德主义(Luddites)②，让所有人都退回到石器时代的生活方式。毕竟，《全球概览》的座右铭是"利用工具"而不是倒退到卢德主义。

---

① "罗马俱乐部"是一个关于未来学研究的国际性民间学术团体，也是一个研讨全球问题的全球智囊组织。——编者注

② 卢德主义指对新技术和新事物的强烈又盲目的反抗。最早出现于工业革命初期，那时工人盲目地认为是机器使自己丧失了就业机会，于是开始破坏新出现的机器设备。——编者注

我们定义的健康食物是要尽可能少用化学制剂干预食材的生长和加工处理的过程，并且尽量用环保型包装。有一种说法是吃健康食物是净化人体的"内在生态"，同时也会有益于人体的"外在生态"，即生态圈。

我们准备在卖酒的地方售卖健康食物。这个想法听上去似乎很分裂，但对我来说，那些真正关心自己吃进去的食物的人，无论他们是酒类鉴赏家还是健康食物的粉丝，基本上是同一种人。大众热衷于购买福爵咖啡、百仕福蛋黄酱、沃登面包和可口可乐等，而上面提到的这两群人的细分度会更高。我想，这两群人代表了从美国主流消费人群中分离出来的独立客群。

我们开始在圣安娜市做实验。爱丽丝和我去旧金山逛了健康食品的热门店铺，我还雇了加州大学圣克鲁斯分校毕业的年轻女生教我们一些流行语。勒罗伊、弗兰克·河野和我在去棕榈泉的路上访问了哈德利超市（Hadley's），这是一家非常成功的果干和坚果零售商。

1971年春天，我们度过了"好时光查理"的毛毛虫时期，正在蜕变为"地球哈利"，转变为风格轻松欢快的健康食品店。

乔氏超市的第一款自有品牌产品是谷物麦片。我们引入了阿尔塔迪纳公司（Alta Dena）认证的生乳，这引起了南方公司的不满，但仅用6个月时间，我们就成为阿尔塔迪纳公司生乳和巴式杀菌乳在加州的最大零售商。我们开始大力促销5磅装的蜂蜜，还有自制面包所需的所有原料。我们还在店里引进了鲜榨橙汁机，并保证以城中最低价格售卖鲜榨果汁。

1971年底，我们开始销售维生素，这是我的好朋友、医学博士詹姆斯·凯卢埃特鼓励我做的。他花了大量的时间和加州理工学院的教授们聊天，他相信莱纳斯·鲍林（Linus Pauling）在维生素C的研究上会有所突破。我们把维生素C的价格做到低点，乔氏超市维生素C产品的销售额一度占到了店里总销售额的3%。后来，凯卢埃特转发了一篇刊登于英国医学杂志《柳叶刀》（Lancet）上的文章，文中提到高纤维饮食有助于降低罹患肠癌的概率。但是，我们去哪里找麦麸呢？唯一有售卖麦麸的地方是那些传统的健康食品店，他们是按大包装出售的。因为卫生问题我一直很反对这样的包装方式，到现在也是。

勒罗伊找到了一家在威尼斯的嬉皮士店铺，我记得名字是"妈妈的卡车"，那里卖包装麦麸。麦麸是低价产品，这家店付不起运费。因为他们还卖包装的坚果和果干，我们就勉强加订了那些产品。这个决定竟然使乔氏超市成为加州最大的坚果和果干零售商！这是真正的远见卓识，敏锐精准的市场分析。

1988年我离开乔氏超市的时候，我们通常能采购到加州5%的开心果，我们也是美国排名第十三位的杏仁采购商，位列第一的是好时巧克力采购商。很多时候，我们的腰果生意也能做到总销量的3%，而当时我们的维生素销售应该还没到3%。

奶酪大行动

奶酪在健康大运动期间被认为是健康食品，可以想象这有多么不合理。我们做奶酪比做坚果更有体系。在体验过从传统熟食店购买奶酪的经历后，我们抛弃了传统的运营方式，自主设计采买和在店内售卖奶酪的方式。

勒罗伊积极主导了整个方案。他仔细研究了美国政府有关奶酪的法规。这些严苛的法规是由威斯康星奶酪公司在20世纪50年代通过花钱游说而成功确立的，这也使美国在奶酪方面成为最有保护主义色彩的国家。勒罗伊像我们当初仔细研究酿酒师许可证的规定一样，深入分析了这些法规，帮我们获得了比应得的更多的进口额度和进口许可证，可以引进英国、意大利、法国和丹麦的各种奶酪。至于我们拿到许可证的一些方法，就不能再多说了，只希望和欧文参议员一样，追诉时效已经到期。

我们的重大突破是布里奶酪。因为威斯康星州20世纪50年代没有本地的布里奶酪产业，所以忽视了对布里奶酪的进口限制。我们抓住了这一点，全力进口布里奶酪，如同当初我们解决公平贸易法限制进口葡萄酒的问题一样，之后，我们成了美国最大的布里奶酪零售商。其他零售商没有一家愿意低价销售布里奶酪，而我们呢？不仅卖布里奶酪，而且卖得比维尔维塔奶酪还便宜。我们对所有店铺进行改装，增设了奶酪现场加工区。因为店面不大，还费了不少力气。同时，我们也开始在这些加工区包装坚果和果干。

直到1976年，虽然规模还很小，但"地球哈利"版本的乔氏超市已经进化成了一个运作高效且利润丰厚的零售商。我们除了果干和奶酪之外（这两类产品都没有明显的品牌需求），还有其他一些自有品牌的食品，当然我们也售卖其他品牌的食品，但这类食品的采购量一般，我们对此的策略是低价销售、放弃利润。

"歪打正着"的巨大成功

> 天哪，他所想的和说出来的那些事情！一个人的头脑里有多少东西啊！
>
> ——歌德
> 《浮士德》

在这样的背景下，秉承着对外在生态环境的承诺，我把公司所有的车都换成了柴油车，因为柴油车耗油量少且寿命长。1979年第二次能源危机的时候，柴油车确实有不少优势，但是长期来说，它给我们添了很多麻烦。通用汽车的奥兹莫比尔柴油客货两用车是匆匆赶制出来的，仅仅升级了一个汽油引擎，导致在烧柴油的情况下，内压常常过高，因此这些车子待在维修店里的时间比在路上跑的时间更长。

我们积极地重新设计店铺以节约能源。直到今天，乔氏超市店面的窗户依然不多，所有玻璃窗框也都很小，这样的设计在遇上地震或者抢劫等意外的时候帮了大忙。记得在前文中提到的那位年轻女士的话吗？我又做了歪打正着的事。

在转变初期，我也走了不少弯路。1971年，我决定利用建筑师巴克敏斯特·富勒（Buckminster Fuller）的球形穹顶建造一个市场，就是因为想到一个新的球顶空间可能改善环境。但是我们很难找到允许建球顶的街区，最后，我买了蒙特雷公园的一块地。这次选址和乔氏超市的选址原则全都相悖。我甚至还写了备忘录给同事们，说我认为这是一个糟糕的地段，但我还是继续操作下去了。这里我要写下给自己的提醒："你需要更加仔细地倾听你内心的声音。"

我在球形穹顶的建设中遇到了噩梦般的问题。卫生部门要求天花板是可清洗的，但这几乎不可能。最后我还是采用了传统的建筑结构，只把外形只做成了网格球顶，可是建筑师搞砸了，他将商店建在了下水道出口的下方，所以我们不得不把所有的废水抽到山上。好几年后，我们才终于卖掉了这里的店铺和地皮。

我还浪费了很多精力和时间试图去设计一种新型商店，叫作"乔氏生态园"。它是一个集成店，有园艺商店、宠物商店，也有售卖健康食品的杂货店，店铺的标语是"好食物，为了人类和所有动植物"。结果又是一声叹息。智者千虑，必有一失。

1974年经济的极速衰退和股市的崩盘给了我一个借口来减少增设新店的数量。我们的开店计划被称为"绿色行动"，而那些为了增长而增长的行为和癌症发展的模式一样不可控制，直到现在，我还是很不理解那样的行为，我认为这是违背自然、不符合规律的行为。这也解释了1974—1978年我为什么没有再多开一家店。由于"地球哈利"模式大获成功，很多人就认为不开店是因为我的不作为。

但这次又歪打正着了。1976年末，牛奶和酒类的公平贸易法案失效了。我们此前并不认为法规会一直生效，所以没有扩张太多的店铺，从而避免了受到法规变化的影响。没有继续开店的决定也让我们免于增加在酒业许可证上的巨额投资。公平贸易法终结之后，这些许可证一文不值。这也让我们以更好的状态从"地球哈利"的版本过渡到"尖刀麦克"，成为一个可以吸引人们驱车 40 千米专程来购物的地方。一般来说，除非你在店铺周围建起林荫大道，否则才不会受到这样的欢迎。

为了在 20 世纪 70 年代保持增长，我们依靠现有的店铺做新尝试。这是我喜欢的增长模式，我从来不认为任何一家店会发挥出 100% 的潜能。在那 4 年间，我们店铺的数量没有变，但销售额在持续增长。当时乔氏超市的首席执行官努力把做好生意和达到《全球概览》的环保要求平衡起来。"地球哈利"真的做到了。

在我的个人生活方面，我也由此成了一名有机园艺爱好者。成为有机园艺师让我的生活非常丰盈，这是之前从未有过的体验。我现在还在践行这方面的爱好——除了有一次蚂蚁开始在我的血橙树里头建起蚜虫的殖民地，我用了灭蚁喷剂来抢救树木。

无论如何，即便还没有给生态系统带来积极影响，将轻松休闲的风格融入健康食品版的店铺，对乔氏超市来说依旧是一次巨大的成功。

第 9 章

用"知识型的广告"征服消费者

承诺，巨大的承诺是广告的灵魂。

——塞缪尔·约翰逊（Samuel Johnson）①

《新品简报》在美国和加拿大都受到了极大关注。1969—1985 年，《新品简报》被叫作"内部参考"（Insider's Report），时任加拿大连锁超市巨头罗布劳（Loblaw）总裁的戴夫·尼科尔（Dave Nichol）特别喜欢这个概念。感谢我们律师高超的谈判技巧，让尼科尔花了 10 万美元买下了"内部参考"的名字。尼科尔开始印制罗布劳超市自己的传单版本，和我们之前的差不多。卖掉"内部参考"的名字之后，我把我们的广告杂志重新命名为《新品简报》。尼科尔后来继续创建了一系列罗布劳自有品牌的产品，叫"总裁之选"，这也和乔氏超市的自有品牌概念如出一辙。尼科尔把他的成功都归功于向我们学习。

《新品简报》最早在 1969 年出现，那时是"好时光查理"阶段乔氏超市的"葡萄酒内部参考"，它是一页葡萄酒业小道新闻类的内部消

---

① 塞缪尔·约翰逊，英国作家、诗人。这段话出自《闲人》（The Idler）杂志。——编者注

息。当时这类小道新闻的小册子并不多,因为对葡萄酒感兴趣的人没多少。在我写这本书的时候,当代葡萄酒八卦杂志《葡萄酒观察家》(Wine Spectator)报道,美国 11% 的人喝掉了全美 88% 的葡萄酒。

在"葡萄酒内部参考"里,我们发布越来越频繁的葡萄酒品鉴会的结果,因为在这个过程中,我们也能学到更多的产品知识。学得越多,我越感到我们关于食物的知识非常匮乏。所以,我们在 1969 年做了一系列关于品牌包装食品的盲测,包括蛋黄酱、金枪鱼罐头、热狗、花生酱等。这个举措是为了选出优胜产品,并且以"全市最低价"来销售。

为了报道我们的测试结果,1970 年,我设计印制了"食物内部参考"。我们故意模仿了杂志《消费者报告》(Consumer Reports)的印刷尺寸、版式、字体也和它一样,直到后来我们才改了字体。其他设计元素的想法来自大卫·奥格威(David Ogilvy)的《一个广告人的自白》(Confessions of an Advertising Man)。段落标注数字,文章外面加上方框,这些都是奥格威的想法。至今我仍然觉得他的书是我读过的最好的广告类书籍。另外一个启发来自那个时代最出色的杂志《纽约客》的编辑克莱·费尔克(Clay Felker)。《纽约客》的座右铭是:"如果你住在纽约,你可以在《纽约客》里得到你需要的所有帮助!"我们的"食物内参"借用了这样的理念:"美国家庭主妇需要的所有帮助都在这里!"背景上放了拉尔夫·纳德(Ralph Nader)[①]作为预言家的形象,因为当时他对消费者的影响处于巅峰。

[①] 拉尔夫·纳德,美国政治活动家、作家、律师,汽车召回制度的创始人,被誉为"现代消费者运动之父"。——编者注

第 9 章　用"知识型的广告"征服消费者

但是我觉得，无论是那些消费者杂志还是纳德先生，观点都太偏颇、太严肃了。为了增加趣味，我在我们的册子里插入了漫画。放漫画的目的是与相对严肃的说明性文字形成对比，而且这样做也越来越让乔氏超市有一种假装发布权威信息的自嘲感。

对于美术风格，我就简单选了我自己收集的很多 19 世纪书刊的风格。我知道 1906 年之前的著作不再有版权问题，所以我们可以免费使用那些美术风格。为了创作漫画，我会一页一页翻遍那些"古书"，以找到一种我觉得和文字匹配的风格。

后来我读了罗伯特·格雷夫斯（Robert Graves）的《白衣女神》(The White Goddess)才明白，我所做的属于对文化图像的曲解再造。格雷夫斯认为，很多神话来自人们对古希腊花瓶上的图案的误读和曲解。就这样，我花了 19 年的时间来再创作这些图案，这一度成了我的日常工作，同时也为我缓解了经营生意的压力。最棒的一点是，它们受到大众的关注，并且栩栩如生地表现了乔氏超市是一个非同寻常的、充满轻松感的零售品牌。

做真正能帮到消费者的广告

一直以来，我坚持为受过高等教育的低收入人群创作《新品简报》。创作中需要这样两种思维。

1. 不要把顾客当傻瓜。没有人会被胡说八道蛊惑而去购买他们并不需要甚至根本不想要的东西，我们面对的是那些能够了解基本信

087

息，已有自己的购买习惯的顾客。在职业生涯的后期，我经营过一家特别糟糕的连锁店，当时那里只能吸引无知的顾客，那些同事根本不理会我要求把顾客当成成年人来看待的想法，这让我很无力。

2. 在《新品简报》中，我们始终尊重目标顾客。我们会假设他们懂的比实际上的更多，所以我们从来不说教。我们只会在难度较大的法语词上加音标，这是唯一的让步。

基于以上两个假设，我们认为消费者都是渴求知识的。这个认知和普通超市的广告大相径庭。我们强调"知识型广告"，这个说法源自著名企业家保罗·霍肯（Paul Hawken）。20世纪80年代早期，他就开始在《全球概览》上发表文章。这些知识型内容强调了我们的产品和其他大路货不同。你可以从第14章里看出我们产品的卖点。

刚开始，我们只在店铺里派发《新品简报》，慢慢地，订阅数有所增长。寄信到个人地址是一个艰巨的任务，要知道当时美国人平均每3年就搬一次家。1980年，我参加了一个营销论坛，学到了一招，那就是人们哪怕从一个地方搬走，搬进来的人家和之前的住户通常也是同一类人。事实证明，确实如此。我们就一直把顾客的地址作为邮寄对象，而不是具体到个人。我们覆盖了整个邮编系统，在极大程度上扩大了《新品简报》的派发范围。当然，覆盖的邮编区域还是按照我们的核心顾客——受过高等教育的低收入人群来选择的。

短时间内，这么大规模的邮寄工作大幅增加了我们的广告费用，但我不认为广告预算应该基于销售的固定百分比来定。如果你发现花钱能够把

第 9 章　用"知识型的广告"征服消费者

事情做对，那么就要继续坚持在这个项目上投资。后来的事实证明，因为《新品简报》带来的销售额大大冲抵了广告的支出。在我离开乔氏超市的时候，我们每年会邮寄 5 次传单，每次都寄出几百万份。

1985 年，苹果电脑的出现大大提高了《新品简报》的出版效率。只要利用奥多比公司（Adobe）旗下的排版软件，我们就可以摆脱中间制作商，完全自主地在办公室里完成定稿和打印。1986 年，爱丽丝招募了帕特·圣约翰（Pat St. John）做我们的广告总监，他做出了巨大的贡献，把出版周期缩短了将近 1 周。从事过广告行业的人都明白那种广告已经出炉而产品还没上市的尴尬。要是没有苹果电脑，我估计会心肌梗死。这时，《新品简报》也从 12 页增加到了 20 页，我们有了更多的空间来宣传产品，但也增加了我心肌梗死的风险，因为我们需要创作更多的漫画！要记住一点：乔氏超市之所以能保持较低的运营费用，是因为我们都一人分饰好几个角色。当然，某些事情在苹果电脑出现之前也可以完成，只是成本会高很多。

1985 年，乔氏超市的销售量大幅跃升，增加到 20 页的《新品简报》是一个重要因素。往深里说，《新品简报》就是一个产品科普媒介，很多顾客会用三环活页夹来收集我们的杂志，以便以后随时查阅。多年来，我们把活页夹的打孔印记都印在了封面上。

还有一点同样重要：这份杂志也是我们员工的科普读物。乔氏超市的很多员工不到 21 岁，从法律上说，他们不能喝我们售卖的葡萄酒。所以《新品简报》成了他们手里的销售工具。当我们开始深入涉足维生素业务的时候，美国食品药品监督管理局（FDA）对健康食品产业的宣传卖点

089

的监控也越来越严苛。我不想让我们的员工去推销维生素和食品保健品，如果有人来咨询这类产品，员工只要给顾客看《新品简报》就好了。因此，店里一直都留着一本备用。1993年，犹他州的参议员奥林·哈奇（Orrin Hatch）在议会上强行通过了有关健康食品的法律。FDA十分反对这条法律，因为所有的宣传卖点都不受限制了，而在我运营乔氏超市的那个年代，这是不可能的。

乔氏超市的基本信条之一就是，如果成本没有变动，我们就不会改变零售价。我们没有周末特价，没有打折价。在某种程度上，这个价格政策对于我们派发到外面的成千上万份《新品简报》而言是有必要的，但我一直认为超市的定价是一场骗局，我根本不想参与其中。

我想再次强调，《新品简报》的成功在于它提供给消费者的价值，塞缪尔·约翰逊也曾说，"承诺，巨大的承诺是广告的灵魂"，有些人似乎并不理解这点。20世纪80年代早期，一家非常著名的航空公司的几位市场部高管来见我，他们想让我给航空公司创立一份类似的杂志。谈了几分钟后，我判断他们没有任何特别的价值提供给消费者，而是只想用废话来忽悠消费者。我坦白地讲了我的看法，后来这家航空公司不出意外地彻底破产。我还曾建议他们提供禁烟航班，但也许当时他们只觉得我是个不切实际的怪人。

电台时光，只为讲好一个故事

1976年，洛杉矶有一家商业电台名叫KFAC，专门播放古典音乐。因为爱丽丝负责管理大都会歌剧院青年歌手选拔赛方面的工作，所以她与该电台的节目经理卡尔·普林奇（Carl Princi）成了朋友。

1976年，普林奇请我做一个系列节目，内容是美食与葡萄酒的一分钟科普广播。当我12年后离开乔氏超市的时候，已经完成了3 300条一分钟广播。电台没有给我结费用，但是乔氏超市由此获得了公众的关注。我的开场白是："我是乔氏超市的乔·库隆布，来和大家聊几句美食与美酒。"那些年，我们需要提升公众的认知，而KFAC恰恰是面向受过高等教育的低收入人群的媒体。通过爱丽丝工作的歌剧圈子（她在1982年帮助建立了洛杉矶歌剧院）和我的KFAC广播节目，乔氏超市在加州的古典音乐圈里几乎家喻户晓。

但是，做广播节目更大的价值在于，我为了写稿子而被迫进行学习调研，这让我形成了在美食和美酒的领域不断钻研、自律学习的习惯。但我想说，即便在我46岁时，也就是加入乔氏超市9年之际，我依然非常无知，要走的路还很长，当然现在也有这个感觉。所以我竭尽全力，从不重复广播的内容。3 300条广播每条都是独一无二的，它们完全不是广告。下面就是一条典型的广播稿。

我是乔氏超市的乔·库隆布，来和大家聊几句美食与美酒。

这些日子，我们都听说了一些生态灾难。有些灾难的发生是因为某些新物种被带到了一个它们从未生存过的地方。大家都知道把兔子引进澳大利亚的后果，在美国，引进椋鸟也给葡萄种植业带来了灾难。

鲤鱼的侵入也让我们头痛不已。鲤鱼不是美国原产的，欧洲人在池塘饲养鲤鱼。1876年它们从德国被带进来，人们普遍认为这是一种很棒的食用鱼。然而，我们的政府把成千上万条鲤鱼分发给了任何想要饲养的人。这些鲤鱼在我们的环境里肆意生长，现在已经遍布美国。

野生鲤鱼的问题是它们会翻动水塘底部来寻找食物，这样就会搅动泥沙，减少射入水里的阳光，破坏水生植物和浮游生物的生存环境。因此，很多本土鱼类因为鲤鱼的引入受到了极大的影响。

我是乔·库隆布，感谢收听。

听上去很业余？是的。但是，对于一个把一半的广播词写在衬衫袖口上的人，还能指望什么呢？当然，从这段经历中我学到了很多。我无法挤出时间每天或每周都去一趟好莱坞录制节目，所以一年就去四五次，一次录55～60条广播。录一次就精疲力竭了。

KFAC把"谈谈美食与美酒"的节目广告位卖给了航空公司、银行，甚至超市，各家公司付钱在节目中插播广告。我觉得这挺有意思，当然这样做也不会伤害我们的形象。如果没有这部分宣传，乔氏超市的广告还只限于《新品简报》，一份覆盖范围很小的报纸，以及我在南加州举办的巡回讲座和品酒会。1982年，KFAC的广播相当成功，于是我放弃了所有报纸广告宣传，把钱全部投入乔氏超市的电台广告里。我们只选取适合我们目标客群的电台，大多数是纯新闻或纯古典音乐的频道。迄今为止，这依然是乔氏超市的媒体策略。

60秒的电台广告时段通常是媒体圈子的聚焦重点，但我觉得大多数电台广告特别烂。它们对"戏剧价值"过分关注，更糟的一点是，它们

第 9 章 用"知识型的广告"征服消费者

会向听众发号施令:"买这个!现在就买!动作要快!"但我们的原则是,向顾客传递信息的时候,永远不用强制语句下命令。所以,乔氏超市广告的潜台词只会是:"我们一直都在。就算你错过了这次好机会,如果你有时间、有兴趣的话,下次还有机会。"

大多数超市的电台广告费用都来自合作厂商提供的补贴。大部分超市会在 60 秒里塞进尽可能多的品牌信息,因为这样做能使收入比例最大化。但是,如此一来,信息反而变得毫无意义。与之相反,乔氏超市选择在每一个时点只讲好一个故事。我们拒绝接受任何供应商的广告补贴,《新品简报》也不接受品牌的补贴。这样的政策在零售行业是绝无仅有的,也为广告业做了一个正面示范。

最后的标语"感谢收听"来自 1976 年早川一会(S. I. Hayakawa)先生的参议员竞选推广活动。这句话被广泛地模仿,倍受赞赏。早川先生是旧金山州立大学的语义学教授(后来成为大学校长),他知道如何运用好词句。他的电台广告风格平和,他感谢听众的关注,让我印象深刻。1982 年后,他的语言风格成了乔氏超市广告的基调,"感谢收听"这句话也成了固定的广播结束语。

除了印制派发《新品简报》,我们还会利用广告和公众保持联系。我们一般不会同时做这两件事,不然店里会忙不过来。总之,电台广告对我们来说特别有效,在这期间,我的声音在加州算得上最广为人知的声音之一了。

洛杉矶公共电视网(PBS)28 频道的观众和乔氏超市的目标客群契

合度最高，但是公共电视网不公开接广告。爱丽丝是电视台活跃的志愿者，通过她的牵线搭桥，我们被安排给那些和乔氏超市有一定关联的复播剧做赞助商，比如朱莉娅·蔡尔德（Julia Child）的美食秀《奔腾美食秀》（The Galloping Gourmet）和芭芭拉·沃德豪斯（Barbara Wodehouse）的驯狗系列节目，结果非常有效。与赞助首播节目相比，这些复播剧不仅赞助费便宜很多，而且它们有非常优质的观众。我们在荧幕上露出的只是一个"广告牌"，代表乔氏超市赞助了节目，但是这对于在社区中建立我们的知名度来说已经是物有所值了。

我们另一个在公共电视上推广自己的方式是做筹款活动的"接线员"。我们的员工由当时负责广告业务的罗宾·京特尔特（Robin Guentert）带队，一起在电视台演出。京特尔特1982年后成为我们最重要的管理成员之一，2002年他接任乔氏超市的总裁。他们喜欢出现在电视上，这样也让乔氏超市获得了不少曝光量。

面向目标人群，慷慨地赠予

大多数零售商在遇到慈善机构来寻求捐赠时都态度冷淡，有时甚至会给对方一个非常麻烦的清单作为筛选条件。总而言之，他们讨厌赠予行为，除非是对一些有组织的大型慈善机构，因为这样可以避免和各种令他们心烦的团队打交道。但是从一开始，乔氏超市就将向非营利组织捐赠作为一种宣传推广方式。我们确立了这些原则：

1. 绝不直接给现金。
2. 绝不在任何一个活动中购买广告位，这纯属浪费。

3. 慷慨地赠予，但是只针对那些面向受过高等教育的低收入人群的非营利组织。任何一家博物馆和美术馆的开张经费、医院的补助福利，这些需求我们都大力支持。还有学校的校友会、一些救援组织，或者任何一家交响乐团，如果需要支持，我们也很欢迎。不过，我们不参与少年棒球联盟等组织举办的非营利活动，因为他们不包括乔氏超市聚焦的人群。但是，我们也还是会悄悄地把食物送去受虐待女性的家里，送去地区的"食物银行"等。当我们的冷冻柜出故障的时候，考虑到食品安全问题，我们会把食物送到动物保护协会。

4. 尽量赠予葡萄酒。特别是到1973年获得了酿酒师许可证之后，我们可以完全合法地运营葡萄酒业务了。大多数时候，是女性来为她们所属的组织寻求活动所需的葡萄酒。她们第一次来电就会受到我们特别热情的欢迎，我们只需要她们提供非营利组织的501c3[①]号码，并记录她们希望从哪家店提货。我们希望这些女性及其朋友们成为我们的顾客，但是我们不需要在活动中自我宣传，因为我们知道，那些心存感激的女士会常常提起我们。很可能她们在打电话给我们之前已经被6家超市拒绝了。

5. 坚决拒绝捐赠香槟。每个人都想要香槟，但和葡萄酒相比，香槟的联邦税太高了。

为了减少门店经理的压力，最终我们将捐赠事务集中到办公室处理。当我离开乔氏超市的时候，帕特·圣约翰建了一组包括300多个非营利组织的文档，我们每年都会给他们捐赠。我把这部分费用放在了广告预算

---

①美国税法的一个条款，给一些志愿者组织提供免税待遇。——编者注

里，没有比这更有效率的广告了。

购物袋也是绝佳的广告空间

最容易赢得非营利组织好感的一个方式，就是把他们的活动计划印在我们的购物袋上。因此，每年我们都会将洛杉矶歌剧院的演出计划、亨廷顿图书馆即将开幕的展览，或者圣迭戈交响乐团的季度演出等印在购物袋上。通过这个方法，我们赢得了这些组织成员的支持，而且这些购物袋上的宣传也常常帮当季演出或活动获得成功。我们的操作很简单，只要歌剧院、交响乐团或博物馆给出他们的活动设计稿就足够，最大的挑战也只是购物袋上的空间有限。这种方式对于在乔氏超市的目标客群中建立忠诚度特别有效。我们甚至还对这些购物袋进行了本地化，为圣迭戈、洛杉矶和旧金山等不同城市的不同市场做了不同的内容。

我离开乔氏超市后几年，公司的管理层放弃了这个做法，因为当扩张到亚利桑那州、华盛顿州等地之后，要做到本地化太复杂了，而且也不再有爱丽丝来协调音乐和艺术团体了。这其实给了一部分本地小零售商去找这些团体合作的机会，不过我也强力推荐他们这么做。

1994年，当旧金山的佩特里尼连锁店（Petrini's Markets）陷入困境的时候，我尝试利用购物袋宣传的老办法，并与旧金山芭蕾舞团及一些博物馆合作，百试百灵。

有了1933年版的酿酒师许可证，我的员工们一年会开几十次葡萄酒品鉴会。品鉴会对于不知名的零售商建立名声特别重要。

我们从不知名渐渐变得广为人知，我受到邀请去做了讲座，谈谈关于市场、管理或者美食美酒的话题，我的时间表里一年大约有 6 次这样的活动。如今我依旧在做讲座，虽然没有直接的商业报酬，但是和做 KFAC 的节目一样，我不喜欢重复我的讲座内容，无论是关于法国悖论、小冰河期还是玻璃制作的主题，我都尽量把各种内容串连起来。就像我之前说的，这本书其实也是我 1998 年 3 月给烹饪历史学会演讲的产物。

口碑是最有效的广告

口碑是最有效的广告。大家都知道，当我喝醉的时候我总会说："最好的生意就是要让顾客对你有狂热的'信仰'。"乔氏超市已经成为受过高等教育的低收入人群的一个信仰符号。一方面是因为我们一旦明确自己在做什么，就会努力把所做的事情打造成一种文化；另一方面也因为我们无论如何都会坚守对顾客的承诺。

以前的每个感恩节我都会在某家门店工作，员工只让我打包，因为我收银技巧不熟练。某一年感恩节，一位女士进来要买波本酒。我告诉她这款酒已经断货了，因为我们拿不到像以前那么好的价格了。这是在公平贸易法失效之后，此时我们已经转向了"尖刀麦克"的阶段。"没关系，"她说，"我知道你已经为我们尽力了。"注意，她说的是"我们"。

具有文化归属性的零售商品牌当中，没有多少能够在经过时间的考验之后依旧保持自己的文化性。在加州，In-N-Out 汉堡店和弗莱连锁电器城（Fry's Electronics）算是做到了这一点。但是从全美来看，每座城市都有特别的甜甜圈店、比萨店、烘焙店、蔬菜杂货铺和酒吧等，他们有各自的"真爱粉"追随。说到肉制品，20世纪五六十年代的老佩特里尼连锁店就是一个文化标签。布鲁克斯兄弟公司（Brooks Bros）在20世纪70年代前也拥有那种文化符号的力量，波士顿的S.S.皮尔斯连锁店（S. S. Pierce）也是如此，但这些品牌都没有坚持自己的信念。一定要小心，不要背叛自己的信徒。

第 10 章

解决那些不期而至的难题

在莎士比亚的作品里,从来没有人被视为善或者恶的典型。他展现了这样一种处世的哲思,那就是不要去寻找简单的答案,也不要寻找简单的退路。他让我们看到,没有容易的出路,但无论如何你都可以笑对一切。

——伊恩·麦凯伦爵士(Sir Ian McKellen)[①]

所有生意都会遇到问题,有问题才有机会。如果一门生意很简单,那么傻瓜都可以轻易上手。从某种意义上说,这也是我在普隆托商店经营上遇到的问题:进入规模小、节奏快的市场,唯一的壁垒是资本。任何人只要带着足够多的资本都可以进入一个领域,直到过度开发令整个市场崩盘,最后公司还是会落入持有最多资金的人手中,比如美国 20 世纪 80 年代的石油公司。

同期百货商店的崩盘另有原因。百货公司的情况复杂,想要获得成功不只需要资金,还要有聪明的管理者。诺德斯特龙百货和迪拉德百货(Dillard)是少数管理成功的公司,他们在 1986—1995 年成功渡过

[①] 伊恩·麦凯伦爵士,英国著名演员。这段话出自《洛杉矶时报》的访问文章。——编者注

了零售业的危险期；西尔斯百货勉强渡过难关，而蒙哥马利·沃德百货（Montgomery Ward）则彻底崩盘。

我想说的是，经营公司的人要是一直抱怨哪里有问题，就不知道如何盈利了。所以，在这一章，我不会讲商业矩阵的基本问题，诸如需求、供给、竞争、劳动力、资本等。我要讲的是那些不期而至的、完全非必要的困难，我称之为"毛球问题"。这些困难会带来巨大风险，使管理层的耐性消耗殆尽，而耐性正是应对所有商业挑战的根本要素。

我们的薪资体系受到挑战

> 官僚机构不是在折腾文件，而是在折腾人。
> ——赫伯特·施洛斯伯格（Herbert Schlossberg）
> 《神像覆灭》（Idols for Destruction）

有一个令我们语塞的"毛球问题"，那就是美国劳工部会来审计我们的薪资体系。在零售业里，我们的员工收入最高，我们没有任何员工去劳工部投诉过薪资问题。但是，1970年10月，当我们正在全力解决经济萧条带来的挑战时，一名劳工部审计员突然出现在我们的办公室里，并要求查看过去3年所有涉及工资和工时的文件。

要知道，我们当时是一家小微企业，还没有把健康食品部门放进轻松休闲风格的商店里，《新品简报》也还没有成形。这名审计员的意外出现，让我们怀疑是某个在劳工部有熟人的竞争对手故意安排的。这肯定不是我们的臆想。因为当我们试图在某地拿到酒业许可证的时候，也发生了类似的事件，竞争对手向酒精饮料控制部门煽动假的"抗议"。这类事情实在太普遍了，我都可以把它们归为一个普通挑战。但是，来的是一名劳工部审计员，这件事就不太寻常了，因为劳工部并没有那么多可以外派出去的现场审计员。这名审计员来我们这里只是执行总部交付他完成的例行公事。

简单来说，过去 3 年，我们支付了几百万美元的薪水。根据审计结果，我们最终为一些没有被记录在册的工时支付了额外的 2 000 美元。所以你看，我们是清白的。

但是首先，我们必须说服审计员。根据 1937 年美国最高法院的裁定，对于"非免税"员工，我们必须按照《公平劳动标准法》按小时支付工资。这一点对这名审计员来说挺难理解的，因为他之前还没有遇到过应用这个法规的案例。直到今天，每当乔氏超市进入一个新的州，薪资的计算方法就不得不根据这个州的政策一遍又一遍地重算。

管理者的耐性需要用在处理真正的商业核心问题上，而"毛球问题"带来的最大麻烦就是它会无端消耗管理者的耐性。

但是，即便劳工部接受了我们的薪资计算方法，他们还是根据 1935 年《公平劳动标准法》的规定指控我们，认为我们的助理经理应该算"非免税"员工。我们原本是将助理经理划为管理层，薪资按月而非按小时支付，所以没有记录他们的工作时长。虽然助理经理在有些零售领域属于"免税"员工，但是加州的超市和工会签署了合同，要求助理经理以小时计薪。根据这些先例，劳工部指控我们违反了法律。

我要说明白一点，那就是在我们的计薪体系下，助理经理的收入肯定高于按"非免税"员工的时薪来算的收入。如果判我们违法，我们可能会被处以3倍的罚金。

感谢我们的律师，他先帮我冷静下来。当时我气得都有点失去理智了，1970年的经济萧条都没让我激动到这个地步。律师阅读了监管机构的规范手册，他一个标点不漏地读完了。对"豁免"的定义进行了研究之后，我们开始提起申诉。我们和劳工部一起去了高级听证会。我承认，当时我过度激动，拍了桌子，还嚷着要上诉最高法院。最后幸好有律师的专业和细心，我们才赢了。

几个月后，我碰巧在咖啡馆遇见那名劳工部的审计员。我们握了手，他很平静地说："我们觉得你在那个问题上处理得很好。"我想，这算是我收到的最难忘的赞赏了。如果他们强加给我们3倍的处罚，我们可能就会面临财务危机。真是一个讨厌的"毛球问题"！

在那之后，我开始熟读《公平劳动标准法》和加州劳工部的解读。这些知识使我在后来运营的公司里都非常受用，无论是乔氏超市还是所有其他的咨询工作。

回顾以前政府的规定，以及时不时强制执行的准法西斯式法律条款，比如关于"牛奶控制"法案的内容，对于那些贿赂成性的乳品厂销售经理，我想说，我替他们感到难过。这些人大多数50多岁，出生于1900年左右。他们在30多岁的时候遇上了大萧条，很难找到工作，所以一旦有一份工作，他们绝对不会松手。到他们快退休时，想在这之前玩

"潜规则"捞一把。他们是另一种类型的威利·洛曼（Willy Loman）[①]，比阿瑟·米勒笔下的这个人物更普遍、更真实。

我记得，一名乳品厂的销售经理看上去怨气很大，脸上有深深的皱纹，一副失魂落魄的样子。年轻时的我心高气傲，想让雷氏药店管理者看到刚成立的普隆托商店状态很好，所以既想要越过法规边界的补贴，又想要拿到乳品的进货折扣。"库隆布，你不能什么都要。"这名销售经理淡淡地回答我。

在我年轻时，所有机构里都是像这样历经萧条风霜的人，比如银行、公用事业部门、铁路公司，大多数的政府机构也是如此，还有邮局。很多时候，他们的能力超过了他们所从事工作的要求，因此，那些机构往往运营良好。这就是杜鲁门和艾森豪威尔的年代的写照——看上去平静无比，其实是问题被表象掩盖了。

来自工会组织的攻击

1971年感恩节后不久，劳工部审计事件刚过去，我的血压渐渐恢复了正常。就在这时候，一名来自美国农场工人联合会（UFW）的代表不请自来，提出了一项最后通牒：他们正在准备针对酒庄的行动，要么我们不再销售纳帕谷八大酒庄的产品，要么他们就在我们的店铺门口进行非暴力抗议示威活动。

[①] 威利·洛曼，美国当代杰出的戏剧家阿瑟·米勒（Arthur Miller）的代表作《推销员之死》（Death of a Salesman）中的主角，他常幻想自己变成某位名人，这种幻想几乎毁掉了他的家庭和生活。——编者注

他们抵制酒庄的诉求应该和鲜食葡萄没有关系。那时候我们不在店里加工葡萄，而且我是反对售卖鲜食葡萄的，倒不是因为工会的问题，而是因为鲜食葡萄是导致店内发生滑倒事件的"罪魁祸首"。

1971年之前的几年，西泽·查维斯（Cesar Chavez）开始把中央谷地的葡萄园工人组织起来，他的总部在谷地中心的德拉诺市。那里的大多数葡萄是汤普森无核（Thompson Seedless，一个白葡萄品种，也叫苏丹娜）。中央谷地的葡萄有3种不同的用途：直接食用，做成葡萄干，酿成葡萄酒。加州的大多数廉价葡萄酒，特别是便宜的香槟都用汤普森无核葡萄制成。

在这次UFW事件发生的前两年，我听过嘉露酒庄创始人欧内斯特·加洛（Ernest Gallo）发表的一场特别棒的演讲，内容是关于这3种葡萄终端成品之间的价格联系。如果产自美国中东部的做果干用的葡萄出了问题，加州用来做果干的葡萄价格就会飙升，这将导致中央谷地的葡萄就不会剩下多少可以用来做葡萄酒或者当鲜食葡萄卖。

如果UFW想要组织酒庄的葡萄园闹事，那么最有可能发端的地方就是德拉诺附近的苏丹娜葡萄园了，当时60%的加州葡萄酒用的都是那里的葡萄。间接抵制源自中央谷地葡萄园的葡萄酒，真的会造成很大的影响。

来自纳帕、索诺玛、门多西诺等高级产区的葡萄只有一个用途：做葡萄酒。赤霞珠、霞多丽、雷司令用作鲜食葡萄或制成果干都不适合，因为这些葡萄籽多肉少、果实小。一般每4 000平方米出产4吨，而在中央谷

第 10 章　解决那些不期而至的难题

地和帝王谷的干热气候下，每 4 000 平方米可以出产 14 吨葡萄。

然而，我们却从 UFW 的一个分部那里收到了这样的最后通牒。因为他们正在组织酒庄的工会行动，所以要求我们放弃和一些酒庄品牌的合作。无论是查维斯还是 UFW 创建人之一的多洛蕾丝·休尔塔（Dolores Huerta），似乎都和此举无关。

从表面上看，这个通牒很荒谬，因为一些酒庄并没有葡萄园。然而，UFW 是农业工会。虽然美国联邦劳动法没有覆盖到农业工会，但后者可以组织"间接抵制"活动，所以他们就跑到乔氏超市抗议。如果 UFW 属于工业工会，那么他们的抗议行为就是违法的。想必他们的目的是逼迫纳帕谷八大酒庄只从与他们工会组织有关的葡萄园购买葡萄。但是那时候，纳帕谷还没有这种葡萄园，直至今天也还是很少有。

一收到最后通牒，我们就打电话给纳帕谷八大酒庄，想了解那里发生了什么。有些酒庄甚至都没听说过这个抵制行动，还有一些酒庄的工人属于机械师工会或卡车司机工会组织，但他们的工作也因此岌岌可危。

经过一系列调查我们发现，这场事件是由一家神学院的年轻学生组织的。这就是为什么我会质疑 UFW 在其中充当的角色。我们告诉 UFW，这整件事毫无理性可言。但 UFW 还是决定攻击乔氏超市，因为我们有品种最多的加州葡萄酒。我们的规模很小，因此损失掉我们的订单对那几家最大的纳帕谷酒庄，比如科贝尔（Korbel）和蒙达维，没有什么大的影响。

但是，示威者们在感恩节前几天出现在我们的每家门店前，试图在关键的节假日期间破坏我们的销售势头,他们一直折腾到了新年前夜。当时现场还发生了冲突,他们焚烧垃圾桶、戳轮胎,员工们被推来推去,这些"小丑"在威胁我们高薪员工的工作,顾客也被他们粗鲁地推搡。他们的标语牌上写着"乔氏超市的产品全是屎尿和农药"。不好意思,这句话到现在还被我们家人记着。顾客们进行了反击。其中有一位忠实顾客,是一个苗条的金发女郎,每天都特意穿过抗议队伍嘲讽他们。当然,我们与卡车司机工会的交货工作没有任何阻碍,因为 UFW 不是工业工会。

我们和 UFW 都开始花几千美元聘请律师,进行庭外取证、拍照取证等。但进入关键的圣诞节周末之后,销售状况令我们很受挫。

那时我和家人住在圣马力诺,这是一个高收入住户居多的郊区社区,大约有 4 000 户高收入家庭。我们搬过去是因为那里有优质的公立中学。那时 UFW 的人骑着摩托车呼啸而过,散播几千份宣传单,里面都是对我个人的攻击。他们想要得到什么呢?不过,至少圣马力诺的人们不吃这套。

1971 年圣诞节 3 天前的晚上,我们的房子前面有几十个 UFW 的人在示威、喊叫,挥舞着标语牌,而警察只能紧张地观察,因为根据法律,他们无权直接干涉。我们的客厅里来了两名非常有礼貌的年轻学生,他们穿着崭新的紧身牛仔裤坐在我们的沙发上,显得有点不自在。那张沙发是爱丽丝从二手市场淘回来的古藤沙发,比他们面前那条 20 世纪 20 年代的棕褐色阿克敏斯特地毯还要旧,后者则是我花 50 美元从一次破产拍卖会上带回来的。在后面的书房,他们可以看见我们的孩子跑来跑去,戳弄着放在圣诞树下的包裹。今年的圣诞树是一棵长歪了的白冷杉,显得不太精神。我在一家小店里买了这棵树，回到家才发现它原来长这样。

很明显，他们心中邪恶的"商人王子"和他珠光宝气的妻子，也就是我和爱丽丝，正坐在他们的对面，听他们数落纳帕谷八大酒庄的罪恶，但我们的反应没有达到他们的预期。他们本来是来布道的，却发现遇上了现实中的一对"俗人"。

他们站在前门的时候，就应该怀疑哪儿不对了，因为这里显然是资本家堡垒中最朴素的一家。在具有自然主义风格的前院里，我重新栽种了从园艺中心买来的一些濒临灭绝的加州植物，这是每一名"地球哈利"人会做的事情。当然，那些植物之所以濒危也是因为它们的外形都不漂亮，邻居之所以愿意忍受我的这个爱好，是因为这些植物至少比我前一年夏天在前院种下的向日葵要整齐一些，他们也同样忍受了我家的侧院，那里堆着1970年剩下的圣诞树，那是我开始讲究环保后的第一个圣诞节。

渐渐地，这些学生游说我放弃纳帕谷八大酒庄的产品的声音变弱了。又过了一会儿他们从老沙发上站起来，和我们握了手，互道"圣诞快乐"，然后他们就走了。他们离开后，邻居们过来为我们演奏了圣诞颂歌，那是我在乔氏超市任职期间最温暖的圣诞记忆。10天之后，UFW的抗议者队伍离开了我们的商店，他们前后花了足足6周的时间，竭尽全力地试图毁掉我们这家小公司。

我们后来和UFW达成和解了吗？是的，双方签署了协议并撤销了各种法律诉讼，封存了证据和所有昂贵的法律文件。UFW后来去找拥有拉尔夫超市（Ralphs）的布洛克百货连锁店（Bullock）抗议了。这是另一次失控事件，不过只持续了几天。随后，我们再也没听说纳帕谷几大酒庄有什么动静，或者任何其他针对那些高档酒产地的行动，无论是酒庄还是种植园。

那时，抗议者嘟嘟囔囔地要挟说会威胁到我们孩子的安全。出于担心，我们给孩子们申请了 6 个月的监视保护。那棵还活着的圣诞树，还有那棵惨兮兮的歪脖白冷杉，仍然在我们圣马力诺房子的侧院里生长着。在神学院学生拜访我们的 12 年后，我们把房子卖给了一户非常有教养、有包容心的人家，他们在日本生活了好几年。在我眼里，那棵冷杉长得不正，但在他们眼里也许会被当成一棵盆栽。

1976 年晚秋，加州所有超市遵从的整个法规基础灰飞烟灭。这一巨变使乔氏超市迎来了下一个阶段——"尖刀麦克"。

坪效之王的经营智慧

1. 所有的经营决策需要有锚点。我迄今所做的最重要的一个商业决策就是给员工高薪，这是我选择的核心锚点。

2. 乔氏超市的产品原则就是不走普通超市的标品路线。给一个小而美的公司找一个小而美的商业机会：非标品，有差异化竞争力的零售业务。

3. 成功的零售最根本的是和人口特征匹配，我们追随人口数量小但是正在迅速崛起的受过良好教育、热爱到处旅行的人们。我在此隐约看到了能够把我们和那些面向大众的主流零售店显著区隔开的机会。

4. 我们不能在价格上做到最低，那便在品类选择上出类拔萃。要想把一个小商店的坪效跑出来，我用 4 个测试指标来选品：单位面积收益高、高频、易于运营、价格或品种占优。

5. 只在黄金地段加码投资，租金更高，销售额也更高。

位于加州太平洋帕利塞德斯的第一家普隆托商店。

（摄于1958年）

开业前的第一家乔氏超市。

（摄于1966年）

在乔氏超市短暂运营过的酿酒厂内,
乔(右)和鲍勃·伯宁的女儿克里斯蒂娜(左)在踩葡萄汁。

(摄于1973年)

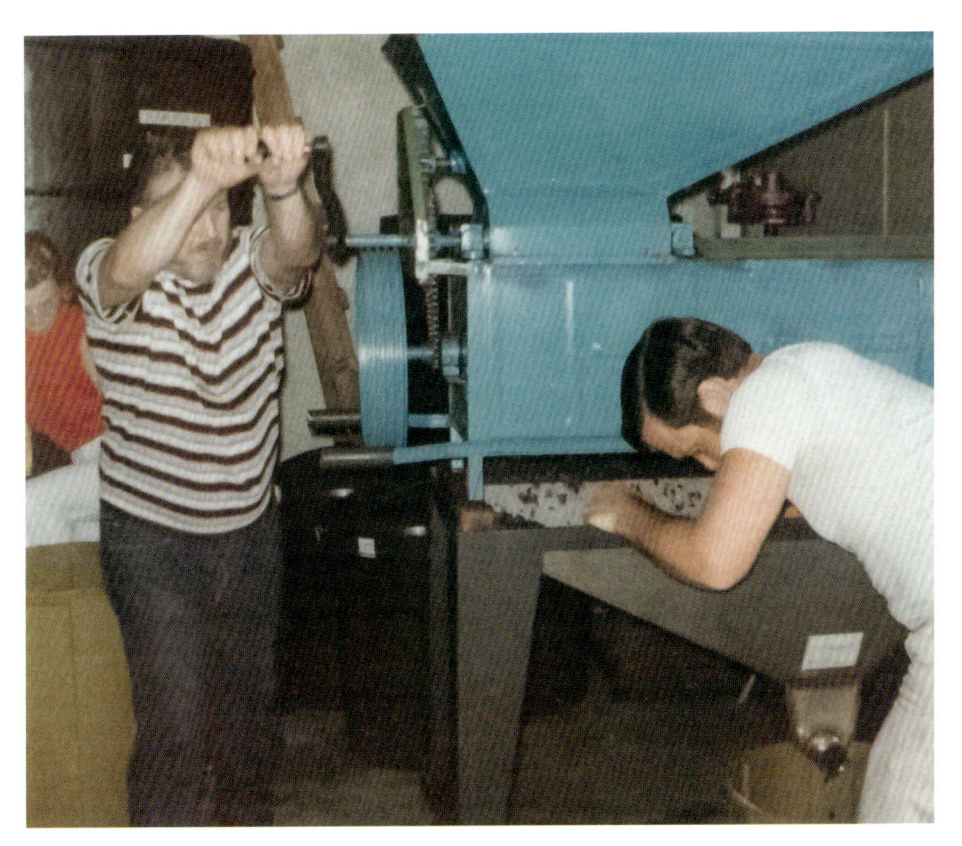

葡萄酒制作中。
鲍勃·伯宁（左）从漏斗中倒下葡萄，
勒罗伊·沃森（右）负责确保一切顺利地流入桶中。

（摄于1973年）

乔站在奶酪货架旁,
手里拿着一块瑞士奶酪。

(摄于1975年)

展示葡萄酒瓶的"Z"字形方法。
这种方法比平铺成行能展示更多的产品,并创造更多的开放空间。
这些被称为"凹面货架"的展示架是乔氏超市的员工在业余时间手工制作的,
他们在1.2米 ×1.5米的胶合板上切出了一个大半圆形。

(摄于1975年)

一生的朋友和商业伙伴。
勒罗伊·沃森（左）和乔（右）聚在一起，
讲述乔氏超市的旧日故事，回忆他们的成就。

（摄于2013年）

乔正在走访其中一家门店。

（摄于1975年）

乔和妻子爱丽丝。

（摄于2010年）

乔和他画的一幅画，
画中是孙子在他怀里静静地午睡。

（摄于2014年）

Becoming Trader Joe

第二部分
成为"坪效之王",从小众品牌到行业巨头的蜕变

Becoming Trader Joe

专家导读

做纯粹的零售商，打造超强商品力

张智强

元旨品类管理创始人、畅销书《品类管理》作者

零售的本质，就是在供应商和最终消费者之间传递商品：零售企业从供应商那里批量采购商品，运到自己的门店，再分成小份出售给最终消费者。

没有人愿意花冤枉钱，所以成功的零售企业必须具备控制成本的能力，这包括向供应商采购商品时价格要尽可能低，并能有效控制商品传递的成本——包括储存和运输，还要有相关措施提高门店的空间使用效率（坪效）和人工效率（人效）。另外，当整个市场普遍面临着产品过剩和产能过剩的压力时，零售企业还要有为顾客选择商品的能力。

在信息技术无所不在的今天，利用计算机和软件系统处理与传递信息的能力，对零售企业的成功尤为重要。

本书的第二部分，作者介绍了成熟时期（1977年以后）的乔氏超市在经营上的一系列独特方法和指导原则，特别值得中国的零售经营者学习。

库隆布强调，"做一个纯粹的零售商"是他那时做出的最重要的战略性决策。零售企业真正的竞争力，就是把门店端做好，站在顾客的立场上选好商品，做好价格，并以良好的视觉效果把商品呈现给顾客。指望甚至依赖供

应商在这些方面做决定不仅是错误的，还是极其危险的。

替顾客选好商品是一种突出的能力。基于从顾客角度对产品的认识，乔氏超市把品项个数压缩到1 500～2 000个，并一直坚持到今天。

为了既能给顾客选到优质商品，还能让企业获得良好的效益，乔氏超市制定了严格的经营标准，比如：放弃非食品，集中做食品；放弃所有一般品牌，只做有特色的商品，用极致的品质和极致的价格保障对顾客的吸引力；避开主流竞争，集中在"非持续性供应"的商品上；每个单品都要盈利；不做价格上没有绝对优势的商品……

乔氏超市特别强调绝对的价格优势，但这一点不是通过向供应商施压获得的，反而是通过双方紧密友好合作得到的。乔氏超市把供应商看作自己的支持者和帮助者，珍视并鼓励供应商的创造性提议。库隆布说，集中采购绝对不是"消灭中间商"，而是要去掉那些效率低、乱加价的中间商，事实上，维护一群有能力的中间商本身恰恰也是集中采购的一个关键点。

乔氏超市没有自己的仓库、运输车辆或大型计算机系统，更没有什么物流中心，但他们的配送体系却是美国最好的，其秘诀是务实的体系和流程。

人们常常好奇，乔氏超市是如何找到那么多物美价廉的好商品的？作者在这部分中用多个实例做了说明，既巧妙又实用，读者可以在阅读中得到启发。

关于门店拓展，库隆布有两个观点特别值得学习。一是门店的数量不应该是企业发展过程中被关注的重点，企业的成长跟门店数量不是等比关系；二是选店的标准必须严格，尤其是对商圈的考察，一定要有足够的目标顾客群体。

库隆布对零售经营独到又敏锐的思考方式是他组织和管理乔氏超市的基础。他把企业的经营工作分成两种类型来处理，分别需求端和供给端。需求端工作包括面向顾客体验的商品构成、定价和提供便利等，供给端的工作包括供应商管理、员工管理、企业文化的塑造等。以这两大方向为基石，他对每一项工作制定了明确的原则和标准，保证了乔市超市沿着独特而有竞争力的方向稳步向前。

第 11 章

打磨刀锋，每一个单品都要有锋芒

> 经济学家约瑟夫·熊彼特的观点绝对正确：创新不仅是智力行为，更是有关意志的行为。
>
> ——迈克尔·施拉格（Michael Schrage）[1]

到这里，我们来到乔氏超市的第三个进化版本。这一阶段差不多持续了21年。在这一章里，你会看到很多醒目的字，我们就像一群雕塑者在最硬的花岗岩上第一次猛烈敲击一样，到了后面才会精雕细琢。总之，创建"尖刀麦克"，就是我和同事们一起为了生存而有意为之的。1976年末，我们突然从加州政府那里收到了两条令人吃惊的消息：

1. 州政府从1977年1月1日开始不再控制牛奶的最低零售价。
2. 州政府将取消针对酒类的公平贸易法案。

1977—1978年的这两条消息令很多超市震惊，但是大家不知道这会造成什么样的影响。20世纪30年代那些准法西斯式法律条款终结后的几

---

[1] 迈克尔·施拉格，《洛杉矶时报》前技术编辑。——编者注

年里，超市行业剧烈地整合重组，但对那些无法适应新的现实的零售商来说，这样的改变并不是什么好事。

40年来，加州的超市运营模式非常单一：投放周末促销广告，推广跌破成本价的百仕福蛋黄酱和福爵咖啡招揽顾客，或者销售高利润的牛奶和酒。这些超市不知道如何应对这突如其来的改变。原本板上钉钉的牛奶利润没了，当然，趁着关于酒类的公平贸易法尚未完全终结，他们还能在酒类商品上抓取一点利润。但销售情况都开始走衰，部分原因是西夫韦超市、冯氏超市（Von's）和幸运超市都在尝试开设折扣酒类连锁店。这些尝试很快就失败了，只有西夫韦超市的"酒仓"生存了下来，直到1986年，科尔伯格·克拉维斯·罗伯茨投资公司（Kohlberg Kravis Roberts）收购了西夫韦超市之后又卖了它，"酒仓"破产了。价格竞争态势慢慢出现。也许是从1978年美国独立日的百威广告开始，价格竞争的势头震动了整个行业。

1981年美国政府对航空业放开管制的时候，航空公司经历了一段"痛苦"期。零售连锁行业也经历了同样的煎熬，还有电力行业也是。自由有时并不受欢迎。

仅仅在6周内，我们在牛奶上的毛利就从22%跌到了2%，这样的变化足以令人扼腕流泪。有一点还算幸运，那就是，当时关于酒类的公平贸易法是否终结的问题，法院还在研究中，直到1978年这一法规才被完全废止。这中间的时间差给了我们开发"尖刀麦克"新的运营模式的机会。

关于怎么做，我已经有了一些想法，这要归功于之前6年我们所积累的经验。从打破公平贸易法的限制、经销进口酒，开发自有品牌的加州葡萄酒，到打破健康食品和奶酪的限价，我们就像一个孩子在监护人的看顾下到处乱跑。曾经我们售卖的货品有50%都受到价格管制的"保护"，而现在我们需要为脱缰飞奔而做好准备。

在和勒罗伊、鲍勃·伯宁、吉恩·彭伯顿（Gene Pemberton）和弗兰克·河野等核心管理层一起仔细梳理了2个月后，我在1977年2月写了一份白皮书，交出了我们应对放开管制的答案。我将这份白皮书命名为《1977年"五年计划"》。

坚守最根本的零售本职

零售商最重要的工作是大规模集中采购商品，然后把商品分成小份交付给最终顾客。这是我能够给想进入零售业的读者分享的最重要的心得。大多数零售商并不知道零售原本的意思是什么。我常常提醒自己，要清楚自己在社会里的角色是什么。零售商的很多政策决定都会回到同一个问题上："我们要怎样坚守最根本的零售业本职工作？"

"retail"（零售）源自中世纪的法语动词，"retailer"（零售商）在法语中意为"把东西切成小份"。"tailor"（裁缝）也是同一个动词词源。然而事实上，大多数零售商并不想面对自己的基本工作。在经营普隆托商店的时候，我们也想尽办法避免零售方面的事情，我们想要把压力都转移给供应商，而自己只要购买包装好的、已预先标好价格的产品，比如薯片、面包、杯子蛋糕、杂志和书，所以我们在定价决策中是没有话语权的。我们只要下单订货、上架陈列，外面的销售员负责退货。直到今天，许多超市还在和工会讨价还价，要把店内的核心工作外包出去。

"地球哈利"时期向健康食品和葡萄酒的转型带领我们走进了真正的零售领域。在奶酪部门，我们把一整圈奶酪切成小块，就像对待我们销售的所有货品一样化整为零。摆脱所有的外部销售人员是我们推行"五年计划"的必然结果。在"尖刀麦克"时期，店内不允许有任何外来的服务人员，所有工作都由内部员工完成。现在我看到的最接近这种做法的是开市客，他家很多特点都和乔氏超市如出一辙。

1958—1976年，即使受店铺面积和其他运营条件的限制，我们仍尽力满足顾客的需要。我们从根本上改变了经营生意的视角，从以顾客为中心到以采购员为中心。我把我们的采购员放在了公司的主导位置上，每名店铺经理都有巨大的自主权来决定采买什么、从哪里采买。除了乔氏超市自主贴牌的加州葡萄酒或进口酒，我们几乎没有集中的分销中心。每家店大约有1万个库存单品，大概每周有3 000个在店库存单品。

在我1988年离开乔氏超市的时候，单品数量已经被砍到1 100～1 500个，所有货品都通过中央配送系统流转。店铺经理不需要承担任何采购的责任，也没有供应商直接送货到店的模式。

在这过程中，乔氏超市不仅放弃了很多顾客希望我们售卖的商品，而且也不提供特别优惠的价格。我们停止了"多买多送、整箱打折"的促销方式，还永久地缩短了营业时间。我们几乎违背了零售业的所有常识，只保留了一条——为顾客创造价值，而这一条大多数零售商都没做到。

打造超强商品力

拥有超强商品力并非我们在一夜之间就做到的,而是根据以下在 1977 年 2 月出的指导方针逐渐完成的。

1. **重点推广食品而非不可食用类商品。**许多超市为了弥补牛奶和酒类商品的利润损失,会提高其他食品的价格,这就给了我们机会来降低食品价格。在接下来的 5 年里,我们放弃了胶片、袜类、五金、贺卡、电池、杂志,以及所有健康美容产品,只留下和健康食品挂钩的商品。同时大幅减少清洁剂和纸品的销售,在售的不可食用类商品只有"桌面"产品,如酒杯、开瓶器和蜡烛。很明显,我们应该把重点放在其他食品上,而不是牛奶之类。

2. **在食品上放弃所有普通品牌产品。**我认为"食品杂货"和"食品"是两种对立的品类。"食品杂货"指的是那些花大价钱投放广告、精心包装的,为超市提供附加值的产品。它们会给超市带来货架费、合作广告补贴金等,因而被超市重视。我觉得正是因为这些"塑料"产品,很多超市正在抛弃"食品"和采购销售需要的产品知识。我们的这个"五年计划"也是为了我们的生存考虑。1977 年 2 月 20 日这个计划发布的时候,我们提到,"大多数独立超市正在被迫退出,因为他们愚蠢地想要和那些大型连锁超市在包装标品上竞争,但在这个领域里,大型连锁超市完胜"。

3. **聚焦灵活的供应商系统。**如此一来,我们才能够随时终止采购那些无法为顾客增值的产品。

4. **聚焦乔氏超市自有品牌或者"无牌"的坚果和果干。**这让我们的自有品牌产品在店内的销售气势更强。我们也确实做到了。

5. **选择爆品单品而非整条产品线。**我们不会经营整条产品线上的所有香辛料、袋装糖果或者维生素商品。每个单品（单个规格、单个口味的商品）必须证明自己的价值，我们反对那种仗着自己有完整的产品线就能进店的想法，而且现在顾客的关注点不在于商品是否种类齐全。自 1978 年公平贸易法终结，我们开始清理几百种威士忌、70 种波本酒和 55 种金酒品牌。渐渐地，我们也不再广泛经销加州精品葡萄酒了，不过过程和拔牙一样痛苦。

6. **不固定货架**。1982 年以前，商店的大部分商品以堆叠的形式展示，几乎没有货架。这就要求单品数量不能太多。超市平均面积若为 2 790 平方米，一般会放 27 000 个单品，大概就是每 0.1 平方米放一个单品。1988 年以前，乔氏超市每 0.47 平方米才放一个单品。开市客折扣店是我心中的标杆，他们每 2 平方米只放一个单品。尽可能地在货品外包装纸箱里直接展示产品——这已经成为我们葡萄酒商品销售的一个关键要素。

7. **每个单品必须自成一个利润中心。**我们会扣除运营货品的成本，每个单品需要有自己的毛利。这里没有"亏本的销量冠军"。

8. **重中之重：我们只售卖在价格上制胜（并且保持利润）或者独一无二的产品。**

1977 年末，我们扩大了采购团队的规模，增加了一位重要的伙伴，道格·劳赫，他是我们从健康食品分销行业请来的。勒罗伊、河野、伯宁和劳赫忠实地推行了《1977 年"五年计划"》，我称这个阶段为"尖刀麦克"。在那些日子里，我们只是一心想要在放开管制的市场里生存下来，都不知道刀锋可以磨到多锋利。现在，这一切都取决于采购。那么让我们一起进入下一章——"集采"。

第 12 章

集采，在食品零售上切开机会口子

雅克·吉贝尔伯爵（Jacques Comte de Guibert）的"战术通论"（Essay on Tactics）里改造了后勤、野战炮兵和军事工程的模型，强调了机动性、不规则性和适应性，而这在旧的军事制度中都会被视为重大罪行。1788年3月，他重新编制了骑兵和步兵形成联兵旅，做密集的混合训练来备战。

——西蒙·沙玛（Simon Schama）[1]

战争的规则似乎是循环往复的：从罗马步兵方阵、阿金库尔的法国骑士、18世纪早期固定形式的战役，以及1915—1918年的阵地战和马奇诺/齐格菲防线（Maginot/Siegfried Lines）等齐整的固定队列式打法，转变到强调机动性、不规则性和适应性的方式，比如匈奴大帝的军队、阿金库尔战争中的英国长弓手、1776年殖民地的游击队、美国南北战争的南北双方、德国装甲部队等。

大众零售商，特别是超市和连锁药店，一直采用18世纪以来沿用的采购和销售方式，他们严格挑选固定的位置给那些广告宣传阵势强大的品

---

[1] 西蒙·沙玛，英国历史学家。这段话出自《公民：法国大革命编年史》（Citizens: A Chronicle of the French Revolution）。——编者注

牌的产品。我们每周都会被广告淹没，这些广告要么在报纸上，要么在连锁店印发的宣传页上。连锁店在大品牌阵营里进行价格厮杀，比如可口可乐、百威、皇冠伏特加（Smirnoff）、安乃近、高露洁、帮宝适、维兹奶酪（Cheez Whiz）、福爵咖啡这些名牌。在这个战场上，每家连锁店都尽职调研其他家几百个品牌的价格，然后宣称自己赢得了几个百分点。不见硝烟的战争！现在大多数地方，一个城市也就剩下3~4家超市厂牌。那些活下来的超市连锁店彼此间唯一的区别在于有没有"双倍优惠券"，也就是在厂商提供的优惠券基础上的加倍优惠。这种甚至可以追溯到普鲁士国王腓特烈大帝时代的战术，显然只对那些投入重金的知名品牌才有意义。每家店的货架上规整地摆满了商品，每个商品都贴了通用条形码和单价，厂商疯狂地竞争入场费和货架排面，收银台的扫描数据多到根本无法转化为有用的信息。

而乔氏超市那时候还没有扫描器。1998年，我们大多数门店的电脑系统还是1987年型号的Mac Plus。感谢集采让我们在食品零售方面有了很大的机会，这也是《1977年"五年计划"》的目标。我在计划的结尾正式将这个计划命名为"尖刀麦克"，因为这个计划强调的就是机动性、不规则性和适应性。接下来讲讲集采是如何运作的。

采购的任务不是谈判而是开发商品

采购的任务是开发商品，要保证这个过程的质量和效率，首先要尊重供应商。尊重供应商不是简单的礼貌相待，而是在观念上重视，在合作细节上郑重对待。具体体现为以下原则：

第 12 章　集采，在食品零售上切开机会口子

- **不把供应商当对手**

    毕竟我们要从供应商那里买货。《1977 年"五年计划"》里提到过，"采购不是去压供应商的价，采购是开发更多选项的创意行为"，我们很多绝佳的产品概念和特别的采买机会都来自供应商。

- **快速安排和供应商的见面**

    连锁店的采购员被诟病的最大问题是他们的日程表都被排到了几周之后。

- **采购人员必须懂产品**

    采购人员的另外一个问题是，他们对自己采买的产品一无所知。人们普遍认为要避免采购组织里有过多的层级，现代组织理论中彼得·德鲁克就反对店内层级的分布。我的建议是，首席执行官和初级采购之间的层级应该同首席执行官与店铺经理之间的层级数一样。当然，有些公司的首席执行官是一名律师或投资银行家，要实现这样的组织架构会很困难，而且这种公司一般都有很多问题，并不只是在采购方面。

- **减少采购员的任务量**

    采购员应该专注采购业务，摆脱文书工作和日常的追加订购流程。同时，采购也应该对生产制作、包装、运输等环节有深入了解，但这些方面的实际事务应该交给助理去做。

- **采购员应该得到高薪**

    采购团队在食品零售业中拥有最高的薪资水平。我们那些能

力很强、特别能干的采购员可以处理巨大的工作量。离开乔氏超市后，我最大的挑战就是说服其他公司高薪雇用最顶尖的采购员。很多连锁店把采购员的年薪压到5万美元，而实际上，这些采购员的能力值15万美元。这里也可以再次体现出，乔氏超市的核心特点就在于给员工高薪。

■ 不以品种分类严格区分采购团队

大多数供应商有多个产品或品类，应该让两名采购员同时去见同一个供应商。采购员不要分隔坐，尤其不应该分别安排私人办公室，这些做法应该永远消失在这个世界上。

■ 回应供应商的速度要快

我们一些采购案之所以成功，就是因为我们在24小时内给出明确的承诺，渴望出手的供应商明白自己不会被烦琐的采购程序拖延。虽然出价不合人意，但他们终于有了一个买家。我们的采购人员也不应该把时间浪费在不是最终决策者的供应商销售代表身上。

■ 供应商应该被看作是零售商的外沿团队

这是玛莎超市（Marks & Spencer）的一个理念。玛莎超市认为，供应商的员工就相当于自己的员工，也应该关注他们的福利，因为供应商员工的流失可能比自己员工流失的代价更大。如果一名优秀的销售离开了供应商，那跟着此人去与新的供应商合作也未尝不可。

- **珍视具有企业家精神的供应商**

  应尽量保持企业家式的采购时间：节假日，工作日很早或很晚的时段。如果想去的时候就去，供应商很可能无暇顾及，所以我们都会提出在下午6点或者周五晚上会面。这样就能筛选出真正有决心的供应商。伯宁就是这样和滴金酒庄谈成那笔超棒的1.5升大瓶香槟采购生意的。

- **频繁拜访供应商的加工厂**

  在拜访时，注意要带上自己的质检人员。帕蒂·史密斯（Patty Smith）是健康食品的"真爱粉"，所以道格·劳赫让她去监管我们所有产品的品质。玛莎超市以质检人员而闻名。有一次，我拜访一家在法国的布里奶酪工厂，这家工厂同时给乔氏超市和玛莎超市供货。那天工厂经理极度焦虑，因为玛莎超市的质检人员正在那里拜访，这些质检人员对质量的管控比奶酪工厂的人员严苛多了。

伊西多尔·巴尔马什（Isidore Barmash）的《梅西百货收购案》（*Macy's for Sale*）中写道："彼得·德鲁克是玛莎超市的仰慕者。这家英国的巨型零售企业虽然复制了西尔斯百货在招募、培训和发展新的管理者方面的一些方法，但目标更加多元化，尤其在生产效率和市场推广方面。德鲁克提到，玛莎超市还建立了'创新目标'，将质量控制实验室迅速发展成研究、设计和开发中心。它引领了设计和时尚潮流，最后去寻找合适的制造商。玛莎超市就是这样成为全球最厉害的自有品牌体系之一的。"

零售商有时候要求开发完整的配方，有时候要求特定的葡萄酒不要过滤，还有的时候要求改变产品的单位重量。这与宝洁公司同零售商打交道的方式完全相反，宝洁向零售商提供既成的标准产品。我们在开发自有品牌产品的时候，比如墨西哥辣肉卷，会和生产商一起调整产品的配方以满足我们健康食品的标准。

在多伦多，戴夫·尼科尔为罗布劳超市建立了一个出色的产品测试厨房。他邀请多伦多大学医学院一起开发对心脏健康有益的自有品牌食品，还找到玛莎超市的前副总裁加入。罗布劳超市凭借这些资源就能做到我们无法做到的事情。

面对供应商，我有两条准则：

1. 信任供应商。这也是玛莎超市的天才之处。如果是长期的供应商伙伴发货，玛莎超市收货时不会清点数量。20世纪80年代，我访问了一家英国芝士工厂，他们把供给玛莎超市的预切芝士装进推车，这些推车会被直接送入玛莎超市的分销中心，然后分发到店铺。玛莎超市不会中途盘点货物，但他们会做审计抽查，一旦发现供应商有所欺骗，那么合作就彻底结束了。
2. 错不过二。搞砸一次，错在你；搞砸两次，错在我。供应商犯两次错就永远不可能再有机会了。我在乔氏超市的这些年里，这种情况大概只发生过几次。有一件事自始至终都让我很满意，那就是供应商实际交付的产品和提供的样本非常相符。

只要零售商真正做到友好尊重，大多数供应商都会做得很好。但是，当有人利用这一点而背叛你的时候，你也会倍感心酸。后面的章节我会谈及零售业里的一些负面事情。当下互联网和电子交互技术的发展要求零售商和供应商之间有更高的信任度。在新的界面里，供应商根据扫码数据自动补货，而这些信息都能在线上同步，无须逐批做采购制单。个人的互联网购物行为也必须基于严格的信任规则。

"采购"在我们的定义中不只是对一个现成产品的采买谈判。拿咖啡举例，我们的需求方案最终成型的关键是发现了充氮包装。刚开始，我们像当初研究葡萄酒一样研究咖啡。基于我们新发现的咖啡产品知识，有两个原因让我们决定不做真空咖啡粉了。第一，研磨咖啡粉会损失赋予咖啡独特风味的挥发性物质。第二，我们发现"真空包装"其实是个错觉，因为如果那些罐子是真正的真空，它们应该会在大气压力下瘪掉。简言之，所谓的"真空包装"只能算是保存咖啡风味的权宜之计。

于是，我们决定只卖咖啡豆。20世纪70年代，几乎所有超市都放弃了咖啡豆这条产品线。就像卖葡萄酒一样，我们还给豆子贴了标签，比如秘鲁禅茶玛悠、尼加拉瓜希诺特加、哥伦比亚国宾级等。最初我们用纸袋销售烘焙咖啡豆，但是在保存风味方面，那些袋子比"真空包装"更差。1980年，我去了希腊雅典，那里的很多餐馆在店内烘焙咖啡，回来后，我就准备仿效他们做现场烘焙。但是，很多社区因为烘焙咖啡会产生气味而提出反对，而且这个过程需要一些特殊的条件，比如豆子需要冷却24小时。

接着，劳赫发现了一种新的咖啡罐装工艺，不是通过罐子抽真空，而是通过注入氮气，排光罐子里的氧气。乔氏超市至今仍然用这个方法卖咖啡豆，这无疑是巨大的成功。不过，这种方法有个缺点，那就是罐子只有一种规格，而不同种类的豆子在烘焙的时候膨胀度不一样，因此无法保证所有豆子重量相同。这可是那些因循守旧的超市没遇到过的难题，或者说，起码那些粉状咖啡的大品牌不会碰到。最后，我们装灌了不同重量的咖啡豆罐子，并在《新品简报》里如实说明并解释。顾客们对此完全接受。

但是，像尼加拉瓜希诺特加或苏门答腊岛的曼特宁豆子是否一直有货的问题，就只能随缘了，就像我们当年采买葡萄酒一样。

我们最成功的咖啡豆是"货真价实的瑞士水洗脱因咖啡豆"。关于提炼脱因咖啡的方法有诸多辩论，我可不想纠缠在里面。我们提供真正的瑞士水洗咖啡豆，就是为了满足特别关注健康饮食的顾客。大型连锁超市不会自找这个麻烦，因为这类产品的供应量太少了。我们持续向瑞士水洗咖啡豆的供应商购买产品，他们运到旧金山的每个集装箱都被我们买走了。后来不知道什么原因，他们暂停发货了一段时间。当瑞士公司恢复发单的时候，乔氏超市决定买下全部产品，所以最后我们几乎垄断了瑞士水洗咖啡豆的供应。现在不知何故，乔氏超市里再也找不到这款咖啡豆了。

乔氏超市之所以能提供一些更超值的果汁，是因为我们以低廉的价格实现了玻璃包装，省下不少费用。不规则大批次的玻璃容器时常出现，比如，日光牌（Sunsweet）出了一种奇怪包装的西梅汁，后来因放弃这个包装类型开始低价清仓处理。我们便买下全部存货，运送给我们的苹果汁供应商。因为果汁的成本大都在玻璃包装方面，我们因此就有了廉价的玻璃瓶。从包装这块省出来的钱可以让我们大大降低玻璃瓶装果汁的零售价。

第 12 章　集采，在食品零售上切开机会口子

零售商必须熟练掌握影响维生素、进口葡萄酒、进口肉类等标签设置的美国农业部、FDA 和 ATF 的规定，让自家的标签比法律或行业规定要求的更详尽。早在强制性的成分标签出现之前，我们就尽力做到充分披露商品信息。前文提过我们是如何深入研究葡萄酒的公平贸易法、葡萄酒酿酒师许可证等规定的，以及勒罗伊是如何掌握了威斯康星州对奶酪实施的所有保护主义法规的。

通过进口葡萄酒、奶酪、芥末酱、糖果等产品，我们冲抵了换汇风险。所有出口商都乐意以美元作为购买货币，但是他们会收一笔风险费率。而我们承担外币汇率风险，这样就能把风险费率的费用排除出供货价。我们从不投机，只要下了一个采购单，我们就会根据当天的汇率提前购入法郎。烘焙和牛奶类产品方面，关键是零售商承担损失的意愿，这样供应商就不用考虑退货的成本了。

我从不相信把损坏的货品扔在库房会有员工来拿走卖出，这些东西只会引来老鼠、蚂蚁和蟑螂，侵占宝贵的库房空间。我相信，所有产品只有一个走向，就是卖给顾客，永远不应该返回供应链。如果瓶子破损，罐头胀气或"不足分量"，它们就应该被扔进垃圾桶。

我们还有一种降低成本的方式，那就是让生产商把每箱的包装从 12 个单品增加到 24 个，只要不超过我们一箱 40 磅的重量限制就行。原因详见第 18 章中的"工伤赔偿"部分。

我们还从货币疲软的国家购买"抵消"商品。这些国家因为汇率波动，不愿意接受美元，所以我们创造了一种三方交易的方式。例如，可口可乐

公司想要从南斯拉夫进口葡萄酒,但那里的供应商不收美元,那么可口可乐可以先把汽水卖给南斯拉夫,收到第纳尔①,然后用那些第纳尔在南斯拉夫购买葡萄酒,再出口给美国经销商来获得美元。

集采的另一个关键要素是我们愿意货到即付,很少有零售商愿意这么做。我们简单直接地计算货到付款的经济成本,并在向供应商报价时反映出来。

关于集采,我还想多说一点。以下是一些常被误认为是零售商集采目标的行为:

- 去掉中间商

  集采可能偶尔会碰巧跳过中间商,但这不是真正的目标。去掉中间商是去掉那些能力差、收费高的中介。事实上,建构一个稳定的、具备专业能力的中间商体系是集采应考虑的关键问题。

- 彰显购买力

  手里有现金的"傻瓜"才会说自己有"购买力"。大多数人说的"购买力"实际上是指能够销售大量商品的能力。然而,"销售力"并不是集采的一种类型,但它是出色集采的结果证明。有很多方法可以让我们获得"销售力",比如好的零售地段、有效的广告或者低价。"购买力"和"销售力"曲线的交汇处是一个神奇的门槛,一家零售商必须在此保持较强的竞争力,比如有很

---

① 第纳尔,起源于罗马帝国的一种被称为"denarius"(钱)的银币。世界上使用第纳尔的国家有突尼斯、利比亚、伊拉克、阿尔及利亚等。——编者注

强的卡车运输能力和海运集装箱的下货能力，这些门槛代表大多数零售商实现规模经济的极限。

- **垄断**

    即买下所有供货。集采之所以会放弃购买某些产品，是因为担心竞争对手会购买一样的产品并打"价格战"，而这是违背集采原则的。

- **局限于清仓商品和自有品牌产品**

    很大一部分集采确实是为了自有品牌的销售，或者给99美分商店和买就省超市（Pic 'N' Save）里的清仓商品做品牌"大清仓"处理。但是，很多产品无法适用于自有品牌或者品牌的清仓分类，只能把这些产品作为自有品牌正常销售，或者不贴牌处理，或者干脆不处理。

很多产品是没有品牌的，如燕麦麸，或者是弱势的国民性产品，如枫糖浆、橄榄油、意大利面、干果、干豆子、咖啡豆、医用酒精、镁盐。那些习惯了处理品牌标品类商品的零售商，一般缺乏运营其他类别商品的技能。

有一个很好的例子。勒罗伊、劳赫和鲍勃·约翰逊无形之中为加州发明了一个新的产品类别：无品牌冷冻包装海鲜。超市一般在生鲜部门售卖所有的海鲜，基本上是解冻的，也就是所谓的新鲜品。有时候是包装产品，有时候是在生鲜服务站现切的。在冷冻部门，你只能找到带品牌的海鲜，也就是已经加工过的海鲜产品，比如来自保罗妻子（Mrs. Paul's）、范德·坎普（Van de Kamp's）等品牌的炸鱼排、蟹肉饼、金宝汤等。勒罗伊、劳赫和约翰逊找到的方法，使乔氏超市在3年内成为有影响力的海鲜零售商。因为我们会集采冷冻海鲜，所以销售的产品比其他超市的价格低很多，同时仍能保证利润。为了实现这一点，乔氏超市必须学习海鲜知识，经常参与供应商的包装和运输流程决策。因为这些付出，我们在美国成为黑虎虾销量第一的零售商。

我们如何讨价还价

我经常被问到我们如何做到如此低价。人们认为我们实现低价的唯一手段就是削减利润，甚至会以低于成本的价格售卖。这个前提默认零售商的进价是批发商给的统一价格，零售商基于这个价格底线来定价，最终只能通过削减利润来拼价格。而我们集采的关键在于没有固定的进货价。

其他零售商通常会问我："你定的目标利润率是多少？"我总是长篇大论地回答这个问题，来解释"你是用钱来付账单，而不是用百分比数字"。这个最基本的概念似乎在传统的超市零售行业里被忽视了。

采购员总是希望把一个统一的百分比数字用在所有的产品品类上，这样对他们来说简单、省力。作为超市零售商，我会从毛利率的角度来思考，就是将利润除以零售价。百货公司则会从成本加成的角度计算：利润除以成本。因此，如果成本是1美元，零售价是1.25美元，那么毛利率是20%，在成本加成法下的利润率则为25%。超市采购总是把所有货品用一个统一的利润率来算，在我看来，这是很差劲的做法。

第 12 章　集采，在食品零售上切开机会口子

在"尖刀麦克"阶段，我们在扣除进货成本和损耗（我称之为"缩水"）后，毛利率是 23%，但这是后来得知的结果，我们不会在一开始就以 23% 的数字作为目标。采购人员的方法是调查市场上一个单品的价格，然后考虑如何做到低于市场价。同时，他们会考虑每单交易我们能挣到多少钱。因此，在这种情况下，我愿意在一款 20 美元的香槟上只挣 13% 的毛利率，因为一单就有 2.6 美元的利润；对于一个 2 美元的单品，我就希望能有更高的毛利率回报了。事实上，我们一直坚持去除所有低于 1 美元的产品，例如，我们停止销售单罐的汽水和啤酒，因为我不希望店内出现这样的低单价交易。在我离开乔氏超市的时候，我们的平均客单价是 30 美元，这个数字基本上属于中位数。

从这个角度看，最终是否获得 23% 的毛利率无关紧要，重要的是将每个单品作为利润中心来计算它的所有成本费用。因此，烘焙和奶酪产品的损耗（比如有效期）也必须考虑进去。

集采并不涉及实际的产品制造，甚至产品在到达分销中心前可能还没有实际处理过。集采是在供应链中纵向干预和监督的一个方案，但它不涉及纵向整合。纵向整合会让整个组合营销方案完蛋。

吉贝尔伯爵提出的机动性、不规则性和适应性是这种纵向干预的核心。然而，如果你对产品知识没有深厚的了解，施行这样的战略是有风险的。没有深入掌握产品知识，最好根本不要去销售产品，或者干脆把控制权让给宝洁这样的品牌公司。

第 13 章

物流，建立轻盈的运营系统

> 他感知的速度很慢，这常常让他困扰。"一开始，我看绘画的主体总是觉得很朦胧。我清楚地知道，我之后会看到的东西一直就在那里，但这种清晰感是在等待中慢慢浮现的。有时候，最重要的东西总在最后出现。"
>
> ——让·雷诺阿（Jean Renoir）[1]

上面是让·雷诺阿的父亲奥古斯特·雷诺阿创作绘画的状态。在我制订《1977年"五年计划"》并逐渐认识到分销的关键角色的过程中，这段话起到了重要作用。如果你没有办法集中接收集装箱货物和卡车货物，然后分发到各个店内的话，集采是行不通的，而我们对这个流程知之甚少。《1977年"五年计划"》的问题在于：到1977年为止，我们几乎完全依靠第三方将商品送到店铺。

在接下来12年的"尖刀麦克"阶段，我们不仅彻底改变了销售商品的组成，而且全面将分销中心化，彻底取消了由供应商直送到店的模式。如

---

[1] 让·雷诺阿，法国导演、编剧、作家。这段话出自他的作品《我的父亲雷诺阿》（*Renoir, My Father*）。——编者注

坪效之王　Becoming Trader Joe

果你想对这部分有更多了解，可以看看 1976 年和 1988 年的销售构成单（如图 13-1 和图 13-2 所示）。在"地球哈利"阶段，鲍勃·伯宁建立了一个第三方仓储和分销体系，由第三方负责处理进口廉价葡萄酒和加州葡萄酒。他们大多是酒类分销商，也卖标品酒给我们。他们分销我们的特惠酒，但当时这些促销葡萄酒的销售额基本上只占我们总销售额的 8% 左右。

"地球哈利"1976	
品类	销售占比（%）
干货	10
阿尔塔迪纳牛奶和冰激凌	10
香烟	10
葡萄酒（促销）	8
烈酒	8
奶酪和黄油	8
啤酒	7
葡萄酒（公平贸易法）	6
包装食品	6
面包，杯子蛋糕，饼干，玉米片，薯片	5
鸡蛋	4
软饮	4
五金，连裤袜，照片，健康美容	3
店内鲜榨橙汁	3
冷冻食品	2
坚果，果干	2
维生素	2
三明治	1
农产品	1

图 13-1　"地球哈利"阶段乔氏超市销售构成单

在"尖刀麦克"阶段,伯宁又掌握了各种门道,比如,不同大小的海运集装箱的费用不一样,有时用小的比用大的便宜;利用卡车回程路线捎上北加州的货品,等等。

"尖刀麦克"1988

品类	销售占比(%)
葡萄酒(促销)	22
杂货	12
坚果,果干	12
冷冻食品	11
奶酪和黄油	10
面包,杯子蛋糕,饼干,玉米片,薯片	8
阿尔塔迪纳牛奶和冰激凌	6
与牛奶一起运送的新鲜果汁	5
咖啡豆	5
维生素	3
啤酒	2
鸡蛋	2
烈酒	1
五金,连裤袜,照片,健康美容	1
香烟,软饮,店内鲜榨果汁,包装食品,葡萄酒(公平贸易法),三明治,农产品	0

图13-2 "尖刀麦克"阶段乔氏超市销售构成单

当我们在坚果、果干和健康食品业务越来越深入的时候,劳赫和勒罗伊又找到一些伙伴,他们不仅能解决仓储和分销问题,还能帮我们包装产品。我们慢慢地学习摸索，掌握不同产品在不同温度环境下的运输方式，一度拥有多达 18 个仓库和 3 家卡车运输公司。有这么多仓库，我也要承担部分管理责任。1971 年西尔马地震之后，我就陷入了深深的焦虑，因为那次地震不仅震塌了一些仓库，还破坏了很多高速路，导致卡车无法进出。我们的 18 个仓库中只有四五个主要库房，它们只售卖已有的货品，也没有什么可以在原址扩展空间的余地。

我们面对的主要物流挑战

冷冻和冷藏食品

我们所有的冷冻食物都由批发商来运送。在"尖刀麦克"早期，我完全没有指望过我们能自主建起稳定的冷冻产品线和冷冻配送体系，因为那时销量很少。另外，当时我仍在"地球哈利"的思维模式下，预测电费会涨翻天。因此，在 1977 年的"五年计划"里，我考虑再三，决定去掉所有冷冻产品的箱子，给常温和冷藏产品腾出地方。还好，同事们成功说服我留下了冷冻货柜。

勒罗伊和劳赫想出了一套冷冻产品的仓储运输体系。帕萨迪纳市的公共仓库需要生意，他们就把冷冻食品存放在那里，然后把产品分装进泡沫塑料箱子里，用装运坚果、果干及其他产品的卡车一起运输。

奶酪和需要冷藏的类似产品仍然由不同的本地奶酪供应商来送货。我们还是没有直接从欧洲或美国佛蒙特州等地购买，而是与孔雀和新鲜乳品等奶酪批发公司合作，这对他们的生意颇有助益。随着勒罗伊越来越了解奶酪进口规范，我们开始直接进口采买，把奶酪储藏在洛杉矶最大的冷藏仓库中。随着业务量的增长，我们可以配备带冷藏设备的卡车同时配送冷藏和冷冻产品了。

1986年前，M&C卡车公司的老板迈克·坎贝尔（Mike Campbell）在运输方面做了很大的改良，让我们可以通过"交叉库"系统接管阿尔塔迪纳牛奶的分销业务。因为牛奶比奶酪的运送频次高，我们还需要更大的运能。这就是为什么我们停止了店内榨橙汁的服务，虽然它很受欢迎，但是运营非常难。我们把现榨果汁的工作转移至一个中央仓库统一进行。我们鲜榨果汁的销量一度是加州零售超市的第一名，不仅有橙汁，也有胡萝卜汁。因此，我们在1986年实施了"牛奶—果汁"的组合配送计划。

每天向阿尔塔迪纳只采购一单牛奶让我们得以摆脱乳品管理局的干涉。1977年只放开了牛奶的零售价限制，批发价仍然会被监控。乳品管理局不接受阿尔塔迪纳以统一的到店价格卖给我们的做法，因为不同门店牛奶的销售量差异很大。而且，如果我们没有实行这种中央配送体系，就无法在1986年将乔氏超市扩张到圣迭戈，也无法在1988年扩张到北加州。1987年，我们把负责采购的鲍勃·约翰逊拉过来管物流，他在处理极其复杂的冷藏、冷冻产品物流方面表现优异，还让整个物流体系日臻完美。

面包和烘焙产品

到1981年，我们在物流上取得的长足进步令我们开始考虑开发自己的烘焙体系。许多业界人士觉得我们疯了。因为虽然所有连锁超市都有自己的面包房，并且自己负责配送，但他们无一例外地与大陆烘焙、朗根多夫和州际烘焙这样的外部供应商合作。业内人士都预测我们肯定会吞下"产品过期变质"的苦果，最后放弃这个幻想。

事实上，我们打算和一些推崇健康食品概念的小型面包房合作，由他们把产品运送到我们的中央仓储站，然后我们会找卡车来把产品配送到各个店里。我聘请了洛丽·坦嫩鲍姆·拉塔（Lori Tannenbaum Latta）来推动这个计划，她曾在巴黎学烘焙，在洛杉矶几家知名餐厅担任过烘焙主厨。拉塔在这方面的专业为我们带来了后面5年巨大的发展，她有一段时间辞职结婚了，又在1994年回到乔氏超市继续效力。

新的面包烘焙项目获得了立竿见影的成功。"过期变质"的成品比例微不足道，都无须单独统计。1988年，我们在17家小型面包房销售了85种产品。不久前的我们也是一家小企业，因此我们竭尽所能地鼓励小型供应商和我们一起发展。

但是，面包烘焙项目和其他的物流部分如果没有下面这个体系支撑，一定无法成功。

计算机体系带来的效率跃升

1980年，我儿子小乔——约瑟夫·斯蒂尔·库隆布（Joseph Steere Coulombe）在巴黎的高等学院学习了两年计算机后，在加州大学圣迭戈分校获得了传播理论专业的本科学位，之后又拿到了南加州大学安嫩伯格传媒学院的研究生奖学金。他回到了洛杉矶，向我们介绍了苹果一代和二

第13章 物流，建立轻盈的运营系统

代电脑，并在1984年引进了麦金塔电脑。小乔是一名认证的麦金塔程序员，苹果则是我们办公室里的第一批电脑。之前，我们的工资单和总账都由一台古老的IBM打卡机处理，而且它需要经常维护。戴夫·约达根据这台IBM古董机生成的信息手工制作季度运营报表。

最初的面包物流工作最痛苦，因为是用纸笔和简单的算术计算器来做的，十分低效。我们必须打电话给各家门店，询问他们每个品种需要的数量。等订单汇总后，再告诉不同的面包房订货量是多少。整个过程就像是噩梦，要知道，面包师每天凌晨2点开始工作，所以他们得在半夜前就知道订货情况。

1982年，我们开始用一台苹果二代电脑完成大多数的运算工作。这台电脑帮了大忙，但还是没解决深夜和面包师沟通的问题。小乔装配了一台美国最早的语音识别电脑系统来承担门店接单的工作。这个尝试很大胆，同时也充满漏洞，但从这时候开始，我们了解到了电子下单系统。此外，小乔还给我们介绍了一个和我们的理念特别一致的想法：永远不要买一台你提不动的计算机。告别IBM后，我们已经准备好全面启用新的电脑系统了。

当时我是丹尼餐厅的董事会成员，这家餐厅大型机系统的初始成本和维护成本之高，让我非常震惊。大型机的使用寿命只有12个月，它不仅消耗大量电力，而且产生的热量还需要高功率的空调来降温。这套庞大的系统需要被安置在抗震的混凝土掩体建筑里，并配备巨型柴油发电机，以防断电。我对《科学美国人》里的一篇文章印象很深，该文指出："因为台式电脑的算力将会媲美大型机，届时每百万条指令的成本会暴跌。"我绝对不想用大型机，直到今天依旧坚持这个观点。因此，勒罗伊找到了伦德伯格（Lundberg），这是一家做外包的大型机服务商。我在乔氏超市的那些年里，这家公司来为我们完成主要的数字计算工作。

与此同时，我们在办公室里安装了台式机。刚开始，我用的是奥托纳系统（Otrona），它的运行语言叫 CPM，你可能从来没有听说过。我们还买了微软的 DOS 系统，IBM 是主要供应商。小乔还买了 Corona 的克隆机，帮我们省了一些费用。Corvus 的硬盘将这些原始机器的存储能力提升到了 20MB——现在回看这个存储量，真的很好笑。

我在 1992 年负责管理 34 亿美元体量的 Thrifty 公司的时候，有一点使我感到震惊，就是那些大型计算机，它们都被放在 Thrifty 公司 11 层大楼的地下室里，而这些机器本身就影响了办公室员工的有效沟通。因为在市区不能安装柴油发电机，所以那里没有备用电力，计算机和空调的供电方面一直存在隐患。更糟糕的是，软件系统没有说明文件，相关人员得随着公司业务的需求变化不断地打补丁。我们马上采取了去中心化的处理措施，把计算机系统分拆给 5 家子公司。接着，我们开始找服务商，这样就可以把这一大堆乱糟糟的东西外包出去了。要把这么一个庞然大物交出去，可不是一蹴而就的。Thrifty 公司的继任者又再处理了 2 年才彻底实现外包。

1994 年，当我接手北加州的 Provigo 超市的时候，我发现那里的办公室设施也处于糟糕的状态。虽然大型机的外观比 Thrifty 公司的好太多了，但由于要移动它们非常麻烦，所以我无法把它们搬离这个选址错误、设计不当的办公大楼。

第 13 章　物流，建立轻盈的运营系统

而真正的突破是麦金塔系统带来的。当麦金塔系统问世之后，我们发现一些员工带着自己的苹果电脑来工作了。我们放弃了 Corona 系统，给每个办公桌上装了苹果电脑。这样一来，员工就可以在办公室里自己建电子表格、写邮件，那幅景象在当时还是很震撼的。我当然也是受益者。之前提过，我从来没有过秘书，正如我在第 9 章里所说的，电脑的升级也给我们制作《新品简报》的工作带来了突破性进展。

小乔创建了一套能在苹果系统上运行的薪资系统。之前我们曾经在一家供应商那里买了一台提都提不动的电脑，栽过跟头。这套系统那时就预见了 2000 年的问题，所以我们使用到 20 世纪 90 年代初就结束了。那之后的薪资管理规模变化太大，超出了该系统程序的处理能力。

在分销体系的问题上有一点要注意：我们不是在应对静态的问题。公司以每年 20% 的速度增长，每 3.6 年翻一番。我们的分销体系越高效，我们的销售就越有成长力。我们所有的店铺里都安装了苹果电脑。勒罗伊、罗宾·京特尔特和小乔在苹果电脑里安装了电子下单系统，将数据传输给盖伊·伦德伯格（Guy Lundberg）的服务器中心。那时候，这种做法算是一个巨大突破。小乔后来不再做我们的顾问了，他去了克莱蒙特·麦肯纳学院，从彼得·德鲁克那里获得了管理学硕士学位。

我们不仅外包了服务器主机的数据处理工作，也外包了打印制作文件的工作。打印机不够高速是我们遇到的一个大瓶颈，它们需要"吞吐"仓库的提货单、店头的收货单，还有会计部门的结单。总之，我们需要的打印机必须能应对这些高负荷工作。"永远不要买一台你提不动的计算机"——这一法则在这儿就不管用了。

1987年，乔氏超市的一个重大进步就是把电脑生成报告的打印工作外包给一家专业的仓储公司。伦德伯格会把数据传输给仓库，仓库则打印拣货文件，并在仓库工人来上班前就准备好。这样一来，我们再也不用把打印单从伦德伯格送到离洛杉矶约65千米的仓库了。我把这个过程讲得非常细致，因为这是一个关于如何持续优化业务流程的典型案例。同时，我也要提醒一点，电脑并没有给社会上的"无纸化"带来多少促进作用。

慢慢地，随着对电脑的工作原理和特点了解的深入，我忽然意识到，任何一个单品，无论大小如何，它们的数据所占电子空间都一样。一根55美分的糖棒和一袋11.25千克的宠物粮食，它们的数据所占的电脑空间一样大。这个发现给了我们另一个理由来大力减少系统里的单品数目，这样电脑就可以更高效地运行了。

引进人才，整合物流体系

到1996年，我们需要更多的专业帮助来使这个系统稳定运行。小乔去了克莱蒙特市，勒罗伊没有正式的计算机背景，而且还承担着很多其他的工作，所以我找了一位计算机专家。这位专家很难接受我们"永远不要买一台你提不动的计算机"的原则。当他计划给我们购买安装一台提都提不起来的计算机的时候，我们就与他分道扬镳了。当时我有些束手无策，因为我纠结的管理问题还不仅仅在数据处理和物流分销上。

任何公司进化到一个阶段都需要加强人员的力量，不一定要给团队"大换血"，而是需要涉猎领域更广的管理人员。

第 13 章　物流，建立轻盈的运营系统

接下来的一年里，我做出了一次最大的组织变革决定：雇用一位新总裁，约翰·希尔兹（John Shields）。希尔兹是比我低两届的斯坦福大学的师弟。多年来，我们一直保持紧密的联系，在各自的职业生涯里摸爬滚打。我是企业家，他则在大公司就职。我愿意找他聊，是因为我觉得他就是一名被打工耽误了的企业家。

希尔兹获得 MBA 学位后，去了梅西百货旗下的旧金山分店。他的岳父是梅西百货的董事长。希尔兹负责物流业务，正是他发现了梅西百货不应该卖床垫的问题，因为床垫的运输成本远远超过毛利，入不敷出。在梅西百货干了 10 年后，他去了默文百货，并与默文百货的创始人默文·莫里斯（Mervin Morris）一起工作。很幸运，20 世纪 90 年代，我和莫里斯曾在美国知名连锁进口超市成本加世界超市（Cost Plus World Markets）的董事会共事，而后我与杰克·基尔马丁（Jack Kilmartin）一同在罐头食品杂货大卖场（Canned Foods Grocery Outlets）的顾问委员会工作。与这两位精明的零售商共事，我受益良多。希尔兹在梅西百货和默文百货任职期间主要负责物流业务，而我们正好需要物流方面的帮助。

默文百货卖给了戴顿·赫德森（Dayton Hudson），后来基尔马丁退休了，55 岁的希尔兹也决定提早退休，他搬去了沙漠，结果发现那里的生活单调无味。1987 年我打电话给他的时候，他已经做好了出来工作的准备。时机刚刚好，我马上邀请他加入乔氏超市。

一开始，我请希尔兹做我们的管理顾问，分析乔氏超市的工作流程，观察如何优化改进。他立即解开了我们在物流运输方面理不清的头绪，甚至还告诉我无须担心地震，说服我把分散的 18 个仓库合成一个。1987 年

145

10月，我正式任命希尔兹为总裁和首席运营官。后面的章节会讲到我辞职后，希尔兹被任命为接任者的事情。

勒罗伊·沃森、鲍勃·伯宁、道格·劳赫、鲍勃·约翰逊、罗宾·京特尔特、洛丽·坦嫩鲍姆、拉塔、戴安娜·坦尼斯（Diane Tennis）、格洛丽亚·雷诺兹（Gloria Reynolds）、玛丽·杰内斯特（Mary Genest）和小乔，他们之前完全不懂物流，但创建的物流分销体系是美国最出色的体系之一。我们没有自己的卡车，没有仓库，没有大型机服务器。以前，我把这套运营系统称作"勒罗伊的轻盈分销体系"，用今天的词来说就是"虚拟系统"，这样也许你就能明白了。希尔兹在1987—1988年整合了分销体系，在我离开乔氏超市的时候，这套系统已经运行得非常流畅，即便遇到要求"用4种温度同时从洛杉矶运送货品到旧金山"这样的挑战，也能轻松搞定。

我们在1977年做的最重要的决策之一，就是只运送整箱货品入店。这对整个系统的效率至关重要。这个决策的缺点在于，那些高价值的商品，比如葡萄酒、烈酒和维生素等，在不同的店里不一定都卖得好，这就会产生多余的库存，"吃掉"现金流和仓储空间。这也是为什么很多连锁店允许单店按瓶下单。我曾目睹猫头鹰药店和Thrifty药店就是这样操作的，结果混乱不堪。但是，如果要执行多单品覆盖的策略，就必须走单瓶下单的模式。我们1977年的决策是砍掉单品数量，确保可以进行整箱运送。

1988年，当我离开乔氏超市的时候，除了日渐增长的运送量，未解决的最大问题是文书处理工作。仓库的签收和出货到店是由伦德伯格按批

第 13 章　　物流，建立轻盈的运营系统

次来处理的，而非实时在线同步更新。这使得杰内斯特的工作变得很难，而且店铺库存情况的更新也是滞后的。门店库存的结果要实时处理并马上做决策，如同处理鲜鱼一样迅速。在我离开乔氏超市时，这个问题还是没有解决。

第 14 章

自有品牌，不依赖任何既定标品

欢快地装点最引以为豪的餐桌，因为它是属于您的荣耀标志。

——罗斯·法伊尔曼（Rose Fyleman）[①]

1967 年开始，我们除了无差异化的必备伏特加、金酒之外，没有自有品牌。在更清晰地知道自己想做什么之后，我们淘汰了过去的大多数的自有品牌商品。今天，乔氏超市的大多数商品都是自有品牌，或者像是鱼子、橄榄油等无贴牌商品。

1969 年，我们有了第一款自有品牌的葡萄酒。纳帕谷的知名酿酒师乔·赫兹（Joe Heitz）酿造了一批宝石卡本内酒，但是他不想署名。因为当时我们还不太懂酒，就积极地买了这批酒，确实不怎么样。自有品牌的葡萄酒还会面临一个问题：顾客一般会把酒放在酒窖里，如果酒的品质不好，在很长一段时间里，他们每次去酒窖都会发觉这一点，然后每次都失望一遍。从这个角度来说，卖葡萄酒的零售商更像画廊经纪人而不是杂货

[①] 罗斯·法伊尔曼，英国作家、诗人。——编者注

商，杂货商卖出的东西不会在顾客家里长期留存。

在对葡萄酒和其他食品，以及对我们的顾客有了更多了解之后，我们的自有品牌体系真正地在"地球哈利"的概念下启动了。

我们有一个原则：不要只是为了拥有自有品牌而推出自有品牌。这个原则和其他超市的原则背道而驰。一般超市都试图复制每个品牌商品来打造自有品牌，这样可以卖更低的价格，但在那些"双倍优惠券""客户忠诚度方案"等层出不穷的促销活动下，谁能保证自己是最低价呢？所以，即便1982年我们放弃了所有品牌商的烘焙产品，也没有推出乔氏超市自己的"气球面包"、汉堡包面包皮或热狗面包等标品。我们完全不卖这些产品。乔氏超市商品理念的基石之一，就是不依赖任何既定标品。

有一点要注意，我们对于产品专业知识的了解始于葡萄酒，后来才转向其他食品。所以，我们会把葡萄酒产品的知识逻辑运用到对其他食品的理解上去。最极致的一个例子是乔氏超市的"老时光玉米罐头"，这款产品所使用的玉米生长在爱达荷州一个特别的地方，那里与世隔绝，种植的玉米不会和其他品种的玉米交叉授粉，所以它是世界上最好的玉米。我们最大的挑战就是要和日本公司角力玉米产品，因为后者总是会采购最好的产品，无论是咖啡、鱼，还是波尔多酒。每年的玉米罐头上都刻着收获的日期和出货的时间，过了这个时间就要等下一年。这个逻辑和葡萄酒非常像，也是"不出标品"的销售原则，与我们的理念不谋而合。

在我们进入"地球哈利"阶段后，每种自有品牌的食品都需要符合健康食品定义的要求：不添加味精、糖、盐，没有人工色素。到后来做冷冻海鲜产品，我们又增加了不添加亚硫酸盐的要求。

要么价格最低，要么别人没有

每种自有品牌的商品必须有一个明确的差异点。除了标注年份之外，我们还提出了以下主张：将葡萄酒产品的原则运用在食品上；健康食品要有明显的特点；关注医学发展趋势；生态友好；注重稀有性产品和精品美食的吸引力。

- **葡萄酒原则**

    葡萄酒的宣传要提到"菠萝来自毛伊岛"，而不是泛泛而谈，只说是夏威夷出产的，或者要这样描述：1981年收获的康科特葡萄汁。

    最重要的是，因为我们所有的葡萄酒都是限量采购或是特供的，所以我们总是会说明我们有多少箱葡萄酒。这一做法也适用于《新品简报》中的其他商品。我们会对外宣称自己采购了多少量，这样的做法也与下面的稀有性产品的吸引力相呼应。

- **健康食品特点要鲜明**

    你知道大多数果干都用防腐剂山梨酸钾来保鲜吗？我之前也不知道，劳赫告诉我之后，我就把这一点写在了传单上：不含硫黄的糖蜜，由吸饱阳光而成熟的甘蔗制成；不含防腐剂的蜜饯。

- **医学发展趋势**

    20世纪80年代早期，钎焊罐头中铅的危险性被公开，我们马上对这则新闻作了回应，推出了无焊接剂罐头。对其他新闻作出回应的商品还有不含酒精的香草精华、低盐烘焙面粉等。我们还推出了不添加铝的体香剂，因为1986年医学界猜测铝的过度摄入会诱发阿尔兹海默病。不过，后来这个假设被证明是不成立的。

我们推出的"乔氏达尔文"系列（Trader Darwin）的大多数维生素产品，都是对某条医学新闻的回应。比如，我们根据1981年《医学论坛》（Medical Tribune）的报道，推出了"乔氏达尔文蜕变"系列商品，满足有特殊需求的孩子。

■ 生态友好

我们用长钓线捕获长鳍金枪鱼，而非网捕；我们也是美国第一批推广不含磷酸盐的清洁剂产品的零售商。

■ 精品美食

"未过滤"是葡萄酒商品一个强大的卖点。酿酒师一般不喜欢"未过滤"，因为有可能会造成第三次发酵，所以对于未过滤的酒，他们要格外小心地装瓶。我们把同样的说法放在了苹果醋上，重点说明我们的原料是苹果原果，不是浓缩汁。同理，我们还有手工做的塔马利饼和莓果派。

■ 稀有性产品

比如，冷榨花生油——你可不是每天都能找到冷榨花生油的。类似产品还有洛杉矶地区唯一的特优质科纳咖啡豆、18个月发酵的长角牛奶酪、未发酵的仙粉黛葡萄汁。我们不卖大包纸巾或糖果，因为我们仍然坚持店铺单位面积的高净值库存。

乔氏超市成立的头几年，我们继续在卖便利店里都有的那些满足基本需求的品牌标品，包括厕纸、5磅装的糖和面粉、洗衣粉，等等。后来有一天，负责店铺管理的弗兰克·河野跑来和我说这些大路货卖不出去，它们除了占据我们宝贵的空间，一无是处。我们就此决定放弃所有的大路货，不再售卖大包装商品，也绝不用自有品牌来替代这些品类。

自从我们的虚拟物流体系开始运作，物流效率变得非常高，这让我们有余力去采购一些知名品牌的商品，还能以比其他超市更低的价格来售卖。其中一部分原因是我们愿意拿落地价，不要那些广告补贴、陈列费之类的。有时候，其他超市对我们卖低价这件事感到不满，便会给品牌方施加压力。我们拿出一贯的绅士风范，顺应供应商的要求，采购他们的产品，然后以我们的品牌来出货。

沃尔夫冈·帕克的冷冻比萨就是一个典型的例子。为了避免和其他超市的同品牌产品比较，沃尔夫冈·帕克为我们做了一款尺寸小一号的特供产品。这个做法给了我们意想不到的优势，因为它正好能塞进烤箱。许多葡萄酒酿酒商也想隐藏自己的锋芒，所以乔氏超市很多自有品牌的葡萄酒其实出自知名酒庄。

为高等教育人群定制个性化标签

商品的取名需要选一个特别的视角。我想要和城中那些受过高等教育的低收入人群建立一种无需赘言的共识。当他们在逛我们的货架时，能够在商品上读取那些秘密信息。与其他超市整齐划一的自有品牌标签不一样，我们尝试为每款商品都制作个性化的标签。

艺术、音乐、文学、历史、科幻，任何领域能找到的元素，我都用在产品的名字里。所以，观察我们的自有烘焙商品会发现，有"布兰登伯格布朗尼""牛顿爵士""斯宾诺莎贝果""帕斯卡花生""迪斯累里和格拉德斯通英国麦芬"等。

我最喜欢的自有品牌标签是"海森堡的不确定混合咖啡豆"。在烘焙咖啡的时候，烘焙师会处理不同批次的豆子，有一些会掉落到传送带外面。所以他们定期把这些掉到外面的豆子扫在一起，再次烘焙，然后用极低的价钱卖给我们。各种批次的混合咖啡豆充满了不确定性。我们在这种商品的标签上附上了《不列颠百科全书》里对维尔纳·海森伯（Werner Heisenberg）1927年获得诺贝尔奖的说明，海森伯提出的不确定性原理是现代物理学的基石。有多少顾客听说过海森伯，不多吧？但是，懂这个典故的人会一直支持我们，加上这款咖啡的价格便宜到丝毫不用犹豫就可以直接购入。

我喜欢的其他一些名字有"乔氏达尔文维生素"（取自"适者生存"之意），"小猫脚"干猫粮（请卡尔·桑德堡先生原谅）[1]，"人身保护令"薯片，"亚当擦亮的夏娃的苹果"，"商人克利奥帕特拉'我的色拉日'"醋汁，"乔氏庚斯博罗的蓝衣少年"[2]蓝莓糖浆，"远大前程"幼犬粮。在取名这件事上，我们玩得开心极了。

---

[1] 卡尔·桑德堡（Carl Sandburg），美国著名诗人、传记作家、新闻记者。这里的"小猫脚"笑话源自他的一首诗。——编者注

[2] 托马斯·庚斯博罗（Thomas Gainsborough），18世纪英国肖像画家和风景画家。《蓝衣少年》是他的代表画作。——编者注

第 14 章　自有品牌，不依赖任何既定标品

我相信顾客是要一个一个去努力获得的，而失去顾客的时候，可能一下子就会失去一大批。

然而，我们也常常灵感枯竭，这时候就会采取一些方便好用的取名方法。例如，所有墨西哥产品是"商人若泽（Trader José）"的；所有日本产品是"商人乔桑（Trader Joe-San）"的；所有意大利产品是"商人乔托（Trader Giotto）"的——其实这是文化的误读，正确的翻译应该是"朱塞佩（Trader Giuseppe）"；所有和新英格兰地区相关的产品，如蔓越莓汁、枫糖浆等，都放在"朝圣者乔"的标签下。

另外，所有烘焙产品都是用我两个女儿的名字命名的：马德琳和夏洛特。有时候，我觉得这件事可能会成为她们成年后不想回首的"黑历史"。"商人夏洛特"和她的葡萄酒蛋糕食谱每年都出现在《新品简报》上，这使得她在人们的印象中永远停留在了 11 岁。到现在，她所工作的盖蒂博物馆的同事们也不放过调侃她的机会。

最后，我们在商品标签上使用了和《新品简报》一样的 19 世纪艺术风格。因为 19 世纪几乎没有四色印刷，所以，当我在旧书店找到这些四色插画时格外珍惜。我们在几款咖啡豆的罐子上用了这些设计。罗马的风景用在罗马浓缩咖啡上；印尼艺术用在苏门答腊曼特宁咖啡上；还有一幅漂亮的埃及插画，我们拿来装饰"洋车前草的秘密"——这是一种帮助缓解便秘的产品，还有比这更浪漫的表达吗？这些艺术作品针对的还是那些见多识广、受过高等教育的客群的喜好。

随着自有品牌的推广，产品之间形成了一种滞后效应或反馈循环，从

而进一步推动了销售。一个产品的成功会让顾客有信心去购买店里另外一个产品。你会在下一章了解我的愿景,那就是乔氏超市最后可以只卖自有品牌产品,就像布鲁克斯兄弟公司的策略一样。不过,这么说有点"事后诸葛亮"了。1987年,乔氏超市走过了20年,而这一切都是边走边发生的事情。

第 15 章

清仓促销，成为顾客的寻宝乐园

> 亲爱的朋友们，
> 你们知道我是如何在家中肆无忌惮地狂欢吗？
> 我抛弃了枯燥无味的理性，
> 迎娶了葡萄之女为我的伴侣。
>
> ——欧玛尔·海亚姆（Omar Khayyam）①

我得再次重申，乔氏超市是通过葡萄酒进入食品领域的，而非杂货领域。我们"娶"了"葡萄的女儿"。

我们第一次真正地学习产品知识就是学葡萄酒相关内容，这些知识为我们掌握后面所有食品的知识体系打好了基础。各种葡萄酒最重要的特点是每个年份里的每一批次都是独立的、独有的、不连贯的，具有特性。特性意味着显著性、差异性和分离性，是持续一贯性的反面。早在"地球哈利"时期，我们就放弃了嘉露葡萄酒，因为当时的嘉露酒和可口可乐一

---

① 欧玛尔·海亚姆，波斯诗人、哲学家。他在以酒为主题的诗中，大胆提倡追求现世人生的欢乐和自由的生活。——编者注

样，都是标品。具有个体特性的产品就指向了那些小酒厂。

这样的选品哲学让我们站在了美国主流零售商的对立面，后者强调标品逻辑。一家超市在推广可口可乐的时候，不需要这样去解释：可乐是一款神秘配方的软饮，诞生于100年前的亚特兰大，其最早的配方含有可卡因，后来才进化成现在的版本，"COCA"就是这个渊源的保留词根。超市需要做的只是宣传可口可乐及其规格和价格。

随便拿一份超市广告看看。你几乎无法了解上面各产品的来源，只会注意到商品名称、包装大小和价格。一部分原因是零售商自己也不知道商品的出处，而且他们不想让顾客注意到商品的个体差异。如果没有标品，怎么能以一份广告宣传单覆盖300家超市连锁店呢？我们反复复盘普隆托商店1962年的情况，发现超大号鸡蛋就是击中了当时标品的痛点，从而一举成功。

1967年，在"好时光查理"阶段，我们推测，随着教育水平的提高，消费群体的细分程度会越来越高，一类小众但在不断增长的群体对于被迫消费与其他人相同的东西这件事将感到不满。误打误撞之下，我们进入了符合这个消费变化趋势的领域：葡萄酒。当时葡萄酒在美国并不算流行，因为本质上葡萄酒是非标品，生产商不可能加点糖和化学添加物就做出来一模一样的另一批酒。每家想要趁着精品葡萄酒的繁荣进行资本化规模运作的巨头公司最后都一败涂地，比如可口可乐、亨特-威森（Hunt-Wesson）和品食乐（Pillsbury）。20世纪70年代，这些公司都在加州葡萄酒业上押错了赌注，非标商品不是属于它们的游戏，这句话有两层含义。

1. 从1930年开始，美国人就被《阿莫斯与安迪秀》中的白速得牙膏广告"洗脑"，养成了选择一个品牌就会持续使用下去的习惯。这就是他们购买牙膏、番茄酱和金酒的方式，但也正是因为这个习惯，他们在购买葡萄酒时会常感到沮丧。
2. 葡萄酒的个体特性使大众仓储式商店很难针对这类商品做推广。这也是为什么说全美88%的葡萄酒是由11%的美国人喝掉的。我可以肯定，其中大多数人都是乔氏超市的顾客，剩下的大概率是生活在我们没有覆盖到的地区。20世纪90年代末，葡萄酒的繁荣主要集中在最不可复制、最有个性和最昂贵的葡萄酒品种上，它们是最难推广的，和白速得牙膏截然相反。连嘉露酒庄都把焦点从桶装标品酒转向有一定年份的精品酒，比如高档葡萄酒产区的各种品名的葡萄酒。但是，如果按人均消耗量来说，美国的葡萄酒消耗量从20世纪80年代中期就一直在下滑。

因为我们有经销葡萄酒的经验，所以更喜欢非标食品。乔氏超市自有品牌的罐装玉米和枫糖浆都标有年份，销售情况良好。但是，当我们要清仓处理一些品牌食品的时候，那是真的头疼。

超值葡萄酒促销带来的坏标签

1971—1976年，当我们疯狂销售批发商清库存的葡萄酒的时候，我们的竞争对手散布谣言说乔氏超市专卖"清仓"的葡萄酒。洛杉矶的葡萄酒专家嗤之以鼻地说："乔氏超市在卖阿克伦（Akron）都不要的货。"阿克伦是一家卖99美分廉价酒的商店，定位低端但比较时髦，后来破产了。虽然绝大多数顾客对这种传言无动于衷，但卖清仓品形象的标签确实贴在乔氏超市的品牌上了。在"尖刀麦克"期间，我们一些大规模的食品促销活动进一步加深了这种印象。

当我们在"尖刀麦克"时期进入集采模式的时候，那些帮助我们解决生产商库存问题的中间公司开始为我们提供品牌商品的清仓产品。这些产品的非标特征仅仅在于它们需要做清仓处理。它们通常分为这样几类：整条生产线停产，比如莎莉集团退出了冰激凌业务；某种口味、规格不受欢迎，比如莉比桃子百香果蜜；或者某个财年结束前的多余库存要清理。

你可能会好奇，怎么能找到这些划算的单子？举个例子，大多数大型食品生产商都有产品经理，通常是一些有 MBA 学位的年轻人。这些产品经理在爬"职业金字塔"的过程中，会被安排轮岗管理一个又一个品牌。他们经常会犯的错是：某个配方不受欢迎，或者某个生产批次的量太大。在这种情况下，他们会把多余的产品匀给中间公司来置换广告位，或者以虚高的价格"购买"来掩盖库存的失控问题。产品经理寄希望于这样的置换把戏被发现之前，自己已经被调去管另外一条产品线了。大多数情况下，我们采取"广告换产品"的模式。

这种单一品种的交易一般由以下类型的零售商提供：罐头食品杂货大卖场、买就省超市、9.9 元商店等。我们开始采购这些产品，是因为它们的价格非常好，市场反应极其火爆。所以冷冻食品开始供货的时候，我们感到非常激动。

我们突然意识到，当时只有我们和罐头食品杂货大卖场是全美唯二拥有冷冻食品清仓库存的零售店。其他的清货型商家无法进入这个领域。

第 15 章　清仓促销，成为顾客的寻宝乐园

道格·劳赫和鲍勃·约翰逊带领我们做了几次轰动的冷冻食品大促活动。有时候，我们会在一次大促活动上押 100 万美元，虽然这对我们来说是一大笔钱，但从另一方面来看，我们是极少数能够在一个仓库绑定 100 万美元存货的公司。强大的现金优势让我们成为真正有影响力的零售商。但是，这些交易的运营都非常费神。我们常会遇到一些问题，比如《新品简报》印好了，要推广的产品却没能准时到货；或者是产品到了，却因为条码不对只好拒收；又或者要推广的产品款式不全。

这些货品本质上是标品，它们的非标特性在于一次性销售。我们会基于乔氏超市健康食品的标准进行持续监测，避免产品添加味精和人工色素等。我们的"尽职调查"在一些要求上甚至已经达到了要上市 IPO 所要求的一家投行的标准。

正如我在前文承诺要谈到的，从摸索道路到声名鹊起的过程中，我们发生了这样一些失误：

- **盛名之下的博洛尼亚**

    1977 年，由于博洛尼亚一家主流肉制品公司的真空包装机器出了错，勒罗伊拿到特价。我把这个情况在《新品简报》的首页做了解释。我们不隐藏出产地，价格也令人心动，只是产品因为包装问题把超市的走道弄得血淋淋的。但我们没被吓到，毫不犹疑地将这批肉制品用在了包装热狗和各式午餐的肉品上。

- **清仓维生素**

    1982 年，舒适剃须刀公司放弃了维生素品类。我们清仓处

理了他们的产品；1984年，康乃馨公司也退出了维生素品类领域。我们本不应该处理这两个品牌的清仓产品，因为这个品类和我们的"乔氏达尔文"系列冲突了，相关的大促活动牺牲了我们自有品牌的销售空间。

- **一人份大餐**

    有时候，我们做的一些事情不可原谅。1984年，我们购入一批特别棒的"一人份大餐"精品主食。但是数量太少了，投放广告的费用都回不了本。我们又怕如果不把这个广告放在《新品简报》里，可能会卖不完。那时，胆怯占了上风。

不能再继续说下去了，不然我的心情会变得很不好。

将低价高质量的自有品牌策略坚守到底

1987年，在经历了一次特别糟糕的品牌冷冻食品促销活动之后，我对这种运营游戏失去了热情。我梳理了店内现有的1 500种单品后才发现，除了葡萄酒，80%的商品是标品。其中大多数是我们的自有品牌，包括面包和阿尔塔迪纳的乳制品。

它们的差异性在于品质，但是从巧克力曲奇饼到黑虎虾，这些都是可持续供应的标品。竞争对手可以复制这些商品，但是他们既不知道需要备货的数量，也会因为要和我们在其他方面竞争而分身乏术。雅兹伯格奶酪是一个好例子。别家超市很清楚，如果能做到我们的定价水平，他们门店的雅兹伯格奶酪的销售量就会大大提升。有的超市偶尔趁着周末按我们的

第 15 章 清仓促销，成为顾客的寻宝乐园

定价来卖，但是因为束手束脚的运营方式，他们没法追上我们。

1987 年 11 月，我给我们的采购人员写了一份发展纲领，主要包含如下内容：

1. 我们需要可以持续供货的商品。任何理智的人都知道，选品的秘诀在于选择看上去不贵但可以盈利的商品。
2. 要做到物美价廉且有利可图，商品必须具备独特性，这样消费者就无从比价了。比如，我们独家杏仁酱的价格就没有对手，只有花生酱能和它比一比。
3. 选择有绝对优势的产品。比如，我们是美国销售低价波尔多白葡萄酒最大的进口商。
4. 继续进行规模浩大的品牌商品清仓活动，但尽量不让这种促销影响日常的自有品牌商品的销售。换句话说，品牌大促的力度要大，但只能占我们总体销售的小头。

请记住，我写下这些纲领的时间是 1987 年 10 月股灾期间，乔氏超市正为了扛过之后的市场寒冬而做准备。那些品牌清仓大促帮助我们在 20 世纪 80 年代的经济动荡中幸存了下来。

"转向可长期稳定供货的自有品牌"这一策略，可以简单理解为"布鲁克斯兄弟模式"。布鲁克斯兄弟公司缔造了一家只卖自有品牌的连锁店，其商品性价比非常高。20 世纪 70 年代布鲁克斯兄弟公司开始走下坡路，其中一部分原因是美国人着装风格的巨大变化，也就是向休闲风格的转变。这个趋势类似于我们的大多数顾客都改吃垃圾食品。

但是，关于布鲁克斯兄弟公司的业绩下滑，一个更大的原因是公司背离了低价格、高质量的原则。如果布鲁克斯兄弟公司一直坚守自己的初心，我认为最原始的"布鲁克斯兄弟模式"就是乔氏超市自有品牌店铺一个很好的对标对象。那种理念不是为了做自有品牌而刻意推出自有品牌。不模仿居可衣公司的短裤来出自己品牌短裤的"布鲁克斯兄弟模式"才是我们的模版。

清仓促销的零售商带给顾客一种"寻宝"的感觉。这个说法引自罐头食品杂货大卖场的联合创始人史蒂文·里德（Steven Read）。自从我们1970年开始推出超值的葡萄酒促销活动后，除了给人一种清仓大甩卖的印象，还有了一种"挖宝人"的形象。食品类的清仓销售给店铺增添了很多活力，顾客非常喜欢这样的体验。虽然这些促销活动让运营管理者头疼，也给我们的声誉蒙上了一些阴影，但是这样的销售方式还是带来了利润。相比之下，布鲁克斯兄弟公司可能就显得有些乏味了。

第 16 章

开店，少量、高销售额的经营原则

啊，但愿这副坚实的肉体会溶解，消散，化成一堆露水！

——莎士比亚

这样的场面竟然会发生在店铺里！子弹乱飞，有人受重伤。无论一名员工的薪水有多高，交完美国联邦和州政府的所得税及社保后，也无法承担作为瘾君子的开销，他便开始行窃。这名原来本分的员工变得极度疯狂，1998 年 6 月，美国最高法院对他做出了性骚扰的判决，这让身为雇主的我差点气到想在店铺供水系统里放硝酸钾[①]。当然，这只是玩笑。

作为零售商，互联网对我们来说有很大的吸引力。然而，互联网零售没有真正诠释出零售的本意。我在前文提到过，真正的零售需要有实体店铺的存在。在联合包裹服务公司（UPS）和联邦快递公司（FedEx）在运送技术方面实现下一个量级的重大突破之前，至少在食品行业这个需要保供 4 种不同温度的领域必须有实体店铺。如果货品不能在实体店内和顾客

[①] 硝酸钾，含钾的硝酸盐，无色无味粉末，有毒性。——编者注

真实交互,所有的集采、所有的自有品牌、所有的非标品与标品,以及所有的虚拟物流,都毫无价值。

那么,如何应对这些问题呢?对管理者来说,最关键的是要有好地段和好员工。

真正重要的是单店销售额

因为我们要在租用的地皮上投入重金来排布电线和水管,所以一般都要签 15 年的长期租约,即使突然出现一些负面问题也不能毁约。比如,可能街道的布局或者商业区的人口构成改变了,或者是租赁店铺时适用的法律现在发生了变化,想想那些只在公平贸易法生效时存在的酒类商店,这些都是租店时无法预料的。

我相信,拥有足够多的店铺就可以对冲火灾、地震或者水灾等灾害风险,比如,1962 年普隆托商店在卡尔弗城就曾经遇到过水灾。人们常常问我在什么时间我们有多少家店。在我看来,这些问题都问错了。真正重要的是单店销售额。比方说,1980—1988 年,我们的店铺数量增长了 50%,而销售额涨了 340%。但是,**我倾向于少开一些店铺,而且店铺之间要尽量保持距离,以保证单店的销售量。**

在"尖刀麦克"时期,我们已经能够吸引到 40～80 千米以外的顾客了。1983 年在文图拉开张的店铺的 30% 的销售额都是由与文图拉相距 44 千米的圣巴巴拉的顾客贡献的。

第 16 章　开店，少量、高销售额的经营原则

单店销售量和每平方米的销售额，这两个数字是我最关注的。以全店面积为基准来计算，乔氏超市的坪效约为 35 520 美元。一般超市坪效约为 20 229 美元，而且是以"销售区域"为基准来算的，不是全部的店面面积。从这里就能看见差异。

要注意店铺单位面积销售额的计算方法。销售区域不包括后台面积，这样算下来，分母变小，最终的单位面积销售额数字就上去了。但我不会这样计算。如果你不需要店铺后台的空间，那为什么要租下这部分呢？我们来看看康涅狄格州的斯图·莱纳德超市（Stew Leonard's），它是全美单店销量最高的超市。它没有物流分销体系，所有采购的货品都放在仓库，销售区域就是它的仓库，甚至一部分销售区域就是一条牛奶装瓶流水线。即使在一家普通的店铺，你也很难去拉出一条泾渭分明的分界线，将销售区域和后台区域分隔开来。

20 世纪，美国零售连锁店的各种失败案例中，经常出现的问题有：过多的店铺数量、过多不可反悔的租约，以及相近地理位置上过于密集的店铺设列。我在负责管理 Thrifty 药店的时候估算了一下，650 家店应该关闭一半。1991 年加州大多数破产的百货商店也是一样的原因。1974 年 W. T. 格兰特商店（W. T. Grant）关停，还有 1930 年雷氏药店破产，也是不明智的租约决策带来的苦果。

从 20 世纪 70 年代中期我们进入"尖刀麦克"阶段的 28 年内，美国的人均零售店铺面积已经翻倍。1998 年，互联网零售业还在襁褓期，人均零售店铺面积一直在创新高。说得夸张一些，过多的店铺是对社会资源的不合理分配，"地球哈利"阶段的我们当然痛恨这种现象。后面会再谈

到关于店铺密度的问题。

我想在这里"吹嘘"一下，30年来，我们从来没有开除过一名全职员工。对于业务的季节性波动，我们通过向全职员工支付加班费和调整兼职工作时间来处理。乔氏超市全职员工的高稳定性，相当一部分归功于谨慎开设新店和坚持单店高销售额的店铺策略。

一家老牌零售商曾声称："高销售量就能解决一切问题。"如果这个销售量是能带来利润的，那么这句话说得完全正确。确实，销售量最低的店铺，情况总是最糟的。这就像骑车，骑得越快就越稳。

零售连锁店的"正态分布"一般由20%问题店铺、60%正常店铺、20%卓越店铺组成。Thrifty连锁药店的分布更加极端：5%的店铺贡献了60%的利润。我认为，无论用什么代价，都要坚决地抛弃问题店铺。因为这些店铺真正消耗的成本是管理层的能量，将一家问题店铺提升到正常水平所消耗的精力，永远大于把正常店铺提升到卓越水平所需要的精力。而且，在问题店铺里，总会遇到最棘手的人事问题。

精准选址，做高流量超市

首先，我相信，零售业务要实现成功，最根本的在于和人口特征匹配。无论卖衣服还是葡萄酒，所有的店铺选址都必须符合相应的人群特点。我们要找的人群特点是：在南加州地区，受过高等教育但是收入不太高。这就是为什么大多数乔氏超市会选择开在大型教学机构附近，比如加州大学长滩分校、加州大学圣迭戈分校、加州大学洛杉矶分校；还有各家医院附近，比如帕萨迪纳的亨廷顿医院、长滩退伍军人医院；还有高科技企业附近，像是曼哈顿海滩的天合汽车集团（TRW），那里的博士可能比大多数大学拥有的都多。另外一个重要的人群是退休人士，因为老年人是烈酒、糖果、高纤维食品和维生素的首要消费者。所以，我也特别关注休养院和拖车停放园区。

这里就不详述我是怎么在技术上具体衡量潜在选址的了。可以用一句话来总结，我是根据我们现有店铺的经验，来寻找足够数量的核心客户群体的。最理想的地点就是洛杉矶西部商圈。

我最不想考虑的就是那种新开发的房价高达40万美元的地方。那里的住户是最"穷"的，即使从统计数字上他们属于高收入人群。他们确实算高收入，高到让他们有资格获得高额抵押贷款。但是那些人被贷款困住了，还要给儿女储存上大学的费用，因此他们会去开市客和沃尔玛购物。

我喜欢半旧的街区。那些地方从人口普查的收入统计数据来看很糟糕，但那里的居民贷款都付清了，孩子也已经长大离家，买房和租房的费用相对较低，因此对那些收入一般的高学历人群来说是落脚的更合适的选择。

另外一个相关的判断是，我对一定区域内有多少户人家更感兴趣，而不是看某个街区有多少人。乔氏超市不是面向孩子或大家庭，一两个成人的家庭构成是最理想的。

在掌握了住户数的前提下，我会根据自己 1954 年观察加州房产的经验，亲自开车走遍那些地方来判断是否适合开店。我绝对不会相信任何一家中介的判断。如果我看见车道上有很多露营设备和快艇，就会划掉这个地区，能源消耗大的人群不符合乔氏超市目标客群的定义。

如今计算机系统已经使统计数据变得非常精确，所以我现在可能会借助这种计算方式。即便如此，还是没有任何方式可以取代我的办法，那就是"开车逛遍目标街区"，排查可能会出现交通问题的地方。除了白天，晚上我也会开车转悠。最后正式签约之前，同事或者我会再次开车走遍所租店铺附近的角角落落。

一般来说，我不会在核心目标人群少于 4 万户的区域开店。所以，如果是一个有 6 万户家庭的居住区，其中 66% 的人口是我们的核心目标人群，那么就达到了我们开店的标准门槛。我测算过，洛杉矶西部地区有大约 9 万户我们的核心目标人群。

我是绝对不相信一块商业区的选址是由周边辐射半径的情况来决定的。我觉得应该是由地理位置、街道的通行状况和人口构成来决定的。在这里，我承认我在普隆托商店早期犯过一个错误。我把一家商店开在了富勒顿和普拉森舍两个市镇中间，它靠近富勒顿，但位于普拉森舍的大街上。想想看，如果要在广播里宣传，该怎么说清楚这家店的地址？

其次，我们希望道路状况对我们的目标人群特别方便。店址需要设在高速道路入口附近吗？肯定要，但是有一点令人担心，那就是离高速匝道口最近的商店很容易被抢劫，因为罪犯能很快逃离现场。

还有，最好选择独立的位置。如果有合租方，会阻碍乔氏超市进入活力四射的状态。

最后，我愿意为了拥有一个卸货区多付租金。因为后面你能从省下的劳动力和工人补贴里面回拢租金。问题是很多地方没有卸货区。

就这些吗？竞争对手呢？朋友们，"尖刀麦克"是没有对手的。这也是为什么我把这个战略叫作"尖刀麦克"。在普隆托商店的那些岁月让我确信，今天没有对手，不意味着明天没有。除非是极其特殊的地理位置，或者有极其罕见的讲究诚信的城市议会，否则你必须时刻准备好会有竞争对手在你的店铺周围遍地开花。

有一个应对方案——设计一家没有竞争对手的店铺。这就是为什么"尖刀麦克"不卖任何不够突出的单品。管理者应该记住，麦克希思船长（Captain MacHeath）[1]最终被击败不是因为竞争，而是因为他辜负了太多女人。你可以把这理解为：一个人辜负了太多顾客，然后就需要重新审视店铺中的每个单品。

1978年后，我不再关注附近任何一家所谓的竞品店，不管它是超市、酒水店还是健康食品店。也许你会问："那请谈谈开店数量吧。你是如何确定隔多远就开一家店的？"下面是我的一些衡量思路：

---

[1] 麦克希思船长是歌剧《乞丐歌剧》（*The Beggar's Opera*）中的人物。他是个著名的强盗，因利用、背叛多名女性而被判入狱。——编者注

1. 我需要在一个商业区有足够多的店铺，这样就能够分摊电台广告的费用。反正我也没有做任何报纸广告，我的印刷品广告《新品简报》是通过邮寄发出的，而且电台广播的覆盖范围够大，我就不需要把店铺挤在一起了。
2. 同时，我需要足够多的雇员。我们在北加州开第一家店的时候就遇到了这个问题，导致我们只能违背了选址原则，选择了康科德。虽然那里的居民户数离我们4万的门槛还差一点点，但还算幸运，这家店运营得不错。
3. 关于店铺之间的距离，我的原则是不看距离的千米数，而是看行车时间。我希望两家店之间的距离至少是车程20分钟。这样就避免了店铺之间互相蚕食的致命问题。

一个已成型的商圈能否支持更多乔氏超市的店铺？答案几乎是肯定的。我发现我们可以在拥有1万户核心家庭客群的区域打平营收，但是我想要更多高销售量的店铺。如果说"高销售量店铺的运营问题最少"的信条是对的，那长期来说，这样一家连锁店的总体健康度就会非常高。还有一件事是肯定的，就是面包、奶酪和乳制品在高销售量店铺里不会发生过期浪费的问题。另外还能确定一点，只要我们每周多送几次货，缺货的问题就会减少。加上我们的政策是必须整箱运送货品，那么只有在高销售量店铺里才能提高库存流转率。

那应该进入多少商圈呢？只要能够保持企业文化，只要物流问题不是致命的，答案当然是"越多越好"。在乔氏超市的案例中，如果我们跨州运营店铺，会有一个难以回避的问题，那就是无法继续保持葡萄酒的运营机制。关于这个问题，我在第7章中提过。

租约期限

绝对、绝对、绝对不要签署一份附带"持续经营"条款的租约。这条内容意味着你必须坚持营业，也就是说不能"关门大吉"、只付租金。当我 1992 年接手 Thrifty 药店的租约时，我吓坏了，因为其中一半的租约包含"持续经营"条款。1994 年我接手的低折扣超市（Cost Less Markets）也有这些"自杀式"条款。当我把 Thrifty 药店卖给科尔伯格·克拉维斯·罗伯茨投资公司之后，他们就直接关掉了那些如"黑洞"一样的店铺，让房东随便去告。有些房东确实去起诉了。

一份长达 40 页的租约是我在雷氏药店的那些年里积累的最有价值的资产之一。雷氏药店的法务部在 1954—1961 年进行的相关培训也让我受益匪浅，照他们的说法，租赁合同的表格对租客很"友好"。我从不敢质疑雷氏公司认为理所应当的事情，虽然我们放弃了雷氏公司的很多规范，但是那些遵从雷氏公司租赁合同的规范，确实让我们获得了更多的好处。

如果你的店铺在购物中心算是个大租客，关停时正好赶上购物中心不景气，那么房东可能在上诉中还会放大有关损失的部分，声称是你导致了其他租客经营失败。

我们真正的租约谈判外包给了利奥·奥斯滕（Leo Orsten），这部分业务外包是从 1963 年开始的，那时我们还没有正式成立乔氏超市。第二次世界大战前后，奥斯滕在捷克斯洛伐克是一名律师，他在租赁方面的视角精明独特，他的谈判技巧是乔氏超市能有今日成就的一个关键原因。我从来不见房东，这也是我们的谈判技巧之一。

我无法尽数了解我们租约的关键条款。我们有强大的现金优势，确实可以在租房改造上投入足够多的资金，而这一点也缓解了房东的压力，因为他们要么会在这方面涨价，要么会特别在意改造的成本。实际上，我们选择的所有地点都是在已经建造完成的建筑里，这也是一个谈判的要点。我们租用的80%的店铺都保持了现有的结构，没有产生更多的拆改，我想"地球哈利"时期的乔氏超市一定会对此点头称赞。

所有店铺至少都有一定的盈利，我们只卖过其中两家店铺，一家是在蒙特雷公园的"网格球顶"店，另外一家在阿尔汉布拉市。在我们租下阿尔汉布拉店铺的15年里，那里的人口结构发生了巨大的变化，那里已经不再是我们核心客群的目标区域了。

永远保证员工的薪资和福利

重复一遍我在第3章里提到的一个重要内容：我做过的最重要的商业决策是给员工高薪资。招募和留下来的员工的质量决定店铺的质量，我在这儿先不展开了，之后会详细来讲。

员工报酬和待遇

以下细则已经过时了，但其中的内容依然令人印象深刻。

1. 1988年，加州的家庭年收入中位数是3.2万美元，乔氏超市给全职员工的薪水是年薪3.4万美元。这个数字不包含奖金或者加班费，这里的加班是指工作时间超过一周48小时，也不包含如感恩节等假期的 3 倍工资。薪资的范畴是这样的：新入职员工为 1.8 万美元的年薪，而且他们必须在 90 天内证明自己有晋升资格，不然就会被淘汰，店长级别的员工年薪达到 4.4 万美元。

2. 店长的薪资和奖金理论上来说上不封顶。奖金是根据乔氏超市的总利润和每家店的贡献度来分配的，我们会调整一下数字以避免有不公平的现象，但基本上就是这样的体系原则。1988 年，有几名店长的奖金超过他们基础工资的 70%，而我们 15.4% 的应计退休工资是以奖金和基础工资的总和为基数的。我不相信那种零散的奖金体制，奖金体制如果承诺、兑现不了大的奖励，那就没有必要存在。我总会想到玛氏糖果公司（Mars Candy Co.）的做法——给员工最高的工资，却没有奖金，员工要么表现出众拿到高工资，要么就走人。这种方式比起在基础工资之上加 5% 的小气奖励好多了。

3. 我一直和每名员工说，我的理想情况是店长有机会获得比在办公室里的管理者更多的收入。在一家传统的连锁店里，门店经理都渴望成为坐在办公室里拿高薪的管理人员。我想从一开始就扼杀这样的想法。

4. 兼职。兼职是按小时来计算薪资的，几乎不存在其他方式。我们有很多研究生兼职员工，他们可能比一些全职员工更聪明，在操作麦金塔计算机系统方面，他们肯定也更擅长。当最低时薪为 4.35 美元时，我们付给兼职人员 13 美元/小时，因为他们值得这个报酬。从生产效率来说，全职和兼职之间并不是对立的。

1967 年，乔氏的财务总管戴夫·约达和我创造了"假期银行"的概念，之后在业界被广泛使用。"假期银行"的机制是不区分病假和事假时间,且员工的"假期银行"账户中的假期不会因为员工在一定时间里没有休完而过期。我认为"假期银行"的创意和我创立乔氏超市这件事一样棒。在这个制度下,员工愿意在高温天来上班,因为请病假越少,他们的假期就越多,也不再有员工旷工了。另外,假期是以薪资而不是时间来换算的,这样也非常方便计算机录入。

20世纪60年代医疗保险还很便宜的时候,我们为员工购置了全额的健康和牙科保险。在我离开乔氏超市的时候,我们平均每年为每名员工缴付6 000美元的保险费用。为什么如此慷慨?因为如果员工为了医疗费而发愁,他们有可能会"走上歪路"。这就是乔氏超市在健康和牙科保险方面非常慷慨的一个原因。与此同时,我们在寿险上花费非常少。没有员工会因为公司的寿险不够好而走上偷盗之路。我们的保险经纪人为乔氏超市在保险上的特别需求做了出色的工作。

我们给员工提供的另外一项重要的保障收益是收入保障险。这大概是我做过的最明智的一个决定。如果一名员工长期请病假,收入保障险就能帮我们减轻负担。

当乔氏超市变得有名之后,员工还赢得了一些其他的东西,比如荣誉感。成为乔氏超市的一分子让他们收获了来自家人和朋友的认可。

员工在工作之余干什么

"好时光查理"初期,我希望店长像一名超级销售员一样,花时间在店外吸引顾客试尝葡萄酒,同时也要在店内帮助推销。这种做法的效果并不好，我在"地球哈利"时期就完全放弃了。"尖刀麦克"时期，我们不要求员工做任何推销，只要求他们保持店铺的正常运转。这种"躺平"的态度就是乔氏超市的文化，如同我们的电台广告一样没有硬性推销。如果顾客想了解更多，我们会尽力告诉他们。只有顾客最知道自己想要什么。

我们确实想打造人人都了解产品知识的文化环境。为此，我们会送每对店长夫妇一起去欧洲旅行3周，让他们到德国、瑞士和法国的葡萄酒、奶酪产区详细了解相关产品。这种做法很昂贵，但非常有效。他们也可以带上孩子，当然这部分就得自费了。他们的一些餐食是我们的供应商承担的，但也仅此而已。伯宁、勒罗伊和我去欧洲采购的差旅也一样。除了一些非常特殊的情况，我们都自费支付住宿和大多数餐食。我们希望每一分钱都花在我们的产品上，而不是花在自己的娱乐上。我们能吃到挺豪华的午餐，但这算入乡随俗，因为那些法国销售人员的午餐补贴非常好。如果坚持要吃比萨，就会浪费他们的餐费补贴，以前我还没什么经验的时候曾经干过这样的事。

如何评判一名店长？简单——好店长没有坏库存。在美国，糟糕的库存状况很有可能意味着有员工偷盗，而一名好店长通常会细致入微地运营店铺，特别是在他们教育与培训兼职员工的时候。

每名全职员工都默认可以胜任店里任何一个工种，包括结账、对账、给每个部门下单、库存管理、开店、关店、去银行办业务等。每个人都会在一天内轮到收银台岗位，包括店长，没有人会一整天固定在一个位置上。后文对这一点会有具体的阐述。

我们店里的员工都做了很长时间，一部分原因是大多数全职员工都是从兼职转正的；还有一部分原因是我们开店速度不快，所以并没有许多升职机会。这会让人沮丧吗？

在某种程度上，一家连锁店绝不能为了创造新的职位而扩张。这种扩张理由太疯狂了。所有全职员工都有很好的薪资、良好的工作环境，升职对他们来说就没有什么吸引力。在其他连锁店里，只有晋升到经理才能挣到钱，而在乔氏超市，非管理层员工和大多数非食品类大超市的经理挣得一样多。

至于办公室里的那些臭鼬……

第 17 章

内部管理，臭鼬工组策略

受到汤姆·彼得斯关于臭鼬工厂（Skunk Works）的故事的启发，我把我们办公室看作如臭鼬工厂一样的组织：一群人聚在一起来完成一个项目，当项目完成之后，就解散这个小组，把人员拆分到其他项目里去。我想营造这种短暂的感觉，让组织变得松一些。没人知道我们在从普隆托商店进化到"尖刀麦克"的过程中来来回回轮换了多少人。

中心管理层被分成了 3 个部分：负责采买的臭鼬工组 I；负责销售的臭鼬工组 II，包含店铺和现在叫作人力资源的部门；负责会计的臭鼬工组 III。我给每个部门都挂上了这些牌子。我的办公室门上挂的是"头号臭鼬"。

为了加深临时感，所有的职位称号都要和项目挂钩。鲍勃·伯宁这样的采购负责人是高级项目总监，也可以说是区域负责人；下一层级就是项目总监，以此类推。即便在同一个臭鼬工组，这些人的工作也一直会被调来调去。头衔和收入挂钩，当然，收入差别不大，吉恩·彭伯顿和伯宁的收入就差不多。

最上层的 13 个人在中心管理层奖金池里，他们每年投票决定如何分配奖金。通常来说，他们会决定平均分配，所以勒罗伊、劳赫或者我们的财务总管玛丽·杰内斯特拿的是一样的奖金。店长奖金的多少由税前利润来决定，管理层奖金池是在店长奖金分配完之后才开始分发。报酬很丰厚，一般来说，高级项目总监的奖金可以拿到工资的40%。到1988年，我们高级项目总监的工资加奖金可以达到12万美元。

采购工组，塑造核心竞争力

我们已充分讨论了负责采购的臭鼬工组。这部分占了本书很大的篇幅，是因为乔氏超市采购的能力令"尖刀麦克"阶段达到了顶峰。过去，我们的3位核心高级项目总监是鲍勃·伯宁、道格·劳赫和鲍勃·约翰逊。他们名义上要汇报给勒罗伊，但是我每天都会直接找到他们问问题。约翰·希尔兹1977年加入乔氏超市的时候，说我才是实际上的采购总经理。当时，勒罗伊同时还管理着虚拟物流系统。

销售工组，把一切运转起来

在优渥的报酬和长期聘用的条件下，我们拥有能力非凡的店长来运营店铺。我们当然需要安装新的计算机来监管工作，但是影响店铺运营最重要的因素是人，而最容易出问题的也是人。

被我们叫作"片区管理者"的一线管理人员，他们主要的工作是做一线人员的"心理医生"。这个职位可以类比为战地医生，现场情形有时非常"惨烈"。没有人能够在管理超过10家店铺的人员以后还保持精神稳定。这就是为什么要划分出"管理片区"。

作为一线人员的心理医生，片区管理者的一部分工作是每 6 个月一次的员工面谈。这件事我在第 3 章中提过。他们会因这部分工作精疲力尽，但是也知道它举足轻重。

有更多年工作经验的人则属于更"疯狂"的心理医生，要管理更多的店铺。彭伯顿就是这样。彭伯顿 1958 年来找我，想从皇冠可乐（Royal Crown Cola）跳槽加入普隆托商店，那时候他 18 岁，刚结婚。一开始，彭伯顿还在纠结是否要辞职去做一名专业的垒球投手，他当了几年经理后，我就让勒罗伊把监管店铺的任务交给他。还有后来的弗兰克·河野，我在第 22 章中会特别介绍。彭伯顿和河野都直接向我汇报，所以，在乔氏超市的组织里，店长们和我之间只隔了一个层级。

河野和彭伯顿有一些助理，比如约翰·埃普（John Epp）、拉斯·彭福尔德（Russ Penfold）和史蒂夫·哈罗（Steve Haro），他们都是河野管理学校毕业的。还有罗宾·京特尔特，他在办公室待了一段时间后，被派往北加州去负责那里的工作。

罗塞拉·穆尔（Rosella Moore）则是让这一切运转起来的人，她和所有的片区项目总监一起工作。她是一线管理监督工作真正的核心，是保守秘密的那个人。

负责固定资产、维修保养和水电煤事务的戴夫·赫策尔（Dave Hetzel）为河野和彭伯顿工作。他负责处理因为繁忙的物流而产生的设备老化问题，还要解决压缩器爆掉、断电、地板排水、屋顶渗漏等问题。

从普隆托商店的时代开始，店铺每年有两次员工派对，一次在夏天，另一次在圣诞节。因为店里全年无休，所以每次派对都会持续两个晚上，这样每个人都有机会参加。早期，派对在我家举办，直到有些犯罪苗头出来了（详见下一章），加上公司规模已经大到家里容不下这么多人了，我们就把派对移到不同的地方举办，比如，好莱坞露天剧场、1984 年的世界杯赛场上和各种餐馆里。

我发现这些派对是了解各家店铺员工信息的绝佳途径，也是把每个人都凝聚在一起的好方法。派对能够让偶尔产生冲突的人们冰释前嫌，还有助于把时而松散的人际联系重新连接到一起。鼓励社交聚会通常是保持员工良好士气的重要调合剂。

财务工组，把握重要的控制点

臭鼬工组的人要做两种糟心的工作：为集采和虚拟物流系统运行会计系统，以及我之前也提到过的，平衡店内的库存。大多数的压力都在杰内斯特身上，特别是在约达转为财务总管之后，约达就只专注于日益增长的退休账户、保单和租约管理事务了。

我要特别感谢那些在我们深入进行集采的过程中创建了乔氏超市成本会计系统的人。我们在没有任何会计系统前瞻性思考的情况下，陷入了垂直整合的"幽灵地带"。例如，在"地球哈利"阶段，我们采购了大包装的坚果，然后重新包装成顾客需要的大小；后来，我们采购的大包装冷冻虾也需要重新打包；还有我们买的大块或大盘的奶酪，虽然在名义上是每个 40 磅，但实际上有大有小。要是换算错了，记账的时候就有大麻烦了。

第 17 章　内部管理，臭鼬工组策略

戴安娜·坦尼斯第一个面对这些复杂问题，但这套系统是由我们的会计总管杰内斯特运作起来的。1987年，我提拔杰内斯特为财务总监，杰内斯特得到了来自毕马威会计师事务所的审计师桑德拉·贝恩（Sandra Bane）的强力支持。贝恩是一名出色的女性，从20世纪80年代初到1998年，她一直担任乔氏超市的审计师。她在1998年放弃了这份工作，原因是她的丈夫，曾经是认证杂货公司首席财务官的丹·贝恩（Dan Bane），后来成了乔氏超市西区的总裁。在我写这本书的时候，丹·贝恩已经是乔氏超市的时任总裁。如果这些人没有搭建一个可运作的会计系统，我们就无法控制成本，来自供给方的局限性会导致我们无法提供好的价格来满足需求方。

店铺库存是公司最重要的控制点。Thrifty 药店总是不能控制好店铺库存，就是因为缺乏这个系统。每3个月运行一次零售会计系统，它就会告诉我们店里是不是发生了盗窃行为，相关人员必须尽可能快速调整。Corona 和之后的麦金塔系统又使运营效率提升了一个量级。

去掉所有供应商到店送货的环节带来了一个巨大的优势，那就是每件货品都以零售价进入店铺。成本不会出现在店内收货的文件上。这一点大大提升了我们对整个公司的掌控度，减少了那些不是来自店内盗窃，而是来自文案工作的"幽灵"损失。

相信我，连锁店中出现频次最高的戏剧性时刻就是看库存报告的时候，因为这个环节要决定是"高歌猛进"还是"调整"缩水。无论如何，我们都能把库存缩水率控制在销售量的0.6%左右。

在我离开乔氏超市 6 个月后，彼得·德鲁克在 1989 年 7 月 25 日的《华尔街日报》上发表了一篇具有开创性的文章，题为"卖掉收发室"（*Sell the Mail Room*）。每位高管都应该认真对待这篇文章，它描述了我们自 1977 年转向"尖刀麦克"模式以来所做的事情：除了采购和销售之外，摒弃所有其他职能。我们去掉了自己的维修人员，卖掉了 20 世纪 70 年代购入的所有房产，也从来不储备计算机主机，等等。我们尽量不碰任何与核心业务无关的职能，换句话说，只专注采购和商品零售。下面这段话引自德鲁克博士：

> 公司内部的支持性服务团队很少有动力去提高生产力……只有当员工能够因做好一项工作而获得晋升时，生产力才有可能提高。而这种奖励机制只会发生在专业做组织服务工作的独立公司。

由此可见，乔氏超市缩减了中心管理层是有道理的，这样做使企业更容易管理。

关于臭鼬工组的部分我就说到这里。接着讨论一下关于我们的运营决策和政策的部分（政策的意思就是一个"常设决策"，这是我在斯坦福大学学到的），具体会围绕着零售业，尤其是乔氏超市的零售业态来讲。后面先简短地阐述零售业的复式记账，再从需求端和供给端两方面深入展开。

第 18 章

运营决策,"复式记账"式分析

当你没钱的时候,游戏也就结束了。

——罗伯特·安曼(Robert Amman)[1]

哥伦布出发去新世界不久前,另外一名意大利人卢卡·帕乔利修士(Fra Luca Pacioli)在家里发明了复式记账系统,革命性地改变了商业概念。这一系统后来被美第奇银行采用并加以完善,该银行在鼎盛时期是西欧最大的银行。

复式记账的原则如下:左边的分账栏里放上商业资产类项目,如现金、应收、库存、设备、房产等;右栏里放上与资产对应的财务数字,如供应商数据(应付)、政府支出(税款)、银行费用、债权人费用,最后是所有权人和股东费用。复式记账是人类卓越的智识进步——也成为后面500年各种粗鄙笑话的来源。

1966年,我还在尝试将乔氏超市的"好时光查理"版本概念化,刚好也在为斯坦福大学商学院准备一个讲座。我在思考怎么和学生讲明白正

---

[1] 罗伯特·安曼,西联汇款公司(Western Union)前总裁。——编者注

在博弈的这个问题时忽然有了灵感，就用复式记账做比喻，叫作"零售业的复式记账"。

账本的左栏是消费者眼中的零售商，我把这栏作为需求方。右栏是限制或决定零售商满足这些需求的能力，这栏作为供给方。我在1972年和1975年给澳大利亚零售业大会做的演讲上继续优化了这个分析思路。这种"复式记账"式分析对我厘清乔氏超市一路的发展变化有巨大的价值。

所有的商业活动，无论是制造业、批发业还是服务业，来自需求端和供给端的两头，都有着英国诗人威廉·布莱克的诗中[①]那种充满震撼力的平衡感，所有商业也必须遵从安曼提到的供给端的现金限制。你可以随便做什么，不管多愚蠢，只要保持稳定的平衡状态，只要你手里还有现金。从我的视角来看，零售商的需求端可以从这5个变量来分析：

- 货品种类：供出售的货品种类。
- 价格：稳定性（是否有周末促销活动），与竞争对手的对比。
- 便利性：地理位置，到店是否方便，营业时间是否合适。
- 付款方式：支付方法。
- 顾客体验：与顾客建立连接的所有活动，从广告、店内布置到员工的整洁度。

[①] 作者在这里引用布莱克的《虎》（*Tygger*）中的诗句："老虎！老虎！火一样辉煌，烧穿了黑夜的森林和草莽，是怎样非凡的双手和眼睛，能塑造你一身惊人的匀称？"——编者注

第 18 章　运营决策，"复式记账"式分析

下面是供给端的一些因素：

- 政府。
- 决策体系。
- 保险计划。
- 非商品供应商。
- 商品供应商。
- 房东。
- 银行和投行。
- 现金。
- 股东。
- 员工。
- 犯罪问题。

就像复式记账中的原则一样，任何因素的变化都必须与另一个因素的相应变化匹配。例如，一个有关提高地理位置便利性的决策（需求端）显然会牵涉到和房东相关的政策（供给端），包括你要支付的租金。想一想，巴尼斯百货公司（Barney's）为什么花大价钱在租金上？因为他们想要保证自己在比弗利山庄开店的便利性。那这个因素有没有影响到后来巴尼斯百货公司的破产？是不是为了满足需求端而以供给端的失败为代价？

至于供给端的因素，比如，加州政府规定不能在凌晨 2 点到 6 点卖酒，所以一家 24 小时营业的酒水店在需求端是合理的，因为人们随时随地都能买到酒，但在供给端就行不通了。如果你 24 小时营业卖酒，政府会把你扔进监狱。

以上这份清单适用于各种商业业务。零售业与众不同的一点是，在稳定的平衡状态当中存在不平衡：顾客的大基数（需求端）和供应商数量（供给端）的巨大差异。这与政府国防的承包商情况正好相反。这种不平衡的蝴蝶效应会让零售商的行为看上去像是只考虑到为顾客、需求端服务。这是很多人会犯的一个错误，而所有在供给端的一方同样需要服务。

后文里我将试着展开复式记账的思考方式。就像是观看一场网球比赛，你的头除了左右移动，也会上下审看。一些重要的决策源自需求端与供给端的内在联系，我们在"尖刀麦克"阶段所做的最重大的决策，就是源于需求端内在因素的抉择——为了拥有漂亮的价格而放弃种类的丰富性。

阅读接下来的部分，你可能会因速度太慢而脖子酸，但是你能从中了解到每天不间断地运营生意是什么样的状况，这些我已经做了 30 年。

需求侧零售，建立与消费者的紧密连接

罗伯特·波西格（Robert Pirsig）的《禅与摩托车维修艺术》（Zen and the Art of Motorcycle Maintenance）中有这样一段话值得细细品读："我们会问，公制计量法是对的，而英制计量法是错的吗？笛卡儿坐标是对的，极坐标是错的吗？一个几何公式并不比另一个更正确，只能是相较而言哪种更方便。几何是没有绝对正确的，只有相对优势。"

我希望你能从这个"几何"的例子中看到需求端零售的真相：只有相

对优势，没有绝对正确。

货品种类

关于货品种类，零售商通常会对顾客做出以下几点承诺。

城中最大或者最全系列

我们在"好时光查理"时期就是这样向顾客承诺的。当时单是波本酒，我们就有 70 个牌子。而在"尖刀麦克"时期，我们完全改变了。

对单品受限的乔氏超市来说，最大的运营问题是要放弃哪些单品来给新品留出空间。大多数时候我们对此是基于单品销售额来做决策的。我们不费功夫去做全品类，不过让团队接受这个想法费了很大力气。我们不销售糖、盐、面粉或白沙司等，除非这些品类的销售表现非常优秀，可以卖出足够多的量。比如，我们试过以非常优惠的价格销售一些品质卓越的全麦面粉，但是这种商品之于店铺单位面积的销售表现很差，无法平衡所占用店铺面积的成本。

另外一个限制来自我们对售卖产品本身的了解程度。我相信，控制单品种类的零售商的最大优势就是每一层级的员工都对产品了如指掌，而这其实是供给端的因素。但是，有一些产品品类的销售表现不太可能卓绝出众（在"尖刀麦克"时期对这类产品是以最基础的标准要求的），比如软饮、啤酒和香烟，这样的产品都是可以无限制供应的。

在后面讨论供给端零售的部分会提到，可口可乐、百威啤酒等都拒绝送货到我们的仓库，而这违背了我不直接向门店交货的政策。其实怎样都无所谓，因为你没有任何办法能从卖可口可乐和百威啤酒上挣到什么钱，即使他们同意运货去仓库，你还是做不到好的卖价。

刚开始，因为门店经理的坚持，我们还是把可口可乐、百威啤酒放在店里卖，价格也普普通通。我费了不小力气才说服了大家——乔氏超市不需要这些大路货，最终我们于1985年彻底放弃了它们。

就在那一天，我做出了一生中最得意的事情——放弃售卖香烟。我不想在香烟销售上占什么优势。为了获得优势，唯一可以做的只有大降价，而这种货品的供应是无止境的，你会发现这个降价游戏根本结束不了。这首先就违反了我的原则：每个单品必须有利润。其次，晚上回家吹嘘自己一天卖了1 000箱香烟有什么意义？"地球哈利"时期的我们，对这一停售动作很满意。

我们停售香烟的决定引起了轩然大波，我还接受了电视新闻频道等媒体的采访。这件事引发了公众非常积极的反响，连烟民也表示支持。停售香烟还让我们获得了一个额外的好处：店内偷盗事件几乎绝迹了。很多小偷是从屋顶进出的，因为他们想一次性偷到最多东西。同样的单位重量，香烟的价格最高，香烟当然成了盗贼的首选目标。

有时候，你可能会因为不卖什么产品而变得出众。

乔氏超市是第一家停售卷烟纸的零售商，因为这种商品显然不只能卷普通烟草。我也很高兴我们放弃了售卖女性杂志，这曾经是我们在"好时光查理"时期的销量支柱，但我与美国家长教师协会（PTA）曾因此有过多次争议，他们希望我审查所售杂志的种类。我不喜欢审查，我也不知道如何分辨《花花公子》和海伦·格利·布朗（Helen Gurley Brown）的《大都会》（Cosmopolitan）。①后来，一位神父寄给我一封很有礼貌的信。他说他所有的葡萄酒都是从我们这里买的，但是他不喜欢在排队付钱的时候不得不看到"那些杂志"的封面。这封信让我下定决心停售所有杂志，这个举动当然对供给端会带来一些负面影响，我就不在此详述了。

对我们来说最难办的是清理加州精品葡萄酒的品种。1988年我离开乔氏超市的时候，我们差不多有250种加州精品葡萄酒。清理的难点倒不是在顾客端，而是我们的员工，他们大多数都有20年的经验，最懂这些酒。员工们会感觉失去了与那些老牌酒庄建立的长期联系，也感到被移出了自己所了解的产品知识的舒适区。所以，这件事本质上是一个关于如何在供给端保持员工士气的挑战。

本店专供

在"好时光查理"阶段，我们努力成为某些加州精品葡萄酒的独家零售商，那时公平贸易法还在生效期间。后来证明这是徒劳的，因为"独家"事实上就是个名头，很难真正实现。公平贸易法结束的时候，我很高兴终结了这场没有尽头的追逐。

---

①《花花公子》杂志是美国的一本成人杂志，封面为性感女性照片，现已停刊。《大都会》是一本面向年轻女性的杂志，向年轻女性介绍流行时尚书。——编者注

坪效之王　Becoming Trader Joe

城中首发

我们不停地推销城中首发的开心果、干果等，但是真正推动这些产品销售的是我们的价格。比如，11月购买博若莱新酒（Beaujolais Nouveau）的人都应该知道，这种酒是通过昂贵的空运手段进入美国的。乔氏超市总是等到1月份海运集装箱到达后，以11月到货价1/3的价格出售博若莱新酒。

时尚，至少服装类遵从的是"新款新季"原则，但是这个原则用在乔氏超市的商品种类上就太表面了。"fashion"这个词来源于拉丁语"facere"，是"制造"的意思，暗指一些只有外在形式而没有真正基础的东西，除了基础款内衣。我承认，葡萄酒，尤其是昂贵的葡萄酒很时髦，健康食品也是。但是我们往往在这些流行趋势达到高峰之前就捕捉到了时机，并随大势发展，我们推广这些产品一直源于对它们的真诚信念。

拿葡萄酒为例，越来越多的医学证据证明适量饮葡萄酒对人体有好处，这让我们更有信心，但是我们从来不借助这一点去宣传。我们从不把葡萄酒当保健品卖，而是将它作为品质生活的一个构成部分。我非常高兴地看到许多美国人从钟爱白葡萄酒转向钟爱红葡萄酒，尤其是1991年CBS的节目《60分钟》（*60 minutes*）播放了关于"法国悖论"的那集之后，葡萄酒销量上涨了150%。但在我看来，这个节目偷换了概念，用一些医学论据取代了葡萄酒的美学价值。葡萄酒确实能提升鱼肉、鸡肉等大多数食物的口感。

很多所谓的竞争对手并不理解，乔氏超市从来就不是"精品美食"食品店，而是一家经营基本食品原材料的商店，如食用油、面包、奶酪、咖啡、罐头鱼、坚果、果酱、巧克力。这些基础品类的流行趋势也是一阵一阵的，比如，红花油和葵花籽油不再受到青睐，是因为人们知道了它们会降低高密度脂蛋白的浓度，而橄榄油、芥花油和葡萄籽油正"当红"。这些流行趋势都是基于医学研究的新发现而变化的，并不是毫无依据的"时尚"。

我会让我们的采购人员每年去找更多的基础产品，让它们成为"爆款"，这样我们就可以再去掉其他一些产品了。在1 500个单品中并没有固定的数量分配，可能会有400种葡萄酒、100种烘焙产品或75种奶酪。我们对品类没有单品数量的要求。各种苹果汁把店里的空间都占了也没问题，只要苹果汁的每个单品都比被它取代的商品卖得更好。至少这是我对团队的要求，他们知道我不会干预他们将大量苹果汁放在店铺里。唯一的数量定配是冰箱的容量限制导致的，因为我们的冷藏和冷冻空间都有限定的容量，需要把所有空间填满。

1989年，在我离开乔氏超市后不久，公众对奶酪的热情减低，因为这时大家普遍认为奶酪是高脂肪产品。乔氏超市的销售额跌了下来，随即砍掉了一些奶酪品种。冰箱里空出来的地方就由其他冷藏产品填充，而这些产品也需要以良好的销售表现来证明选择它们是对的。

自从我离开乔氏超市之后，采购人员在维生素品类和米浆、豆奶、椰奶等牛奶替代品等方面取得了出色的进展。椰奶等的流行反映了亚洲文化对美国越来越大的影响力，这是大势所趋，远远不是短效的时尚。

坪效之王　Becoming Trader Joe

产品状况

一些零售商是这样宣传自己的商品的——"全城最冰的啤酒""铁架熟成牛肉，不使用真空包装""大片级胶卷，冷藏保存"。我们从来不给出这样的官方承诺，除了一点：奶酪、维生素、坚果和干果的高销售量保证了我们的货品比我们低流转量的竞争对手新鲜得多。

乔氏超市最常被提起的一个诟病是我们的葡萄酒陈列部分没有控制温度。这点我们承认，不过这是出于权衡的一个决策：大多数人来我们店里买酒是因为我们的价格低。是供给端的条件限制了我们，因为如果把葡萄酒和其他商品的空间分开，就要设置特别的空调系统，由此还会衍生出偷盗问题等，相关成本将大幅增加。

产品的新鲜度具有强大的吸引力。"地球哈利"阶段，当我们在超市内开始现榨橙汁的时候，可以说是需求端的一次大胜，但这对管理者来说是一场噩梦，因为它给供给端带来了挑战。这些挑战包括：一年到头来自不同产区的橙子的甜度不同（巴伦西亚的橙子非常好，但是只有4个月的供货期，而脐橙的橙汁在静置24小时后就会变苦）；如何避免员工过度使用机器榨汁（他们这样做是为了提高每箱橙子的"产出"），从而防止果皮里的苦味进入果汁；剩余果皮的处理问题。虽然出现了诸多挑战，我们还是坚持了12年才放弃这个业务，因为鲜榨橙汁的运送仓库有助于牛奶的物流运转。当我们宣布不再现榨橙汁那天，所有店长都欢呼雀跃。

另外一个我们挣扎了好几年的"新鲜"项目是做三明治。我们在店里设置了奶酪铺，拥有三明治制作所需的设备和健康卫生部的批准，但我们从来没能掌握这门艺术。从根本上来说，我们是因为无法做得出类拔萃，所以最后放弃了这个项目。

我们唯一保留的"现场制作"就是在店里切奶酪，当奶酪设备空着的时候，可以用来包装袋装坚果和干果。和现榨橙汁一样，现切奶酪极大地解决了需求端的痛点，特别是当我们从切板上给顾客品尝刚切开的奶酪时。而且，我喜欢这种由现场活动建构的"剧场感"。

在我离开乔氏超市后的3年里，接班人取消了现场切奶酪的服务，不过我能理解背后的原因。奶酪部门受到供给端一个问题的困扰——人员。没有人想在奶酪站服务，除了那些顶级的店长，大多数店长都觉得这个工作在浪费他们的时间，于是就留给了"奶酪推销女孩"去做。我没想到，奶酪部门居然能使店里形成这种鄙视链。当我离开乔氏超市的时候，这个问题还在发酵，所以我能理解为什么他们不再提供店内的现切奶酪服务了。

产品查验

别家店会强调"经过实验室检测"，而我们是采用自行盲测酒类及其他食品的方式，然后把盲测的结果翔实地放在《新品简报》上。我想这也是我们的顾客非常欣赏的做法。当然，我们也一样会把产品样本送到独立实验室查验供应商声称的标准，但是我们几乎不公布结论。

"我们不卖含味精或者做过动物实验的产品。"这是健康食品行业非常重要的因素，我们将其作为常规标准。

坪效之王　Becoming Trader Joe

"商品常供"或者"改天再买"

我们会通知顾客某商品即将售罄，鼓励他们"趁商品还有货时赶紧买"。常会有葡萄酒顾客开一辆厢式车，来店里把每种酒都买一瓶，这个场景看着就很有意思。他们会在车里试喝一遍，然后再进店一整箱地购买他们喜欢的口味。诸如此类的事情在乔氏超市见怪不怪。

衡量品种

零售商一般有两种典型的单品模式，一种是 4 000～5 000 个单品或更少的，另一种是超过 25 000 个单品的。

低单品数的超市，比如开市客，还有康涅狄格州的斯图·莱纳德超市（Stew Leonard's），后者虽只有 850 个单品，却是美国吞吐量①最大的超市。在高单品数量的零售商类别里，我们发现既有普通超市，也有连锁药店和沃尔玛等大型超市。有意思的是，拥有超过 25 000 个单品的零售商几乎很少强调在任何品类上的优越性。

单品数量上的二元对立还体现在零售商的另外一个方面。有些零售商觉得必须售卖某些品牌和产品品种，大多数连锁店都这样；还有一些零售商不想售卖某些特定的品牌和产品，除非那些产品对顾客有价值、对零售商有利润可言，开市客、斯图·莱纳德超市和乔氏超市就是如此。

---

①这里指商品的吞吐量，即一定时期内商品实际进出仓的吨数。——编者注

总之，乔氏超市保留了"尖刀麦克"时期的大部分商品，同时也显著增加了新鲜水果和蔬菜的品类。我在普隆托商店和乔氏超市工作的 30 年中，一直在努力经营生鲜产品，始终无法取得成功。然而，20 世纪 90 年代开发出的新型塑料薄膜和气体充填技术让乔氏超市首次进入了生鲜市场。如今，加州超市销售的一半以上的莴苣都是放在密封塑料袋中预切好的，爱丽丝称之为"家庭主妇的报复"。

价格

- **店内的稳定价格水平**

    价格运营在行业内是二元分化的。一种是传统的零售商打折减价，做限时促销广告（通常在周末）；另一种是如开市客和乔氏超市的一口价。百货商店、超市和连锁药店都锁定第一种模式。"我们从来不改变我们的价格"，这是乔氏超市制胜的基石之一。乔氏超市不玩"帽子戏法"。

- **价格水平和竞争**

    有一段时期，"比价广告"的热潮达到了历史高点。很多零售商，尤其是做电子产品的，承诺会向竞争对手的价格靠拢或者定价更低。我认为这种策略十分缺乏理性。一个产品的标价，应该基于你坚持认为产品在市场环境中具有的价值。我们从来不对标竞争对手来标价。如果我们正确执行了集采工作，就算有竞争对手定出比我们更低的价格，那也是他们自己的决定，我们不会因此而改变原来的定价。

- **优惠券**

    在厂家优惠券的基础上再给顾客打折,这是超市、连锁药店等零售商很重要的一种价格竞争方式。而我们选择放弃大品牌的产品,以及那些和乔氏超市毫无关系的优惠券。至于我们是如何定价的,请看第 12 章。

- **老年人折扣**

    对于给 60 岁以上老人折扣的做法,我想引用查理·芒格的一句话:"这是一种我都无法分类的痴呆症。"老年人是数量增长最快的富裕人群,你却要给他们提供折扣?如果有谁应该获得折扣,那也应该是日渐式微的劳工群体,因为他们在用他们的收入和社保税款补贴那些老年人。现在我超过 65 岁了,我也特别热衷于打折。我知道,达尔文一定会笑话我。

我们从不进行"清仓抛售"。"清仓抛售"是多么可怕的做法!等于让顾客养成了总是等待"打折"的习惯。任何商品要是销售不出去,我们就会捐给慈善机构。我们不停地开发新的产品,若不成功,就把不成功的产品赠送出去。

我也不相信对新产品做"市场测试"这种事有什么意义。每年的零售交易大会上有 22 000 种新产品推出,大多数都出自宝洁或高露洁这样的大厂,它们经市场测试后才会推向全美。但是,90% 的新产品都会失败。我们的方法是做一批实验品,如果卖得动,我们就订购更多的产品;如果卖不动,就捐给慈善机构。

另外一个我会避免的做法是甩卖临期面包。我们把临期的烘焙产品也都送给了慈善机构。每名店铺经理都和一家教堂或者食物银行"结对子"，每天给他们送去临期的产品。

便利性

地理位置的便利性

总体而言，美国各地都过度拥挤，各种类型的商店随处可见。南加州超市的目标客群于20世纪80年代末进入了稳定状态，每家店的客群数量约1万人。百货商店的目标客群数量在21世纪初也趋于稳定。因此，对大多数连锁店来说，依靠地理位置上的便利性，让大众更容易来到店铺，这并不是一项严峻挑战。只有那些拥有新颖又明显的成功模式的新连锁店，比如开市客或者仓储式宠物用品超市，仍然要面临这种挑战。

乔氏超市还没有遇到过这种障碍。过去，我每周至少会接到一次从不同街区打来的电话，请求我们去开一家乔氏超市的门店。

当然，配送到家是解决地理位置不便的最终解决方案，互联网也在飞速地挖掘其中的机会。本质上这就是一种邮购业务。我不认为互联网的零售店会侵蚀掉线下的食品零售业务，因为在外送食物的过程中需要保持4种不同的温度，用于干货、冷藏食品、冷冻食品和冰激凌。互联网的食品零售业务要解决这个问题，必须取得物流方面的重大突破。贺卡行业也受到了非常大的影响，因为用户可以通过互联网来设计、发送贺卡；鞋类和服装类也都可以轻易地退货。但是，食品就没有那么容易了。

固定地点的零售商和虚拟零售商正在走向"决斗场"。法规上的首次决战是州法禁止互联网跨州零售酒类，但我想，这条法规迟早会失效。如果公平贸易法与州际商业条款冲突的话，葡萄酒的州际售卖问题将最为突出。

邮件订购或互联网订购的税款和本州的销售税款的问题正在解决中，但是我们发现其中产生了更多的州内收入税，可以冲抵销售税收。亚马逊位于免税的华盛顿州，免去销售税款至少可以补贴运费成本。对那些在某个区域制霸的企业来说，互联网零售带来了直接的冲击。

总之，地理位置的便利性已经不再是一个能与竞争对手区分开来的因素了，除非你在一些几乎没有什么连锁超市来竞争的城市。

店内的便利性

由于如今的超市都流行设置约 5 580 平方米的店铺面积，导致店内购物越来越不方便，特别是进出速度方面。许多连锁店承诺会保持开放快速通道，但在实际操作中往往不能实现。另外，几乎所有的连锁超市都是扫描条码结账，这样可以加快结账速度，可如果电子收银台账系统有一个单品的价格出错，整条结账线就得停摆。

这些"超级"超市尽其所能地增加所有可以提高便利性的地方，比如前面提到的"衡量品种"，很多药店显著增加了品种数量，因为他们认为这样顾客可以少跑几家店。不过，美国退休人口越来越多，这些人本来就有很多时间，所以我对这个方法持怀疑态度。美国有两大人口变化趋势，老龄化和西班牙裔人群的增长。"衡量品种"的方法显然至少和其中一个趋势相悖。

如果你为顾客带来价值，就不必担心店内的便利性不够。在乔氏超市，我们从来不担心店内的便利性。我们的收银台并没有设计成整齐的一长排。我觉得进入超市要是看到一排收银机器，就和看到一排马桶一样毫无吸引力。

时间的便利性

1958年，当我刚开始经营普隆托商店的时候，营业时间是每天早上7点到晚上11点，全年无休，大多数超市工作日的营业时间到晚上9点，周日到晚上7点，而且他们在工会规定3倍工资的节假日，包括感恩节和圣诞节假期里都关门。这就是我在1962年和雷氏药店提过的作为小型商店的一个核心优势。然而，1960年零售业开始萧条，导致很多连锁店破产。幸存下来的超市除了在要付3倍工资的节日里不营业，平时也开始调整成和我们一样的营业时间。到1975年，许多超市也开始纷纷在节假日营业了。现在，大多数超市都是全年无休。

我们直到1980年前还会在圣诞节开张，最终我们放弃这一做法是因为这天的葡萄酒销售情况并不好。我们在圣诞节开店就是为了快点处理库存，转换成现金。只要生意好，即使付员工3倍工资也是划算的。我们选择继续在感恩节的限定时段里开门营业，因为感恩节比圣诞节能卖掉更多的葡萄酒。有一点令人吃惊，圣诞节里烈酒竟然卖得不错。所有核心管理人员，包括我自己，这些节假日期间都会在店里工作，以提高员工士气。

前文我经常提到一位朋友，詹姆斯·凯卢埃特。我们成为朋友是因为我俩是朋友圈里每年感恩节和圣诞节都工作的两个男人，一个是开店的，另一个是接生的。所以，我们两家人从 1966 年开始了共进节日晚餐的传统。

如今，一家零售商是不可能通过延长营业时间而赢得竞争性优势的。我们再次看到了二元对立的现象。一方面，传统零售商的营业时间非常长；另一方面，像开市客和乔氏超市这样的零售商，营业时长很有限。具有价值的零售商无须长时间营业。在我离开乔氏超市的时候，我们在感恩节也开始关门休息了。这是正确的行动，早该如此。

付款方式

正如之前所说的，乔氏超市是第一家接受 VISA 卡和万事达卡的零售商。现在零售业内接受信用卡结算已经成为常态。有意思的是，一些百货连锁商店重新推出了他们自己的充值账户，就像回到了 20 世纪 30 年代。还有一件事值得注意，那就是西尔斯百货公司 1998 年曾因为这个做法而出现大量的坏账。

食品券在市场上是一个很重要的支付选项。我在"尖刀麦克"阶段初期就放弃使用食品券了，部分原因是很多顾客不愿意看见食品券在乔氏超市是被用来折现购买"高档"产品的。当我弃用食品券的时候，丝毫没有听到半句怨言。这是在美国补充营养援助计划（SNAP）用借记卡取代食品券之前 20 年发生的事，现在乔氏超市也参与了该计划。

第 18 章　运营决策，"复式记账"式分析

　　我为自己在罐头食品杂货大卖场的顾问委员会任职过 4 年而自豪。这是一个拥有 100 家清仓特卖店铺的连锁集团，他们为持有"食品券"的顾客提供营养价值很高的食品。当我在 Thrifty 连锁药店做顾问的时候，我努力说服公司也申请"食品券"，因为公司有 200 家店铺位于低收入社区。你知道为什么 Thrifty 公司不愿意这么做吗？因为店铺经理不想让自己的店和"食品券"沾边，觉得这样会给人一种低端店铺的印象。真是令人沮丧！这是供给端的瓶颈，就像"奶酪推销女孩"的问题一样。

　　我也尝试让 Thrifty 公司的经理不要再戴那些可怕的领带，只有一个重要原因——领带是工作中的危险因素，它会缠在打包机上。但是，经理坚持要戴领带，因为他们觉得这是区分他们和普通员工的地位标志。这样的观念令人叹息。

顾客体验

> 你要对自己忠实。
>
> ——莎士比亚
>
> 《哈姆雷特》第一幕第三场

　　为了和顾客接触，需要付出以下所有努力。对需求端来说，吸引顾客是最短暂、最困难，也是最重要的行动。

员工表现

　　也许吸引顾客最重要的因素就是员工的表现。前面提到的 24 小时连

轴转的运营方式会影响员工的表现。正如一位 24 小时超市连锁店的主管曾告诉我的那样："我不想知道午夜之后店里发生了什么！"

"效能"可以从不同的角度来定义。由于很少有员工喜欢上夜班，那就只能是好员工去上白班，不太行的员工被轮到夜班。我们最明智的一个决定就是缩短乔氏超市的营业时间。通常来说，营业时长属于供给端的问题，但是员工对待顾客的服务品质和态度是需求端的因素。

也可以把"效能"定义成一种产品知识。我认为百货公司的颓败始于 20 世纪 60 年代末，当时他们开始在周日和晚上营业了。在那之前，无论是家用电器部还是婚姻登记处，每个楼层都有很多熟悉产品或业务知识的服务人员。

在我看来，诺德斯特龙百货公司当时的做法在零售百货业内属于颠覆性变革。公司让一名员工负责协助一名顾客，一对一地在店内完成所有购物。这种方式对需求端来说有巨大的吸引力，而对于乔氏超市来说，就意味着需要高素质的员工，我们的竞争对手可舍不得雇用这样的人才。那么，这是需求端还是供给端的问题呢？实际上，是两者的结合。

员工的形象也非常重要，指甲要干净，头发要整洁。雇主的做法有时非常糟糕，因为有的雇主会让所有员工穿上同一颜色的制服，这就如同把所有不同大小的脚都塞进同一鞋码的鞋子里一样。而乔氏超市让店员都穿上夏威夷衬衫，这要求我们得买齐 4 个尺码再搭配上 4 种花样来跟随季节主题的变化。这其实挺麻烦的，但它也潜移默化地构建了乔氏超市的基调。

第 18 章　运营决策，"复式记账"式分析

广告

广告是吸引顾客的重要组成部分，前面有整整一个章节讲了乔氏超市的广告策略，在此不再赘述。

店内陈列

查尔斯·勒克曼说过一句话："广告把人们带到产品前，而陈列是把产品带给人们。"勒克曼1930年因为上了全国电台节目《阿莫斯与安迪秀》的广告而挽救了白速得牙膏。我对这位商界权威人士一直很关注，虽然他更多的是以建筑师而非商人的身份出现在大众视野中。

乔氏超市在1971年告别了"好时光查理"时期，我们没有太在意商品陈列，店铺的布局方式主要是考虑减少盗窃现象和解决堆货需求。所有关于顾客是否会往左或往右转弯、是否可以"强制"使顾客走到店铺后排的问题，只要零售商能提供价值，这些研究的结论都无关紧要。

商店的陈列装置当然和店内经营紧密关联。我希望固定陈列越少越好。高价值零售商，比如斯图·莱纳德超市或者开市客，都在陈列装置上留有很大的灵活性。这是由于他们固定陈列很少，而这种做法和大多数大众超市里严格、固化的陈设排列方式有着天壤之别。和开市客一样，乔氏超市也运用仓储式货架。这种货架不是悬臂式的，价格便宜，防震效果好，而且改装成本低，店里的员工就可以轻松拆装。而你能看到的大多数超市货架都不是这样的。正如著名建筑师赖特所言："形式随功能而变。"

对于固定货架装置，我认为它们属于固定支出，又不可移动，会将商家引向破产的结局。固定货架装置迟早会阻碍你的变革，在它们完全折旧之前就应该被全部替换掉。我不相信固定货架装置的销售力，看看20世纪60年代如此规划的精品美食商店的败局就知道了。

固定货架装置当然也展现了零售商的内在本质。店铺可以被分为两类，一类是先看到商品，如百货商店、精品店；另一类是顾客会先看到收银台。很多顾客对一家店的预设就是从这么简单的二元分类开始的。

建筑，标识和灯光

要在商品上找到好的标牌真的很难。我在乔氏超市任职期间一直没看到非常不错的、信息丰富的产品标识，到1998年，我在店里发现了奎恩佰瑞公司（Crate'n Barrel）和博克斯通公司（Brookstone）的标识，他们的品牌标识非常出色。

麦当劳的金拱门标识是建筑展示方面一个很好的例子。尽管很多城市不再允许麦当劳搭建真的拱门，但他们在许多地点使用的那些小小的、具有象征意义的拱门，几乎可以说就是麦当劳的完美代表。

布洛克位于帕萨迪纳的百货连锁店的建筑风格无疑打造了这家店铺的高端形象；布洛克位于威尔希尔的门店也一样，仓库氛围和工业型货架营造了开市客的风格，也建立了和顾客的有效联结。

我认为，店内的灯光设置对一家零售店铺来说也是实现成功的关键元素。迪克·理查德（Dick Richard）在纽波特比奇的丽都岛店铺（Lido Isle Market）之所以成功，很大程度上要归功于店内的灯光设计，也就是在点光源和光谱方面的选择。理查德基本上只把光打在商品上，同时他选择了暖光。很多店铺的灯光都是蓝光，使商品显得冷淡、毫无生气，更糟糕的是，这种灯光让女性顾客看上去有点像僵尸。理查德作为20世纪中期一名真正有创造力的零售商，他让他的商品和顾客都受到了周到照顾。不过，店里的走道很暗，顾客可能会被绊倒。当乔氏超市进入"地球哈利"时期，这个设计非常吸引我，因为能节省能源。顾客的眼睛不会被过亮的顶灯闪瞎，毕竟我们不是在销售天花板。

涂料颜色要搭配灯光，地板表面也一样。但是需求端也需要考虑到供给端的一些关键问题而妥协，比如，地板上适合拉托盘吗？在"好时光查理"的头几年，我在店里用上了刚开发出来的给医院行业使用的新地毯材料。它们有一些优点：当瓶子摔在这种地毯上时不会碎掉；灰尘会粘在地毯上，但不会附着在商品上。但当圣安娜季风吹到南加州，湿度降到零时，我们的顾客脚踩在走道上，身上都会带静电。所以，他们触碰金属架子时会被电一下。因为静电、口香糖和烟头的问题，铺地毯还是不可行。

干净的停车位也可以吸引顾客。我们时不时会收到顾客的抱怨，说"停车位很脏"。在我任职后期，我会直接辩解"我们的停车位很干净"，不干净是因为一些不讲卫生的顾客把烟灰缸倒在了空地上。当然，现在我也不用再那么义愤填膺了。

供给侧零售，商品高效流通和成本控制的保障

理查德·达纳·斯金纳（Richard Dana Skinner）在 1937 年紧随大萧条之后出版的《通胀的七种形式》(*Seven Kinds of Inflation*)，是我读过的最好的经济类书籍，书中说道："但是我们不能说我们的现代体系是'基于私有制'。这种说法纯属寓言和神话。现代资本主义世界只有一半的所有权，另外一半是债权。"

这些是前文中已提到的供给端的因素，我们在不同程度上都是它们的债务人。

- 政府。
- 决策体系。
- 保险计划。
- 非商品供应商。
- 商品供应商。
- 房东。
- 银行和投行。
- 现金。
- 股东。
- 员工。
- 犯罪问题。

你可能会发现，这里的顺序和本章开头介绍的不一样。我不想把你吓到，所以我先按供应商的传统分类方式列出这些供给端的因素。其实我更

喜欢上面这样的排序。"员工"放在清单的后面，只是因为我选择展示零售业的"月之暗面"——员工盗窃和犯罪案件，来结束这个章节，要知道，犯罪对于供给端实在是一个重大的限制因素。

政府

如果你打算经营一家企业，首先应该了解政府（包括联邦、州和地方政府）的干预程度。在商业层面，政府管制相对比较宽松的是书店、服装店、五金店、音乐商店和工具店等。

相比之下，食品杂货店受到州法律法规的影响较大，比如牛奶、酒类及各类食品标准等；也会受到本地法律法规的限制，比如卫生部门、建筑部门，后者的规定可能和卫生部门相冲突；又或者被分区规划所影响，可能营业时间受限；还需要五花八门的使用许可证。县、市政府和州政府一样，都会管控酒类。正如你已经从前文了解的，我的很多艰难的商业挑战都来自政府法规，比如全美《公平劳动标准法》让我在美国劳工部的审计中苦不堪言，还有州政府对牛奶和酒类发布的法规。

在美国联邦放开对跨州卡车运输的费率管控很多年以后，加州政府还是紧握着"反竞争"理由，坚持管制州内运输的费率，令乔氏超市不得不使出浑身解数，找到合法的路径，以虚构的"专用设备"为名和独立的卡车司机签约。同时，数以千计的"地下"卡车司机可能连驾照都没有，只要他们的路线不经过卡车称重站就不会被检查，这些人比其他任何人都清楚如何避开这些称重站。

政府就是供应商，这点必须牢记。我不得不承认，由卫生部门、度量衡部门展开的检查帮助了那些有良知的杂货零售商。总体来说，我认为职业安全规定是有益的，尽管有时它们可能很奇怪，有时又执行得不够彻底。比如，我在"尖刀麦克"阶段停止销售糖类的一个重要原因，是一包 5 磅装的糖需要再包装成 12 包一捆，这就意味着每捆有 60 磅重，而搬动这样的包装容易导致背部拉伤。1975 年，我们有意识地开始雇用全职女员工之后，就尽力取消大于 40 磅的单个货品包装了。在乔氏超市，香槟和牛奶的箱子最重。很多女员工搬不动最重的那些货物，那时候，一些具备骑士精神的男员工就会去帮忙，这可是乔氏超市员工必备的品质。

政府干预可以被视为来自供给端的机会，擅于和监管机构打交道的零售商能够借此建立起竞争壁垒。这样的机会在许多方面有所体现，除了"腐败贿赂"。大多数公务人员都秉承"合作之道"避免惹上麻烦，面对挑战，他们一般会退缩。说白了，他们中的许多人也不是很明白自己的那些规则。但是，如果你被盯上，就要识趣一些，不要一味态度强硬，"惨胜"是不可取的。你会一次又一次地碰到他们，他们也只是为了保住自己的工作。帮着公务人员做好他们的工作，让他们觉得自己很重要，感觉你是尊重他们的游戏规则的，而不是不把他们放在眼里。这才是上策。

决策体系

这个话题是大多数像汤姆·彼得斯和彼得·德鲁克这样的管理大师会提到的。德鲁克认为，在有问题的公司环境里，公司文化是不可能改变的，但是组织习惯可以改变。"行事之道"在任何公司里受供给端因素的影响最小，这取决于你是以企业家精神在管理公司，还是仅仅把它当成一家公司而已。

第 18 章　运营决策，"复式记账"式分析

我想申明一点，我的组织确实是由我一个人来做决策。我拒绝使用委员会的形式来管理，但我认为，我的组织管理里反而没有专制。我喜欢关于指挥家皮埃尔·蒙特（Pierre Monteux）的一句话："蒙特从来不试图让交响乐团根据他的要求做一场演出。他总是和他们一起完成。"我在上斯坦福大学的时候，他是旧金山交响乐团的指挥。

无论你处理现金的"体系"是用一个香烟盒，还是用与办公室同步的扫描系统，它都定义了你的商业运营方式。相信我，你的业务一定有一个和万事关联起来的体系，如果没有，那只不过是你还没有意识到而已。而且，也许你还有其他一些并不需要的体系。这就是《制胜表现》里提倡的"根本性地藐视商业常规"。要做到"根本性藐视"，必须在每天的工作里具备这样的态度："为什么我们要这么做？为什么我们非要这样做？"

常规回答是"我们一直就这么做""我的上一份工作，大家都这么做""我们的竞争对手也是这么做的"。正是在这种情况下，我和戴夫·约达创建了"假期银行"。我们大刀阔斧地变革，把年假和病假捆绑在一起，用美元金额代替工作小时数来计算休假。

20世纪60年代开始，当没有任何收货文件显示出货物的零售价值时，我们就是使用零售会计方法的零售商先驱之一。约达和伯妮丝·克利夫用我们的弗里登（Friden）计算机挖掘数据，那是一个自重约28千克的机器，却无法打印计算结果，所以我们每次都得运算两次来确保没有错误。

当我们1988年进入北加州市场的时候，曾经认真地考虑过只接受信用卡支付，不接受现金和支票。这样做可以避免所有空头支票带来的坏

账，而我们以前的系统做不到这一点。还有一点好处，我们再也不用带着现金去银行了，也不用去拿退回的支票。店铺可以大大简化现金记账，也可以省去大多数的银行对账工作。

我觉得，只接受信用卡带来的好处能抵消我们需要支付的信用卡手续费。尤其是乔氏超市的顾客群体在 1988 年基本上都有了信用卡。根据《连锁店时代》(*Chain Store Age*) 提供的数字，1989 年，82% 的美国家庭拥有 VISA 信用卡。但是，最终我们还是退缩了。那时乔氏超市在北加州还名不见经传，我们希望火力全开地进入这个市场。换句话说，我们还是害怕在"可支付方式"上输掉太多优势。不过，相对于循规蹈矩的方式，这个方法确实算得上一种具有十足藐视性的尝试。

保险计划

工伤赔偿

工伤赔偿保险公司的"合作计划"是去寻找没有损失的客户。零售企业的流程设计必须考虑一个因素：设计方案要避免意外事件的发生。乔氏超市尽量摒弃超过 9 千克重的箱子，我们取消了三明治部门，因为最多的受伤案例都出现在那里，比如有顾客被刀划伤；我们还放弃销售桶装啤酒，因为搬运过程中很容易弄伤员工背部。对于需求端的产品种类，工伤赔偿属于来自供给端的限制因素。

如果你在多个州展开业务，就会知道关于工伤赔偿的法律，州与州之间存在巨大的差异，这是我在离开乔氏超市后管理其他公司的时候发现的。当我在美国最大的工伤赔偿保险提供方——利宝互助保险集团（Liberty Mutual）的顾问委员会任职时，发现得克萨斯州在这方面的法律最烦琐。

健康保险

通常而言，承保人的"合作计划"就是为了避免损失。在加州，你可以找到的最好的保单合作计划，它们都会要求投保企业的员工里没有超过39岁的女性和超过54岁的男性。当然，即使你想实现这一目标，也会遇到另一个供给端——政府的约束。

所有企业都需要遵循以上规则，而零售业特别的地方在于有许多员工会直接接触现金或者可转化为现金的货品。正如我之前解释的，零售商要为员工购买齐备的健康保险计划，这样能避免他们走上盗窃的道路。

产品责任

在和我们打交道的许多商品供应商里，很多企业规模小，不太牢靠，随时可能出现漏洞。因此，我们坚持每家供应商都必须持有产品责任保险，如果保单过期或责任覆盖范围有所变动，供应商必须通知我们。我们对供应商的保单认可之后，才会批准那些重要的采购订单，这个流程中间就会产生等待的时间。这可以算是供给端的限制因素，因为会导致库存不足的问题。有些时候很夸张，我们甚至可能无法提供商品兑现广告的宣传。这就是为什么麦金塔系统对《新品简报》来说那么重要了，它可以加快从商品入库到宣传的周期，这样我们就可以及时在宣传单上去掉那些还

213

没有责任保险的产品。

我们也对自有品牌的产品进行责任承保,但是有些投诉我们是自己来处理的。比如,有顾客反映"磕坚果崩了牙",我们尽量不动用保险,而是以最简单的方式自行处理这些投诉,就当是卖坚果的成本了。然而,有些零售商觉得这是来自供给端的限制,所以就把坚果品种的销售完全让给其他品牌商,比如绅士坚果(Planters)。

"滑倒赔付"的申诉几乎是有固定卖场的零售商的标配申诉项,而这又成为一个把零售商赶到线上经营的因素。有一家超市连锁店的店铺位于因顾客滑倒、摔倒索赔而闻名的地区,这家店把"滑倒赔付"当成常用支出项,类比收日常垃圾一样的开支。当然了,他们会把相应的成本转嫁到零售定价上。

非商品供应商

"体系"和"非商品供应商"常有交叉,特别在当今外包流行的趋势之下。一些常规的非商品供应商,有垃圾处理公司、电台及面向非个人的公用事业公司等,其他的非商品供应商则更像乔氏超市的组织化延伸,就像第12章里提到的商品供应商一样。

自从我们没有了自己的卡车、仓库之后,我就让我们的团队和外包司机保持联系,并且尽力让这些司机得到合理的薪水和良好的工作条件。毕竟,人员的高流失率是最昂贵的人力成本。

商品供应商

我已经在第 12 章里讨论过商品供应商的重要价值了，但那仅仅是指愿意配合集采的供应商。还有一些供应商并不愿意合作，或者说他们给不到支持。

超低价的大品牌商品

我们早期曾与一家美国分销商打过交道，他们卖欧洲产的开瓶器。1969 年，我在纽约的霍夫利兹商店里看到这个产品，觉得非常不错，于是下了一笔大订单，然后在《新品简报》上做了宣传。但是，当我们想要再次订购的时候，发现竟然无法再下订单了。

我们没有抓狂，而是采取了回击。这款开瓶器没有专利。我认识一些因为 1970 年航空业大萧条而失业的工程师，于是就请他们尽兴发挥，设计开发开瓶器产品。结果，我们的产品彻底打破了同类开瓶器的价格。

一些供应商因其强品牌类产品在我们店上架时卖价很低，会面临外界的质疑，对此我很理解。我们的竞争对手会投诉这些提供给我们更低价格的供应商，但实际上，这个问题的一部分原因在于竞争对手超市的成本定价逻辑。

比如，在我离开乔氏超市的时候，我们的雅兹伯格奶酪占加州同品牌总销量的 45%。这款奶酪我们的价格是 3.49 美元，其他普通超市的定价是 6 美元，而进货成本是 3.49 美元。为什么呢？因为这些超市坚持预计费用的会计原则：推广费用的补贴项预先计入广告费；现金折扣被计入一般管理费用；促销补贴被计入收入。本来显而易见的成本因为这些会计手法而增加了。事实上，大多数超市自己也不知道雅兹伯格奶酪的成本到底是多少，他们的采购员只要让自己看上去业绩表现良好就行了，因为这些采购员是靠总销售额和供应商给的推广补贴费用来获得激励的。

1990年，当我给Thrifty公司的运动用品连锁店做咨询的时候，发现他们对自己的几千个产品的真实成本都不了解，因为在产品还没有从仓库出货的时候，他们就预先计提了"利润"。比如，一个排球正常的成本是6美元，但是他们得到了优惠，5美元就能订到，那么他们就会以6美元作为进货成本，将排球产品运入仓库，然后计提1美元作为利润。然而，那时候排球还在仓库里，根本没有售卖出去。

乔氏超市的采购目标就是得到一个干净彻底的到货净价。这和沃尔玛超市创始人山姆·沃尔顿同期提出的"合同定价"的概念很接近。

直销商非入库货品

因为分区特许经营的政策，可口可乐、七喜、百威啤酒、康胜啤酒（Coors）、米勒啤酒（Miller）等产品都不会直接运入仓库，也不会让零售商负责运输，不然会得罪他们的区域独立经销商。你要是想找事儿，可以试试运一些跨州的可乐进你的仓库。当罐装可口可乐首次出现时，可口可乐公司犯了一个错误：他让我们的批发商认证杂货公司将这种新规格的商品销售给了会员。罐装可口可乐成为认证杂货公司最畅销的商品，直到1981年，可口可乐才切断它的供货。对于这类产品，无法进行集采。

还有一些供应商也不会让你运送他们的产品，因为他们想插手运营你的店铺。我指的是土豆片、玉米片、杯子蛋糕、苏打饼干等商品的供应商。挺神奇的，一些连锁超市居然挺欢迎这些卖家，因为后者提供了免费劳动力。供应商的销售员常帮忙搬货、理货，因为他们要抢货架的位置，手动把竞品挪到旁边去。

我在《1977年"五年计划"》里定的宏大目标就是"消灭"所有外来的销售人员，喊停所有直送到店的交易。相比其他食品杂货连锁店来说，这可以算是乔氏超市最引人关注的特点之一。

我为什么要砍掉这样的"免费"劳动力？关于这个问题，原因如下。

1. 他们中的有些人会偷东西。他们会掩人耳目地行窃，这些人手速之快，令我怀疑他们在赌城做过21点的洗牌手。这是后来许多超市转向"电子化收货"的一大原因。他们还把高价产品放在"空"箱子里装到自己的卡车上。这也是我非常欢迎蕾格丝连裤袜（L'Eggs）20世纪60年代末使用鸡蛋形盒子的原因。比起其他扁平包装的连裤袜，蕾格丝连裤袜很难被小偷装进空的软饮盒子里。关于这点，问问其他超市的老板就知道了。
2. 如果负责面包和杯子蛋糕业务的销售员带回去太多临期产品，他们会被重罚。所以，这些人就会把上一家店的失效产品转运到下一家店。
3. 有一阵子美国毒品泛滥，一些送货员逐渐沦为毒品分销商。
4. 你永远不知道他们什么时候会出现在店里，这就很难给员工排班。另外还会发生与他们相关的其他问题。

5. 他们总是在停车场非常拥堵的时候出现。回想一下，你有没有在停车场被一辆啤酒运货卡车挡住过？

喊停所有直送到店的厂商销售，对我们来说有三大好处。第一，提高了安全性；第二，能更好地做员工排班表来配合我们的送货卡车；第三，为顾客腾出了停车位。

但是，这些供给端的政策显然给我们的需求端带来很大的影响。

确保有足够多的供应商

认证杂货公司是一家由零售商操盘的合作型批发商，历史悠久，口碑颇佳。这家公司对于加州独立商店的生存举重若轻，因为那是各家独立商店干货、熟食和冷冻食品的唯一货源。从20世纪70年代后期我们"尖刀麦克"的阶段开始，经济环境的压力迫使认证杂货公司提高了最低送货量和订货额。许多小商店没有足够的存货空间，这导致小店的重要货品种类经常缺货，因为他们无法消化最低的送货量要求。

上面是20世纪70年代末我们看到的现象。我们的店铺有计划地不留后备存储空间，因为这是一个真正的供给端限制因素。我们常常一次又一次地订购更多的香烟来达到最低订货额，因为香烟这个品类的店铺单位面积的销售额最高。当可口可乐撤销了认证杂货公司的订单时，我们就拿不到可口可乐的货品了，因为我们无法达到可口可乐要求的最低送货量。所以，我们放弃传统食品超市模式的部分原因，就是供给端的限制太大，而且情况变得越来越复杂。

还有一个相关的问题，那就是我们无法获取商家信息。即使是拥有超大型店铺的独立连锁店，也越来越难以获取最新资讯。大型食品杂货生产商大幅度地削减现场的销售人员，因此他们也就不再会去拜访独立零售商，而拜访办公室的业务往来对于了解交易和行业动态非常重要。1994年以前，我负责 Market 批发公司的业务。那时，对一些小型超市客户，甚至是规模还可以的超市客户来说，这个问题日益尖锐。我在 20 世纪 70 年代没有预见到这会成为问题，但是乔氏超市离开了传统进货渠道，另辟蹊径，幸运地避开了这个问题。

房东

我在前文已讨论过我们的租赁方式。这里再谈一个更大的背景。房东无非分为以下两类：

1. 有融资计划用于建造新建筑或扩展已有空间的房东。对这种房东来说，他们只关心能不能收到足够高的租金。如果是多家租户共享空间，他们就会选择能带来更多客流的租户，这样可以使商场的营收实现最大化。
2. 急需能签长期租约的强大租户来为房地产提供融资的房东。

20 世纪 50 年代，雷氏药店的财力非常强劲，但其需求端的有关计划非常糟糕，只有那些急需用钱的房东才愿意租给他们。相比之下，Sav-on 药店是一家较小、较新的公司，但其需求端方面的计划非常出色，所以第一类房东更喜欢它而非雷氏药店。因此，Sav-on 公司的店铺往往能获得最佳位置。

乔氏超市能够赢下许多高难度的谈判，一部分原因是我们愿意接受现有的场地结构，然后自行改造优化；另外一部分原因，就像我之前提到的，作为需求端，我们有很强的方案。这也是我从 Sav-on 公司那里学来的。而且，乔氏超市不需要合租伙伴。事实上，合租反而不利于签成租约。所以我们不会坚持加入"合租"条款，房东也不喜欢这个条款。

很多租约的问题源于租户未来的打算。租期越长，越容易在谈判上产生矛盾。虽然这个道理显而易见，但零售商还是有两个方面必须妥协。

1. 有些零售商因为财务状态的关系，必须选择签长租约，除此之外，对房东来说也没什么别的议价空间了。
2. 有些零售商身背大额租赁投资或固定投资，也必须选择签长租约，这样有利于分摊成本。这些投资一部分用于保证店铺面积，但更多的是用于店铺固定装修和设施。和其他超市一样，乔氏超市也需要很密集的制冷设备等。诸如万圣节主题快闪店之类的店铺和我们的业态相反，他们可以每年秋季即刻搬进搬出，打一枪换一个地方，因为他们签的是短期租约，大多数礼品店、玩具店、服装店也都是类似这样的短租形式。

另外，因为要签长期租约，房东和租客总会互相比拼谁能以客观的眼光看准未来的发展趋势，比如，商业周期如何，租客是否能获得商业上的成功，房东所提供的空间有多少市场需求。如果客观的未来趋势对租客的生意是向好的，那么合作方案应该注重给房东提供一些安心的举措。同样，如果未来趋势可能对租客不利，那么双方应该商量给租客更大程度的保护。但是房地产市场上普遍存在恐慌情绪。1989—1994 年，加州的租赁市场从一路疯狂转为几乎停滞的状态，到了 1998 年，市场又开始爆火。关键的一点在于租客如果带着要赢过房东对未来趋势的预测，通常就会遇到具有相同心态的房东。反之亦然。

总之，乔氏超市之所以成功，有两个非常重要的因素——地段的优越性和租赁合同里精要的措辞。在我任职乔氏超市时，广义的"空间费用"大概占了我们总费用的 2%。

银行与投行

美国银行的伙伴几乎成了我们管理层的一分子，即便后来我们已经还清了贷款。之后我们在北卡罗来纳州改为同美国第一联合国家银行（First Union National Bank）合作，在后者那里开立所有支票来获取"流动资金"，美国银行还是一如既往地支持我们。回想那些还没有电子银行的日子，真是令人感叹。奥黑尔的一场暴风雪会使北卡罗来纳州所有的支票兑换耽搁 4 天，"远程兑付"只是地域差异导致结算滞后的一个好听的说法而已。

后来，我在工作过的上市公司里开始和投资银行家熟悉起来。在我服务的董事会上，他们是不可缺席的部分。但我在这里提到他们是因为上市公司的高级管理层会毫无节制地花时间和投行的人待在一起，却牺牲了应该花在真正的生意上的时间。这也是非常真实的由供给端产生的限制因素。

现金

再来谈谈终极的供给端限制因素——现金。别人一直批评我的现金政策极度保守，事后来看，这个批评是有道理的。但别忘了，我们 1962 年差点破产，也别忘了 1959—1970 年这些年间，我目睹了至少 20 家连锁超市倒闭。我曾经在办公桌上留下这些破产连锁超市的"光荣榜"，作为日日自省的一环，也时时提醒销售人员。

我的现金政策是：要始终保持现金流等于两周销售额的状态。我想，这就是被商学院称为"启发法"的决策。要是哪个月我们没有达成这个现金数字，我会从美国银行借 5 年期的贷款，用店里的固定资产做担保。我还得费尽口舌和美国银行解释，我不是为了固定设备或者库存而借款。如果我有足够多的现金来买固定设备，就根本不会去借钱。1975 年后，我再也没有贷过款。

这样的做法对银行来说太可笑了，他们会评估净资产收益率，然后直接把"多余"现金从资产负债表里减去。而我们这样做所获得的现金储备让我们有能力达成集采方面的关键交易。我还应该补充一点，如果美国国税局因此判定我在刻意累计收益，可能会造成潜在的大问题。每年我们都非常小心地做备注，申明为什么我们需要那么多现金。

股东

作为乔氏超市的控股人，1971 年的"地球哈利"模式成功之后，我变得特别害怕，因为我所有的身家都放在公司里了。我只拿很低的工资，一方面是为了让公司的利润最大化，另一方面是因为那时我需要支付 73% 的个人所得税。最后我把乔氏超市卖给了阿尔布雷希特家族（the Albrechts），但他们并不参与运营。所以直到我任期的最后一年，他们也没有成为供给端的一个影响因素。

我离开乔氏超市之后运营过的所有公司有两个共同点：是公开上市公司；陷入了严重的困境。股东对于股价低迷的担忧是真正的制约因素。但从我的角度来看，这是一个积极的因素，因为它让我有了很多工作机会。

员工

一般来说，相较于制造业、服务业或餐厅，超市连锁店的人力成本更低，这是我得以支付给乔氏超市员工高薪资的原因之一。商品成本是这一行的主要支出。然而可笑的是，这个行业往往会花更多的力气压低人力成本，而不是降低商品成本。要知道，商品成本可以压缩的空间至少是人力成本可压缩空间的5倍。

我们的高薪资政策可以从另外一个角度来理解：员工渴望获得更多工资是人性使然，我们希望这个政策可以缓解人力供给端的这种压力。高薪资政策吸引并留住了更多有竞争力的人才，这样一来，企业可以有更多的自主权。

在我们的大多数店铺里，大部分员工都很有能力。我们发现，并不需要每一层级的员工都是大学毕业生。相比起现代制造业，服务业的员工培训更加容易。还有一个因素就是员工的热情。当我们进入"地球哈利"阶段的时候，一开始就吸引了崇尚健康饮食的狂热爱好者，他们可能比我们更相信我们正在做的事。甚至在很大程度上是这些人保证了我们一直走在正途上，好像变成了员工在监督管理者。我给"运动小木屋"（Sport

Chalet）做顾问的时候注意到，相似的情形也发生在这样的运动用品连锁店里。无论是"运动小木屋"连锁店还是乔氏超市，都可能面临一种风险，那就是有些员工对自己销售的产品过于热情，不愿意销售其他产品。

犯罪问题

很多需求端的要求会因为犯罪的因素而受限，所以犯罪因素必须被视为一种主要的供给端限制因素。

内部犯罪

很遗憾，在美国，零售业的内部贪污盗窃是这一行的标志性现象。

连锁商店会租借很多店面，这就让房地产部门有了贪污的可能。拿着低薪，还能保持正直诚实——我认为世界上不存在这样的房产租借业务员。我甚至听说过一些耸人听闻的故事。

与其他很多商业活动一样，财务或采购人员会通过电脑系统设置虚假的供应商。即使是和诚实的供应商交易，采购人员还是有可能收受贿赂。零售业以前有一条老规矩：一名采购只能接受他一天中能吃的食物或抽的香烟。但是这条规则基本上被无视了。

仓库会进出很多流动性货品，但是，顾客不想要的商品就不应该进入库存。巴德·菲舍尔要求工人下班的时候接受搜身，还会给袜类和胶片货品上锁，通过类似方式，他让猫头鹰药店多运营了几年。我们的虚拟物流系统中有一个重要决策，那就是只发整箱货品，这样就减少了许多盗窃现象。而自有品牌的货品非常难控制，我们时不时听说在旧货市场里有乔氏超市品牌的坚果出售。那些大的旧货交易市场对商品流通很重要，这些市场的数据没有被列入 GDP 商品统计，简直是一个大损失。

卡车司机在前往商店的途中有时会发生"有趣"的接头活动。公司在卡车上安装电子记录器的原因之一，就是要查看途中是否发生了计划外的停留行为。这是 Thrifty 公司和 Market 批发公司为数不多的高效举措之一。

店员有极大的概率接触到现金和商品，他们很有可能会做"甜心交易"（sweetheart）。"甜心交易"本是词典中的一个动词，意思是当一名收银员的亲密情人来收银台结账时，这名收银员会按低于标价的价格来结算；或者在扫描商品时，看似扫了条码，但实际上激光束避开了条码。当我 1991 年在买就省超市的夏威夷连锁店工作的时候，发现一名员工一小时里就这样"拿"了 500 美元的货品，完成了多笔"甜心交易"。

所有这些问题都在战后毒品肆虐的社会风气下呈指数级增长，这个情况与"地球哈利"同步出现，并愈演愈烈。在以前所谓的"美好时光"，男人不是赌马就是消费女性，这些都需要花费他们大量的收入，所以男人们转而寻找不需要交税的收入来源。20 世纪 60 年代，我都曾想亲手去烧毁那些毒品窝点。

总之，大多数盗窃行为都与人的欲望相关。虽然通过我们的健康保险和收入保障保险，员工基本上解决了经常被他们拿来做行窃的借口的生活开支问题，但是大多数员工盗窃是为了毒品、赌博和不正当关系。

我们曾有一名店铺经理喜欢值夜班，并负责关店，因为这样他就可以把商品"转移"到他自己开的商店里。勒罗伊监视了一段时间，在他作案的某个晚上当场抓住了他。正如我在前文提过的，我们每年在我家办两次员工派对。这名经理每次来我家都会受到盛情款待，但这个家伙居然还偷东西。家里的派对上后来又发生了一起盗窃钱包的事件，所以我们就只选外面的地方办聚会了。

因为这些内部盗窃的问题，我们最重要的非商品供应商之一可能就是侦探公司了。好的侦探公司确实很难找到，这种性质的工作不容易吸引稳定的人才，我常常怀疑经营侦探公司比管理罪犯还难。但是，多打听打听，看看有没有什么推荐，找到好的侦探伙伴合作还是很值得的。

外部犯罪

在美国，所有干过零售业的人都知道，店里的偷盗都是小偷小摸。乔氏超市在这方面最大的问题是冻虾，这款商品的店铺单位面积销售表现最好，小偷很容易脱手，而且盗贼们常常以团伙形式出没。

如果有小偷顾客通过假支票或假信用卡的手段欺诈，会产生更多的损失。我们普隆托商店的第一家店开在高收入的太平洋帕利塞兹区，就曾遇到这种最糟糕的情形。如今已有很多电子系统帮助零售商减少无效支票和信用卡犯罪活动，但是我在任时这些技术还没出现。真正会带来打击的是那些老顾客。你可能和他们很熟，随手就会收下他们的支票，但后来他们

第 18 章 运营决策，"复式记账"式分析

中有人准备离婚，夫妻双方就会竭尽所能，看看谁先把共同账户里的钱全部用掉，这张支票就成了空头支票。

尽管员工盗窃会产生巨大的经济损失，但最恐怖的其实是抢劫。我们平均每 3 个月就会经历一次抢劫。1971 年，我成了莫扎特的粉丝，有几次当我半夜从一起店铺抢劫案现场驱车回家时，就听着莫扎特的《G 大调弦乐小夜曲》。以这样的方式感受莫扎特真的绝无仅有。英国记者伯纳德·莱文（Bernard Levin）曾说："我怀疑整个生命就是一首莫扎特进行曲。"

为了防止抢劫，我们不仅要用上多个保险箱，频繁地去银行存现金，还要装摄像头之类的。但是，毒品的余害就是在店门口挥之不去。就算是规模大一点的店铺，有很多员工，也抵挡不了什么。每年都会发生超市大抢劫案件，谁来为战后的毒品问题买单呢？是在超市、餐厅、银行里的员工们承担着这一切。即使他们没有被子弹打中过，没有被锁在冷库里，他们仍然会担惊受怕，生怕哪天看到疯子冲进来的可怕景象。

入室盗窃的影响可能小一点，但也只是稍微小一点而已。前文说过，入室盗窃现象在我们停售香烟以后大幅减少。我们用落地保险柜取代了可移动保险柜的做法，也对小偷起到了一定的劝退作用。

我在普隆托商店和乔氏超市的 30 年里，抢劫和偷窃事件大大小小发生过几百件。处理内贼、供应商偷盗、持械抢劫、入室盗窃等事件的时间加起来非常惊人。我可以专门用一个章节的篇幅来写"犯罪端零售"，因为我就是得花一半的时间精力来处理这些事件。例如，出台阻止犯罪发生

的管控方法，发现犯罪行为之后进行侦查和后续行动。

这就是为什么对零售业来说监管职能至关重要。像奥乐齐、开市客这样的零售商在需求端方面可能做得不够，但他们在供给端方面的严格控制让他们仍能保持盈利。所以，作为零售商，不仅要清楚知道自己可以为顾客做什么，也要明白员工、供应商、顾客会对你做什么。

首席执行官的耐力是最重要的供给端因素之一。这点我没有在上面列出来，但它是一项根本要素。让首席执行官耗尽心力的，就是年复一年发生的那些员工盗窃事件。回到1966年，我在处理第一件有关员工背叛的重大事件时，几乎想要退出行业。但是我最后想通了，这就是从事零售业必须承受的一部分，我必须咬紧牙关去面对。然而，一个人在经历了30年后终究会累到喊不出来。幸运的是，莫扎特比弗里德曼更能以神之光芒指引人们。

用这段文字作为本章结尾似乎有点悲观，但正如波斯神话中的造物主阿胡拉·马兹达（Ahura Mazda）说过："没有黑暗，就不会有光明。"

第 19 章

长期规划，以 5 年为周期设计未来

> 工程、医药、法律、商业和建筑专业人员的目标是重塑现状，打造更好的状态。科学之目的是解释世界，而不是改变世界。这是两者在目的上的显著差别。
>
> ——史密森尼学会（Smithsonian Institution）

我们一直在制订正式的计划而不是随性而为。这是我在这一章要认真讲的内容。我会回溯 1958 年开始的所有计划，重新解读它们。当我一次次发现我的预测错误时，都会感觉无地自容。但至少，我把我认为当时会发生的事情记录在了纸上，与最亲近的同事分享，有时也会分享给所有员工。

1977 年的"五年计划"非常成功，我估算了一下，我们完成了计划的 80%。在政府放开对食品零售业的管控之后，我们不仅生存了下来，还成为一家极具竞争力的零售商。虽然我对物流业务缺乏远见，但在这种状况下，我们还是幸存了下来。1982 年，我们的销量比 1977 年时提高了不止 1 倍，税前利润翻了 3 倍。

所以，对于1982年7月起草的"五年计划"，我们已经准备好大展身手了："事实上，我们是洛杉矶地区效率最高的食品零售商……为了度过20世纪80年代初期的艰难年景，我们做好了准备。我们最懂得如何满足新兴的高教育水平人群。这些消费者虽收入不高，但是他们仍会保持自己的品位。他们比任何圈层都更懂得我们那些爆款产品的价值。"

实际上，这本来应该是1990—1994年经济衰退的剧本。我们的很多顾客在航空业崩塌的情况下失业了；很多医生在新的医疗政策下受到负面影响；律师人数供大于求；很多受过高等教育但突然薪资骤减的专业工作者都开始在乔氏超市购物。所以我的错误在于，1982年的决策计划早了8年。

20世纪80年代，我正面临的是真正艰难的时期的到来。当我正在写1982年的"五年计划"时，股票市场同年崩盘触底，利息高涨。但我预判错了，里根总统的冷战防御计划给南加州带来了数十亿美元的投入。正如第7章里所讲的，美元强势的状况让我们占了便宜。

从整体性的视角定方向

世界上没有经济问题，只有设计问题。

——巴克敏斯特·富勒

下面这些话来自IBM 360系统的建构师小弗雷德里克·布鲁克斯（Frederick P. Brooks. Jr.），引自出版于1982年的充满洞见的《人月神话》（*The Mythical Man Month*）一书。这是我最喜欢的管理书籍之一。

第 19 章　长期规划，以 5 年为周期设计未来

在系统设计里，我认为概念的整体性是最重要的。一个能反映出整体设计概念而忽略了一些异常点和修复改良意图的系统，好过一个有很多不错的独立功能、但是彼此之间毫无协同整合的系统……

概念整体性决定了设计工作必须以一个想法来推进，或者说是由几个互相认可、彼此回应的想法来协同推进……

因此，要得到一个好的设计，须考虑的第一要务就是设计的整体性，而你无法从所谓的委员会里获得整合……

编程系统的目的是使计算机易于使用……

我至今为止所有的经验都让我确信，系统概念的整体性决定了其易用性……

易用性只有在功能规范所节约的时间超过学习、记忆和查找指南手册的时间的情况下，才能得到提高……

因为易用性是目标，所以功能性与概念复杂性的比例是系统设计的最终测试。单纯的功能性或简单程度都不能定义一个好的设计……

然而，对于给定的功能水平，能以最简单直接的方式指定对象的系统是最好的。只有简单还不够……

简单直接的程度取决于概念的整体性。每个部分必须反映出一致的哲学理念以及各种需求之间的平衡。易用性是所有设计单元的指向，就是一种概念整体性……

至少 1982 年的"五年计划"使乔氏超市再次致力于离散性而非连续性，因为我们已经证明，离散性是乔氏超市与其他所有零售商区分开来的关键。

此外，我们也在不断学习，如果没有真正的计算机体系的帮助，很难管理那些离散的产品，尤其当我们要持续开新店的时候，这个问题更大。我在第 13 章讨论过订购面包的问题，1982 年做计划的时候，这个问题着实令我头疼。

最终，为了获得布鲁克斯所提的"易用性"，我们更新了所有计算机系统，希望这个变化能缓解当下的境况，效果确实很理想。当然，我对"概念整体性决定了设计工作必须以一个想法来推进"的观点没有任何异议。

让每个员工都在产品上注入个人热情

1954 年起，我就把诺伯特·威纳（Norbert Wiener）的这句"人是不可取代的"作为我的座右铭。这句话是他在《控制论》(*Cybernetics*)一书中介绍信息时代时提到的。1982 年，乔氏超市的员工普遍焦虑不安，因为他们感受到了电脑替代人工的威胁，而且那时候社会经济状况非常糟糕。所以我发起了"合作的行动计划方案"，让员工们专注于"人是不可取代的"这一主题。这句话从 1969 年起收录到了我们的员工手册里。

我希望员工作为一个环，连接"人是不可取代的"这一原则与有个性化特点的商品销售。在我看来，汰渍和福爵这样的产品就不需要人来干预，它们完全可以用机器来售卖。其他超市启用的全自动收银台，我们则谨慎推行。这些超市认为，节省收银员的人力成本可以抵消因顾客的不诚信而漏扫的商品的价值。我确实也觉得当面检查收银是不人性化的。所以乔氏超市没有长期固定的收银员，由店内的所有员工来分担这个角色。

葡萄酒和布里奶酪的成功已是昨日辉煌。这里讲一下为什么我们的盔甲经典晚餐价格是别家超市的一半：秘诀就是"人"。我们的员工会开发自我潜能，充分了解产品知识。了解产品最好的路径不是通过培训，而是需要每名员工在产品上注入热情。产品讲解中有多少比例是员工的真诚介绍，又有多少比例是销售话术呢？我也不清楚。但我们对于给到顾客的信息非常注意。同时，我们并不鼓励员工做多余的推销。

因为之前提过的 FDA 的问题，我特别不想让员工推销维生素。我也不想让他们推销葡萄酒，因为这个过程特别费时间。我曾解释过，我想让《新品简报》成为最主要的销售工具。

但我们的销售最终还是依赖店员作为"人"的影响力。1962 年开始启用的高薪资政策依然发挥作用。店里销售苹果电脑就需要新的"人的技能"；为了开新店，持续招募、培训员工，提拔现有员工；社会上出现关于性别和种族意识的新变化；还有所有来自政府的职业安全与健康标准新政策。这些都是要用到人的地方。我们全职员工的角色用"管理员"来形容最贴切了。虽然他们仍然需要上货，但是喜欢在零售店里工作的人都有一样的特质，那就是喜欢一定程度的体力活。晚上他们回到家，会心满意足地回想自己今天搞定了几百箱货。

很多员工在产品上找到了热情。我们也在办公室里定期举办品酒会。还有一件事特别有意思，我们的采购人员每年有 5 次跑到店里和顾客们讲解下一期《新品简报》里会推介的新产品。他们真正做到了对产品了然于心。

我们还是非常欠缺店面人员的行政与管理培训。我们也意识到，自

20世纪60年代末以来，乔氏超市就缺乏这方面的培训，而是只专注于对员工处理体力型任务和资金方面的培训。在这方面，我们没有自己的人才。我希望约翰·希尔兹能找到外援帮我们培训。在我离开乔氏超市之前，这个愿望还是没有实现。

基本上来说，1982年的"五年计划"沿袭了1977年的"五年计划"的方向。同时，我们有了更好的执行和控制力。乔氏超市1988年的销售额是1982年的240%，税前利润翻了3.55倍。

1988年的"五年计划"在1987年12月写完，那年10月发生股市崩盘不久，我就招募了希尔兹来帮我准备这个计划。在这一计划里，我们预见到冷战之后加州经济的艰难境况会持续到1994年。事实证明，我们的预测没有错。如果不是因为1994年1月的北岭大地震中保险公司和政府支援200亿美元的话，我认为经济衰退会持续更长时间。我们计划在人口资源丰富的北加州开12家店，这个计划后来完全实现了，其中就包括实现我们历史最高销售额的圣拉斐尔店。

这些就是我想说的了。因为在写完计划4个月后，也就是1988年4月，我递交了辞呈，同年12月31日正式离开。我无法评判这个计划是否成功，因为我已经不在乔氏超市了。这个计划中也提出了更换高管的问题，但之后更详细的事我确实不知道了。

坪效之王的经营智慧

1. 选择单品爆品而非整条产品线。我们反对那种仗着自己有完整的产品线就能进店的想法。种类齐全并不是客户的关注点。

2. 每一件自有品牌的商品必须有一个明确的差异点，要么价格最低，要么别人没有，否则淘汰。

3. 鼓励供应商把产品的包装数量和规格做大，这样可以降低采购成本；售卖时不设固定货架。尽可能地在货品外包装纸箱里直接展示产品。

4. 采购的任务不是谈判而是开发产品，聚焦自有品牌和"无牌"产品，从中发掘出具有独特优势的产品。

5. 从毛利率定价转为毛利额定价。先找出要采购和销售的某商品的现行价格，在此基础上确定一个有市场竞争力的价格，同时计算出销售该商品能够获取的利润。

6. 我们的产品取名都需要选一个特别的视角。我想要和那些受教育水平高、收入水平低的客户建立一种无需言语的共识，当他们在逛货架的时候，他们能在产品上读取那些秘密信号。

Becoming Trader Joe

第三部分
优雅退出，为乔氏超市谋求更长远的发展

Becoming Trader Joe

专家导读

出售乔氏超市，是为了注入更大能量

张智强

元旨品类管理创始人、畅销书《品类管理》作者

不少成功的零售创业者都会把自己创立的公司作为一辈子的职业归宿，很少有中途离开或者放弃的。库隆布的乔氏超市不仅是美国消费者心目中一颗格外耀眼的明星，也被全世界的零售同行奉为典范。将乔氏超市的所有权出售，并在10年以后悄然离开，库隆布的心里充满了无奈和不舍。

本书的第三部分，作者对当时的情况进行详细说明，解释了其中的无奈，表达了在巨大压力之下将公司出售的悔意。

在汉语中，"公司"的基本含义是"为了生意或买卖而成立的组织"；而英文"company"一词，基本的意思是与别人"联合"或"相伴"。这种概念上的细微不同，体现在商业实践中差别却很大。与员工分享企业的所有权，是很多成功的美国零售企业的共同特征，山姆·沃尔顿甚至把股权分享看作沃尔玛成功的最重要因素之一。

库隆布从创业一开始，就把分享股权、让员工成为股东作为最基本的信条。库隆布着手员工股票期权计划，按照预期，实行该计划多年后，他自己和妻子将拥有公司25%的股权，其他管理人员和普通员工合计持股75%。为此，他精心谋划、筹备，而公

司突然整体出售，使他的计划未能实现。

至于为什么决定出售自己一手创建的乔氏超市，库隆布从3个角度做了说明。

首先，购买乔氏超市的德国奥乐齐是个伟大的企业，其经营风格和双方达成的协议，是库隆布能够接受的。从第二次世界大战的废墟上成长起来的奥乐齐，用一种极其简单的经营模式，成为创造德国战后经济奇迹的重要力量。标准的奥乐齐门店只有600平方米，销售600多个品项。而这600个品项的商品，都是德国人日常生活中最基本的食品和日用消费品，奥乐齐坚持用尽可能低的成本采购，再以尽可能低的利润（约为德国超市行业平均水平的1/3）销售。在库隆布看来，德国当时的货币马克之所以成为1949年以后全世界最坚挺的"硬通货"，一定程度上有赖于奥乐齐的创始人阿尔布雷希特兄弟坚持不懈地把德国的食品价格控制在极低的水平，并成功引入了食品行业的各种创新之举。出售乔氏超市的合同中，奥乐齐方承诺不改变乔氏超市一直以来的经营方式。奥乐齐接受了库隆布的所有条件，还请库隆布留任10年做顾问，这让他足够安心，相信自己所托良人。

其次，是奥乐齐慷慨的出价。

由于美国联邦政府在1976年解除了公平贸易法案,零售行业的价格竞争日益激烈,很多人不看好乔氏超市的生存能力,库隆布和自己的管理团队也担忧是否能挺过去。库隆布没有透露奥乐齐的出价具体是多少,但明确提到奥乐齐曾数次提高收购价格。出售乔氏超市不仅让他们夫妇有了舒适的生活,让追随自己的老臣和部分员工得到一笔意料之外的钱,还解除了乔氏超市未来的忧患。

最后,是公司继承人的问题。库隆布和妻子爱丽丝育有一儿两女,3个孩子从幼年起都积极地帮助父亲料理生意,儿子小乔还帮助设计了门店的计算机系统。但库隆布知道,3个孩子的主要职业兴趣都不在乔氏超市业务中,儿子是计算机方面的专才,大女儿是建筑专家,二女儿经营着不错的互联网生意。在各自的领域里,"他们都是非常优秀的人",做父亲的绝不会自私地要求他们为了承接家族生意而牺牲自己的生活。

在故事的最后,库隆布坦然承认,他后悔没有直面所有真实的或想象的困难,后悔出售了乔氏超市,为此,他也付出了代价。

第 20 章

不遗余力推进员工持股计划

所有人持有资产时都期待资产数字上的增值。

——爱默生

乔氏超市的故事讲到这里，我还没提到 1979 年公司实际持有者发生的巨大变化，那是在"尖刀麦克"阶段开始后的第二年。之所以先不提这件事，是因为我不想打断叙事的节奏和讲述乔氏超市日常作业的过程。毕竟这部分对乔氏超市的正常运营没有什么影响。

我们，也就是员工和我，1979 年把乔氏超市卖给了阿尔布雷希特家族。没想到的是，我后来在乔氏超市继续工作了 10 年。

一定要让员工真正拥有所有权

从最早的普隆托商店开始，我在经营上的一个基本原则和基本目标就是让员工真正拥有公司所有权。但是，实现这个目标的过程非常复杂。

由于内部原因，雷氏药店和每家普隆托店铺合资，所以我们和雷氏药店有 7 家合作公司，1962 年和阿多尔乳业的交易又增加了一家，变成 8 家公司。但是我并不希望员工只是参与投资一家店或者一家分公司，不然就像特许加盟模式了。我们的模式更重要的地方，在于员工贯彻服务于所有店铺，包括公司管理。为了让员工能够在公司整体业务上进行投资，我们需要把 8 家公司整合起来，这样就诞生了普隆托投资俱乐部。

俱乐部的创建者是我斯坦福大学的室友查尔斯·弗勒利希（Charles W. Froehlich）。在我任职于普隆托商店和乔氏超市的 30 年里，弗勒利希一直是我们的首席律师。他在其他组织担任不同职位：1960—1964 年在加州大学伯克利分校的法学院担任税法教授，1972—1982 年担任美国最高法院的法官，1987—1996 年担任上诉法庭的法官。但其实他一直扮演着维吉尔的角色，带领着我们穿越税务的"暗黑森林"。①

我买下普隆托商店时，弗勒利希还在伯克利大学法学院授课。他建立普隆托投资俱乐部，将俱乐部作为 8 家关联公司的持股方，从而避免了与加州公司专员的复杂交涉流程。你可能会问，为什么我们不直接合并这些公司呢？因为在我们还没有那么壮大的时候，把公司拆分开来，能为我们带来税款优惠，有利于我们做出一张不错的资产负债表。那个年代的税号制度要求每家公司——无论是通用汽车还是普隆托商店，都需要缴纳常规的企业所得税；若收入超过 25 000 美元，还须缴附加税。

免交 25 000 美元收入的附加税，就意味着可以省下 12 500 美元。对

---

① 出自但丁的《神曲》中的《维吉尔》：但丁在一个黑暗的森林里迷了路，古罗马诗人维吉尔的灵魂救护了他。——编者注

通用汽车来说，这笔钱可能微不足道，但是对我们来说，每年就等于省下 10 万美元税款。这样一来，我们能让 8 家公司都有足够的盈利。我们 1965 年末的净收入还不到 50 万美元，那时，我们每家公司都不可能挣到足够多的税前利润来省下 10 万美元，所以这笔税款对我们来说相当可观。

为了避免附加税，我们得将 8 家公司的所有权分开，这样他们就不会被"垄断控制"。在"归属权"的规则之下，普隆托投资俱乐部所持有的股份按比例"归属"于俱乐部的每个成员。只要其中包括我在内最大的 5 个股东持有率不到 80%，那么公司就不会被认为属于"垄断控制"，并且可以免缴附加税。

几年后，多次省下的附加税积攒起来，算上 1962—1977 年的通胀因素，数字蔚为可观。那时候的现金比现在的可值钱多了。弗勒利希的这个做法合理利用了普隆托商店的复杂结构，确保了我们在财务上的成功。1967 年我们创立乔氏超市的时候，就直接在普隆托商店的名下开店了。

员工们非常渴望有机会投资我们的生意，但这样的热忱不是一定能得到回报。就像我之前指出的，我们所有的交易额都按账面价值来算，没有未来估值，没有溢价。如果有一名员工离开，我们有权回购他在普隆托投资俱乐部里拥有的股份。哪怕普隆托商店不存在了，我们依然"拥有它的名字"。由新员工或者老员工来接手这些股份也是理所应当的。更重要的是，我们可以保持规范中要求的股份稀释，这样就能得到每年 10 万美元的税款优惠。

持续推进员工持股计划

到 1975 年为止,这个体系运作得都很好,但是整个经济环境发生了翻天覆地的转变。1974 年,经济形势已经触底,就像我在前文描述的那样,那时的经济突然迅速反弹。最重要的是,南加州的房价 1974—1977 年起码翻了一番。

这背后的原因是一项法案的出台,它可能是历史上最重要的女性权益法案之一。该法案中有两项规定:一是借贷方不可拒绝单身女性按揭贷款的申请,可以根据女性的收入来核定按揭的金额;二是对于已婚双职工家庭,妻子的收入必须被纳入夫妇还贷能力的评估。

我估计这个政策的出台并没有经过深思熟虑,但它还是大幅提高了女性和双职工家庭的购房能力。女性几乎都出去工作了,因为这样她们就买得起自己想要的房子了。我们员工的妻子们突然发现房价平地而起,涨出了天际。1975 年,当员工家庭必须在买房、换大房子和在普隆托投资俱乐部投资之间做出选择时,很多人放弃了投资俱乐部。

当我们一些年老员工过世时,员工持股情况变得越发不明朗。我一直强调要雇用 55 岁以上的员工,因为他们通常都能和顾客相处得很好,对产品知识的了解也特别丰富。一些老年员工去世后,他们的遗孀会把他们在普隆托投资俱乐部的股份变现。我就面临找不到足够多的员工来接手股份的问题。

员工持股最多的人都是像勒罗伊、吉恩·彭伯顿、保罗·里德(Paul

Reid)、约翰·埃普这样的公司忠臣，他们总是出头收走多出来的股份。但是因为股权稀释的问题，我无法让他们买下更多的份额。

一开始，我想到一个解决方案：把店长奖金转为股份来分发。但这个方式并不受欢迎，员工们还是想拿钱去买房。我也试过把公司的分红变成股东的现金分红，包括算在我头上的和投资俱乐部名下的股票。对俱乐部成员来说，这是个好办法，因为他们能拿到一些现金回报，但是对我来说，这是一个税务灾难。我的边际税率是73%，里根总统执政时代的税率非常高。

后来，我开始从8家公司购买股份，但我依然是实际控股人，公司里其他部分的股份还是算我的。这样就加剧了股份稀释不够的问题。

我们这些公司没有现金短缺问题，1975年我们就已经还清了美国银行的贷款，自1975年后也已没有任何固定贷款债务。我很乐意买下所有我们需要出售的股份，但每年我们都会损失税后10万美元。不出几年，我们一定会面临危机。弗勒利希去美国最高法院任职后，埃德·韦斯曼（Ed Weissman）接替他成为我们的律师。韦斯曼和我详尽地研究了员工股票期权计划（ESOP），在1975年，这还是一个相对较新的概念。

我俩想出了一个方案：为员工设计一个附加的退休计划，乔氏超市每年将等同于员工收入10%的金额放入其中。这些现金当然可以抵税，它们累加起来以后，在某种程度上可以用来稀释我的公司所有权比例，然后一步一步，未来我的股份会被稀释到25%，而我仍然拥有投票决策权。

要实现这个员工股票期权计划，我们就得放弃每年 10 万美元的税款优惠，并且需要合并所有公司。但是我们之前省下的税款总额已经能冲抵这个方案带来的资金流出，只要我们确保日常运营需要的现金量。如果顺利的话，实行这个方案多年后，我和妻子爱丽丝的持股份额将为 25%，而员工则将拥有 75% 的乔氏超市股份。

我们花了一年时间落实了所有细节，在 1976 年秋天启动了最后的程序——请外部的评估公司来评估股价。我们聘请了洛杉矶顶尖的企业评估公司。就在要出评估报告的那晚，州政府发布了令人震惊的公平贸易法和有关乳品定价的公告。

面对这些突如其来的变化所导致的不确定性，评估公司无法发布原来的评估结果了。其实，即便结果发布了，员工也还是缺乏信心，因为很多人已经觉得乔氏超市在这个政策下可能面临破产。到这个时点，我已经努力了 22 年，我希望实现员工持有公司大部分股份的愿景破灭了，这也开启了把乔氏超市出售给阿尔布雷希特家族的历程。

第 21 章

为长远计，出售乔氏超市

我共事过的最精明的人——蒙特利尔 Provigo 超市总裁伯纳德·麦克唐奈（Bernard McDonell）告诉我一句话："'风险管理'是什么？风险管理就是提出这样的问题——'如果我接受，我会承担什么风险？如果我拒绝，我会面临什么？'"这句话是他的前上司兼导师索尔·斯坦伯格（Saul Steinberg）说的。

"一页纸合同"，出售乔氏超市

1919 年，卡尔·阿尔布雷希特（Karl Albrecht）和特奥多·阿尔布雷希特（Theodore Albrecht）的父母在他们还是婴儿的时候，贷款在德国埃森买了 3 间很小的杂货铺子。那时第一次世界大战刚刚结束，恶性通货膨胀还没发生。几年后爆发的通胀，把他们因购买店铺而背上的固定借款一笔抹去。不过，风水轮流转……

第二次世界大战期间，这对兄弟 20 多岁，他们应征加入了德国国防军，退伍返回埃森后，就接过了父母的小店生意。那时候，整个德国支离破碎。埃森是克虏伯钢铁公司的总部所在地，战时被空袭扫为平地。他们还听说美国的大型连锁超市已经准备进入德国市场。在当时的情形下，他们决定背水一战，在1949年设计了"盒子"商店。这是德国经济史上浓墨重彩的一笔，影响深远。

"盒子"商店的概念就是在约560平方米的地方容纳600种单品。这些单品是食品杂货店里最基础的商品。两兄弟竭尽所能以最便宜的价格采购，然后像今天的开市客一样，以最低的毛利来售卖。这些叫"Aldi"的"盒子"商店成为让战后德国没有经历通胀就实现增长的原因之一。1949年之后，德国马克一度是世界首要的硬通货，不仅仅是因为有著名的德国前经济部长路德维希·艾哈德（Ludwig Erhard）的贡献，也要归功于阿尔布雷希特兄弟倾尽全力，把德国的食品杂货价格压低。而且，他们引入了很多的创新，比如售卖罐装啤酒。在他们之前，德国人从没听说过罐装啤酒。

1970年前后，虽然兄弟俩在埃森相邻而居，两家距离仅15分钟车程，但是他们在经营之路上还是分道扬镳了。卡尔的市场份额分到了埃森以南的德国地区、奥地利、西班牙和英国；特奥多（我认识他的时候叫他特奥，后文也就这样叫了）取得了德国东北部、西柏林、北德平原和法国的市场。

1975年，卡尔到美国收购了艾奥瓦州濒临关门的连锁超市本纳茶业公司（Benner Tea Co.），以此作为后台基础，开始在美国中西部复制奥乐齐的模式。卡尔虽然做了很多改变，但是运营的核心原则是一致的：向各家生产商提出蛋黄酱、油、纸巾等通用商品的要求，哪家给出符合需求的最低价，哪家就能获得订单。奥乐齐的毛利率是一般超市的1/3，几乎没有生鲜产品。直到最近几年，才开始提供冷藏和冷冻商品。

"盒子"商店的概念看上去很简单。很多连锁商店，包括宝石茶（Jewel Tea）这样的巨头都曾尝试过这个模式，但最终无一成功。今天，卡尔的奥乐齐本纳连锁店是唯一的幸存者，拥有覆盖美国36个州的2 000多家店铺。

可能因为兄弟竞争的压力，特奥委托了投资银行多米尼克 & 多米尼克（Dominick & Dominick）找一家合适的美国连锁企业作为收购对象，来启动他在美国的"奥乐齐"业务。因为发现乔氏超市的店铺面积和他期待的差不多，投行的人联系了我们，我说我没兴趣谈，但是他们一直坚持。1977年3月，借着去欧洲采购葡萄酒的机会，我飞去了埃森。

在那里我遇到了迪特尔·布兰德斯（Dieter Brandes），他是我认识的最优秀、聪明的人。布兰德斯那年35岁，他在汉堡发生空袭大火的1942年出生，所以很容易就能算出他的年龄。他是一名经济学博士，高高瘦瘦的，几年前才加入特奥旗下，然后一路高歌猛进，迅速成为特奥公司的掌舵人。布兰德斯专门负责德国以外的运营业务，包括欧洲的一些国家和美国。无论聊经济、法律还是聊家常，他的英文都流利自如。

他带我参观了他们的一些店铺，解释了背后的运营模式，这些都令我印象深刻。3个月后，布兰德斯夫妇来洛杉矶和我们相处了几天。布兰德斯一直劝我尽快出售乔氏超市，加上多米尼克 & 多米尼克公司的压力，最后我同意10月去德国正式讨论出售事宜。

我在埃森和爱丽丝一起见了特奥，还有他充满魅力又智慧的妻子希莉和他们的两个20多岁的儿子，小特奥多、贝特霍尔特。58岁的特奥令人印象深刻，他很帅气，气质稳重，是个睿智的人。特奥看上去像个建筑师，如果经济环境允许，这也是他希望从事的职业。奥乐齐店铺的空间运用极具建筑学美感，体现出严谨的包豪斯风格，我被吸引了。此后，我为特奥工作了10年。

不过，那时的我还没想到自己会跟他共事那么久。当时我又细细观察了奥乐齐，它的运营模式让我产生了一种反感：它的每个管理概念都和我坚守的理念截然相反。奥乐齐的模式对德国经济的贡献巨大，和德国文化也很一致，但是我无法接受，于是决定撤退。爱丽丝和我去了巴黎，去看望在那里工作的儿子小乔。为此，布兰德斯感到十分受挫。

我觉得乔氏超市不可能成为奥乐齐连锁店进入美国市场的跳板。我不认为这个模式能够奏效。我也不知道卡尔的奥乐齐本纳连锁店的财务状况。奥乐齐的运营理念和"地球哈利"的理念全然冲突，也和我的员工政策有矛盾。而且，我觉得德国人并不能理解美国尚在法庭讨论阶段的一个问题会在未来带来的威胁，那就是关于是否要结束针对酒类的公平贸易法政策的问题。但总之，由于我们的一些员工觉得如果公平贸易法终结，我们就会破产，所以我们当时想向普隆托投资俱乐部求助。

另一边，布兰德斯瞄准了这个机会，他认为如果乔氏超市在政策变化下无法生存，那就是奥乐齐出手的好时机。他们可以继续推进，让乔氏超市协助奥乐齐连锁店在美国市场启动。在我看来，无论什么情况，这个交易都绝不可能成交。

第 21 章　为长远计，出售乔氏超市

1978年，公平贸易法告终，多米尼克&多米尼克公司即刻打来电话。我告诉他们乔氏超市的状况良好，没有压力，我们一定会找到解决方案。总之，我和他们说了我会和员工说的话：从政府监管中获得自主权总是好的。接下来的几个月，我们还真就在"尖刀麦克"模式下解决了这个政策变化带来的问题。而这个结果令埃森的朋友们更急切地想要促成交易，他们持续加价。

最后，1978年10月，多米尼克&多米尼克公司打电话给出了一个大改过的收购方案，内容如下：

1. 他们以乔氏超市在政府政策放开后的估值来收购。
2. 他们不会对乔氏超市的运营方式做出任何改变。
3. 我不需要签署管理层合同。
4. 收购价格是一年前的方案的3倍。当然这是因为我们在"尖刀麦克"阶段赚了更多钱。

我回复说，收购合同不能超过一页，不能有任何保留的支付条款、回扣条款等其他内容。特奥发来传真说，如果我保证在过去的5年是全身心地在认真运营乔氏超市的，他就同意合同只做一页。他当然知道我是怎么做事的，所以，我们毫无悬念地签订了只有一页的合约。

早在1977年，在我的要求之下，德国方面就找了一家杰出的律师事务所来代表奥乐齐进行谈判。到1979年，当律师们得知只能用一页来起草合同的时候，他们两手一摊，表示无法做到，所以我的律师拟写了合同内容。虽然最终的页数超过了一页，但内容在本质上遵从了一页的原则。

有意思的是，对极简合约的坚持让我在 1989 年担任起 Thrifty 公司的顾问。吉姆·乌克罗皮纳（Jim Ukropina）当时成为太平洋公司下属南加州天然气公司的首席执行官后，收购了 Thrifty 公司。那时，他想起了著名的"一页乔"，所以便来找我做顾问。

乔氏超市的经营方式不会改变

> 钱无非三种："勉强度日"的钱、"生活滋润"的钱和"财务自由"的钱。
> ——弗雷德里克·福赛思（Frederick Forsyth）[①]

1979 年收购案完成，乔氏超市的伙伴们回去工作了，似乎一切都没有改变。这里我要澄清几个要点。

第一，我们不是把公司"卖给德国公司"。股份是放在了特奥的家族信托基金里，也可以理解为是给特奥的两个儿子——小特奥多和贝特霍尔特的基金。关于这一点，美国酒精饮料控制部门都有公开的记录。

第二，阿尔布雷希特家族对乔氏超市没有任何直接的投资，因为我们没有任何债务担保。他们也没有任何分红。乔氏超市在后续扩张发展的过程中没有拿取任何来自阿尔布雷希特家族或奥乐齐超市的财务支持，同时，奥乐齐和乔氏超市也没有任何买卖关系。

[①] 弗雷德里克·福赛思，国际政治惊险小说大师。——编者注

第三，阿尔布雷希特家族和布兰德斯从未在乔氏超市的管理层担当任何主要角色。一方面，他们全身心地聚焦在欧洲；另一方面，我每月会给他们发一份报告，每年趁着飞欧洲采购葡萄酒的机会，去一次埃森拜访他们。特奥大概3年来一次美国。最早的几年里，他们在美国开新店的时候来找我支持，但是我拒绝了。因为我们当时忙于解决棘手的物流问题。

第四，我从未参与奥乐齐在欧洲的运营业务。在他们收购了乔氏超市的一年后，布兰德斯需要找到更多的在美投资机会，就买下了艾伯森连锁超市（Albertson's）10%的股份。当美国证券交易委员会公布此消息的时候，艾伯森的管理层都震惊了，所有高管决定集体辞职，因为他们觉得公司要被德国"入侵"了。之前就发生过这样的案例：仓储式会员店索尔普莱斯（Sol Price）把FedMart卖给了一家德国资本公司，而这桩收购案引发了索尔普莱斯管理层的大规模退出，导致FedMart的业务崩盘。所以，我不得不去帮忙说服艾伯森公司的员工，告诉他们德国的阿尔布雷希特家族是怀揣善意的。接着，布兰德斯、特奥和我飞去博伊西市和艾伯森公司的管理层交流了3天。这次经历让这些艾奥瓦州人重新认识了特奥和布兰德斯，他们惊叹于这两位并不是他们想象中的奥托·普雷明格（Otto Preminger）、埃里克·冯·斯特罗海姆（Erich von Stroheim），或者是那些在第二次世界大战题材的电影中出现的狂暴德国人形象。特奥他们承诺未来奥乐齐与艾伯森的管理关系会和与乔氏超市的关系一样，由艾伯森自主运营。会议进行得非常顺利。双方关系自此以后一直保持融洽，阿尔布雷希特家庭又追加购入了更多的股份。

在乔氏超市出售2年后，美国国税局审计了我们1978年的财务情况，又追征了10万美元的税。理由是公司所有权没有被足够稀释，所以乔氏超市无法享受 8 项减免附加税的政策。阿尔布雷希特家族从没有因为"一页合同"里没有保留条款而抱怨过一句。过了几年，当我们把"内部参考"的名字卖了 10 万美元的时候，我觉得也算是对这个失误做了一部分弥补。

这场交易背后的思考

人们经常感到好奇，乔氏超市做得风生水起，为什么我要卖掉？我们不如换一个视角，用麦克唐奈的风险计算思路来提问："如果我出售乔氏超市，风险是什么？如果我不出售，又会有什么风险？"

这种风险计算法还能处理夫妻之间的遗产税问题。出售案过后几年，里根总统才终止了这个令人深恶痛绝的税法。在这个税法的规定下，如果我去世了，我的税务问题可能会使一家没有领导者的公司破产。这种计算法还在卡特总统 1980 年威胁要取消资本利得税优惠的事情上出了力，因为这一威胁若实现，我的资本利得税将从 33% 增加到 73%。这一计算法当初也帮我们评估了因乔氏超市的股份稀释度不够，将损失 10 万美元附加税减免优惠的问题。另外一个著名的测算结果是，根据经济学家康德拉季耶夫的长波理论，大萧条会在 1985 年到来。这种计算法还让我考虑到了一件事：随着销售量的增长，我们的税后收入水涨船高，以至于以后都不用再为经济衰退而担忧，当然前提是我不拿这些钱去挥霍。

现在来看一下，如果我出售乔氏超市，会承担什么风险。答案是，这将意味着我会失去一个洞察世界的窗口。我对这个世界的体验大多数都是通过乔氏超市得来的，这是自己创业的好处。为别人打工的话，我的窗户

第 21 章　为长远计，出售乔氏超市

不可能如此宽阔，即使可以挣很多钱，甚至可以获得创始人的高度授权。我的评估风险还包括我会把自己与世界的联结，以及我自己的归属感都算进去。那些洞见都是对的。有时候上天给了我一则预言，但我就是没看见。

"但是，乔，你有没有考虑过，如果你同意这桩交易的话，有可能无法获得更大的财富？"不，我不这么想。1947 年在斯坦福大学求学期间，我学到一条亚里士多德式的中庸之道，并铭记在心——希腊哲学中的节制思想，即万物不可过度。阿尔布雷希特家族的出价符合了我的"不过度"准则。

总之，我研究了一遍麦克唐奈的风险计算之后，做出的决定是出售乔氏超市，从此我们过上了非常舒适的生活。我的等身"乔氏超市"转由阿尔布雷希特家族拥有。也许我当初应该听爱丽丝的话，1967 年的时候应该给它取名叫"妈妈超市"。

我和爱丽丝的孩子们呢？他们不准备接手生意吗？这是我经常被问到的问题。我的答案是：绝不让孩子们接手。

在法国，我见过那些家族酒业公司代代传承，父子相对而坐，就是为了所谓的传承。儿子如果非常有能力，就要肩负着扛起家族世世代代成就的压力，在我看来挺惨的。我一直为那些需要继承家族生意的人感到遗憾，因为他们无论多么努力证明自己的成功，都永远会被质疑是不是靠自己赢得的这一切。

在家族生意里，当然没有人是真的只靠自己的。爱丽丝和我还算幸运，我们都来自条件一般但十分温暖的家庭。我俩接受了 11 年的斯坦福

坪效之王　Becoming Trader Joe

大学教育，虽然时不时会陷入惨淡潦倒的境地，但应该不太可能会变穷。

我们的孩子小乔和夏洛特到了能开始找工作的年纪就出来干活了。他们帮我计算香烟的优惠券，我付给他们每小时 10 美分的工资。后来，当我们有了《新品简报》的订阅者后，两个孩子就帮我们派发。马德琳加入他们的行列有点晚。我在美国没完没了地开车寻找开店地址的时候，这 3 个孩子就一直陪着我。我们夫妻俩每次去欧洲采购的时候，也尽量都带上他们。我确实算是一个工作狂，但是并未缺席孩子们的成长历程。什么是荣耀的代价？做到什么程度才算够？

每个孩子都能胜任我的生意，但我并不想他们这么做。小乔确实在计算机方面发挥了重要作用，我之前提到过，但那次经历并不能算作他的职业发展。小乔后来进入雷利香烟公司（Raleigh）的智囊机构工作，现在他在微软公司的智囊机构工作。夏洛特是盖蒂博物馆的高管，她曾经参与博物馆的建设。马德琳经营着一份利润不错的互联网生意。他们都成为优秀的人才。

出售乔氏超市对孩子们还有一个影响。1976 年，当大家都觉得乔氏超市的股票一文不值的时候，我给每个孩子分了一些股份。这样做其实并没有稀释我的所有权，因为股份最终还是归我。可是当 2 年后我们卖掉公司的时候，我的孩子们都获得了全额的资金回报。这些钱不足以致富，但也足够为他们在遇到困难的时候挡风遮雨。另外，当美国国税局在审计我的赠予资产的时候也同意说，依据 1976 年末的情势，当时我手里的股票确实如我申报的一样，不名一文。

第 21 章　为长远计，出售乔氏超市

"乔，"商学院一年级的学生会问，"既不出售你的公司，也不让你的孩子继承事业，那你的'退出机制'是什么？"

我讨厌听到年轻企业家夸夸其谈所谓的"退出机制"，听上去像是在一家企业建构起来以后，创始人随时可以两手一摊走人。我在财务上的"退出机制"就是员工持股计划。我从来没有打算通过出售公司给外人的方式退出。

事实上，在政府管制放松的前一年，我拒绝了两家美国连锁超市的收购邀约。我说过，我绝对不会把公司卖给一家美国大公司。他们会让我写无数的报告，榨干乔氏超市的现金储备，让我和我的员工们承担风险。我喜欢阿尔布雷希特家族的地方就是他们和我一样是财务保守派。完成收购之后，这点也一直没变。因为我知道，关于我后面职业生涯的事情，都会汇报给布兰德斯。他虽然比我小 10 岁，但是我们惺惺相惜。

综上理由，我把公司卖了。你问我后悔吗？下一章，我们来谈谈这个问题。

我们的顾客和供应商对我们卖公司的事情一清二楚，员工也一样。唯一让一些员工感到意外的是，他们突然需要支付巨额的资产增值税。因为当初他们是以原始股价购买的，有些员工甚至早在 20 世纪 60 年代就持股了。我和阿尔布雷希特家族的交易对乔氏超市的运营没有产生任何影响。唯一公开的改变是我们把 8 家公司合并成了一家。这是我们必须做的，因为我们不再需要为了保留 8 项附加税减免的优惠，而将股权稀释到一定的程度了。

第 22 章

和一切再见,开启新征程

和一切伟大的作品一样,任何语言都无法表达内心深处的汹涌。

——加缪

1985年,在我卖掉乔氏超市6年后,我们因为"尖刀麦克"的模式实现了卓然业绩,但是也遇到了一些问题。

弗兰克·河野因为心脏病去世了。他虽然才50岁,却有重度烟瘾。这位和蔼智慧的日裔美国人1960年就加入了我们。1967年之前,他是我们的采购人员。1980年起,他管理着我们一半数量的店铺。乔氏超市的许多文化都是在河野的影响下形成的。员工乐于为他工作,他也是一名卓越的培训员。河野的家族曾经营农贸市场,所以他比我们更懂产品,最早的那些试酒工作基本上都是他来负责的。我们非常怀念他。

接下来的圣诞节,我收到了令人震惊的消息,布兰德斯从奥乐齐辞职了。我从没想到会发生这种事,曾经期待和他在余下的职业生涯继续共事的计划就此破灭。在埃森的高管中,布兰德斯是唯一能说流利英语的,其他人说的都没有他一半流利,特奥和我基本上用菜鸟水平的法语交流。这件事后,我俩只能用翻译来沟通,实在是不方便。

1986年开始,我们发生了以前没有过的一系列小摩擦。其中有一个主要矛盾,那就是我想要实行一项高层的人事变动,特奥却拒绝了。一开始我们还能心平气和地讨论,但争论从1987年8月到1988年4月一直在升温,于是我向埃森发去了辞职信传真,要求于1989年1月正式离职。我觉得为了未来的生意发展,这样的改变是至关重要的。而且,我也觉察到,之前虽也是一名员工,但我还是具备身为企业家的一定权力的,然而随着双方沟通桥梁的变化,我能够全盘掌控的权力已经渐渐式微。

特奥和他的员工收到辞职信后非常沮丧。他们飞来美国,态度恳切地请我留任,但是我觉得离开已是必然之势,原因如下:

1. 离开公司最恰当的时机就是公司经营良好、人员充实的时候。我发现约翰·希尔兹在我离开公司前的一年多里表现出色,是个可以负责公司运营的人才,后来他的表现证明了我当时的眼光。当我1988年7月宣布辞职的消息后,我告诉特奥他们,要真正检验我作为管理者的能力,应该看我离开2年之后公司的表现。以此为标准衡量,我证明了自己卓越的管理力。至少在我离开的5年里,办公室管理层几乎没有什么改变,除了希尔兹从默文百货找回来的乔氏超市前员工迈克·帕克(Mike Parker),他来负责我以前的店铺选址和预算工作。帕克直到1997年才离开乔氏超市。

2. 我坚守同一份工作30年了,如果迟早要离开,不如趁现在。我

第22章　和一切再见，开启新征程

　　当时 58 岁，已经没有时间可以去别的地方做首席执行官或者重新开始一份事业了。
3. 我预见到未来自己会和埃森方面有其他分歧。毕竟我们来自大相径庭的文化背景，这么多年能相处融洽已经非常不可思议了。

　　我从阿尔布雷希特家族那里学到很多，也不会忘记我们共事的时光。

　　在帮乔氏超市做了一些关于租店与财会方面的咨询工作后，我们就彻底"分手"了。这就是成事之方，"老人"就应该腾出地方。不过在我这里，我的精神还在继续影响着乔氏超市。

　　那些无法理解我为什么要卖掉公司的人，同样无法理解我为什么会辞职。毕竟我们正在成为美国最有名零售商的路上。他们觉得我每天都在品酒，或者不是去法国，就是在 KFAC 做广播节目。

　　你问我后悔辞职吗？当然不。辞职后的 10 年，我的生活里充满了不可思议的体验，令我庆幸自己退出的决定。而且，我不需要再扮演一名好员工的角色。1989 年，我回到了企业家角色，之后又走上了个体户的道路，但在名义上受雇于 Thrifty 公司或其他公司。

　　你问我后悔出售公司吗？是的，这一点我承认。我后悔在 1978 年没有胆量去承担免税补贴的损失，没有处理好员工持股问题和遗产税的威胁，也没有直面卡特时代取消资本收益政策的威胁以及所有其他真实的或想象的担忧。

加缪在《西西弗神话》中写道:"凡人无可逃避的事实就是,一个人永远是被自己的内在真相打败的。一旦他承认了自己的这些真相,他无可逃脱。他只能为此付出代价。"我承认这个真相,我后悔卖了乔氏超市。我为此而付出的是比失去自我更大的代价。

我是乔·库隆布,感谢阅读。

坪效之王的经营智慧

1. 居安思危，是管理企业风险的核心。出售企业，应顺应中庸之道，树立理性的财富观，同时不放弃对世界的继续探究。

2. 乔氏超市的出售，很大程度上是一种风险管理，而不是变现或退出。

3. 离开公司最恰当的时机就是公司经营良好、人员充实的时候，这是成事之方，也是必然之势。

4. 出售乔氏超市的合同只能有一页，把交易简单化，奥乐齐不能改变乔氏超市一直以来的经营方式。

Becoming
Trader Joe
后　记

不可思议的新体验

当你对自己说"这样就够了"的那一天,你已经死了。[1]

——圣·奥古斯丁

我完全同意圣·奥古斯丁所说的。我从来不会对自己说"够了",也希望我永远不会说"够了"。

当我离开乔氏超市的时候,我不知道以后要去做什么。我和爱丽丝听从一位朋友的建议,坐火车环游了西西里岛。这真的是一次非常棒的旅程。我们漫无目的地穿过巴勒莫市的公共集市,在一家小店吃了午餐,里面挤满了穿着黑色西装的男人,他们互相低声细语,听上去有点"缄默法

---

[1] 这句话出自圣·奥古斯丁的《在孔波斯特拉朝圣路上为我们祈祷》(*Priez pour nous à Compostela*)

则"的感觉。

西西里岛有全球最复杂的料理，正如理查德·康登（Richard Condon）在他的小说《普里兹家族的荣誉》（*Prizzi's Honor*）里记录的一样。埃特纳火山地区出产的黑皮诺葡萄酒，我猜是1100—1400年诺尔曼人踏上西西里岛的时候带过去的。阿格里真托地区的神殿之谷是一个世界奇迹。请想象一下，那是一座用红砂石建造的、大小有2个帕特农神庙那么大的神殿遗迹，粉红乳尖状的教堂穹顶足以让你转而信奉罗伯特·格雷夫斯的母权文化。①

回到美国后，我在帕萨迪纳老城租了一间很小的办公室，风格颇似推理小说家雷蒙德·钱德勒20世纪30年代的冷硬风，所以我的朋友给我带了一只马耳他鹰，可惜不是玛丽·阿斯特（Mary Astor）担任主角的电影《马耳他之鹰》（*The Maltese Falcon*）中的鹰。

我开始探索其他生意，同时找机会去运营其他公司。1989—1991年，我做了一些顾问工作。1992—1995年，我一共管理了11家公司。

我是带着翁贝托·埃科的警言开始写这本书的：也许那些热爱人类的人的使命就是让人们笑对真相，让真相笑出声来，因为唯一的真相在于学会从对真相的疯狂热情中解脱出来。

---

① 英国诗人、评论家罗伯特·格雷夫斯在著作《白色女神》中建立了自己独特的神话体系，灵感源自19世纪对于母系社会和女神崇拜的研究，并且在他晚期作品中也可见这一体系的影响。——编者注

后　记　不可思议的新体验

现在我要开始分享一些好笑的事情，我会尽量模糊一些细节来保护过去 10 年的客户和雇主。倘若非要深究过往 10 年的真相，对一些人来说很不舒服。我离开乔氏超市后的生活可以分为 3 个部分：运营深陷泥潭的公司；为深陷泥潭的公司做顾问；担任其他公司的董事会成员，这也是我目前的工作，其中一些公司有问题，一些状况良好。

作为 CEO 去解救运营深陷泥潭的公司

1986 年，主要资产来自南加州天然气公司的太平洋集团开始寻找不受政府法规监管太大影响的其他多元化产业。太平洋集团最后选择了 Thrifty 公司用来摆脱监管。

Thrifty 公司有 6 个部门，总营收 34 亿美元。最大的 Thrifty 药店有 650 家店铺，营收约 18 亿美元。另外，买就省超市有 100 家连锁药店，他们是华盛顿州的市场领导者，在夏威夷和阿拉斯加也有分店。还有 Bi-Rite，一家在俄勒冈州有 30 个店面的公司，不过他们在五金商店里开药店的运营组合模式很奇怪，利润倒是不错。还有 3 家运动用品商店：丹佛市的 Big 5 和加特兄弟（Gart Bros），还有密歇根运动用品商店。后面两家连锁店是在冷战后的萧条期收购的。

1989—1991 年的 3 年间，我为时任太平洋集团 Thrifty 公司首席执行官的吉姆·乌克罗皮纳管理的 6 个子品牌做顾问。乌克罗皮纳以前是美迈斯律师事务所（O'Melveny）的律师。

1991 年 12 月之前，Thrifty 旗下 5 个品牌已经处于可被接受的较好状态。买就省超市进入了向好的拐点。Bi-Rite 情况良好，马蒂·史密斯（Marty Smith）当时是 Bi-Rite 的总裁，他可能是 Thrifty 旗下公司最有能力的干将。明星品牌 Big 5 一直以来在其创始人鲍勃·米勒（Bob Miller）和儿子史蒂夫的运营下状态良好。密歇根运动用品商店在新的管理层领导下止住了经营损失。到 1991 年末，Thrifty 公司终于迎来曙光。

Thrifty 药店已经支离破碎。你可以从前面的章节中觉察到，他们的每一个部分都出了问题。唯一运作良好的是他家的冰激凌业务，每年 Thrifty 药店为加州提供人均约 11 升的冰激凌。

一系列疏忽和过错导致 Thrifty 药店在美国所有主要的连锁药店中，分店的平均销售额最低，配方药的销量同样垫底。在太平洋集团收购 Thrifty 药店的时候，这些问题被 20 世纪 80 年代的繁荣表象掩盖了。再加上首要竞争对手 Sav-on 药店积极转型，Thrifty 走投无路。

美国商店（American Stores）早几年买下了 Sav-on 连锁店，因为前者在中西部地区有奥斯科药店（Osco），美国商店就做出了大公司会有的典型决策——同质化复制。Sav-on 药店改名为奥斯科药店，并撤走了帮助 Sav-on 药店打败猫头鹰药店的冰激凌柜台，结果 Sav-on 药店的销售崩盘。但在 1989 年，美国商店意识到了这个错误，重新使用 Sav-on 的品牌。这对 Thrifty 药店来说是个坏消息。1989 年，Thrifty 开始走下坡路，紧接着加州受到了冷战后经济衰退的重创。

Thrifty 公司的管理层拒绝面对大萧条带来的环境变化和 Sav-on 药店卷土重来的事实。在这个当口，乌克罗皮纳强硬要求做出改变。1990 年

后 记　不可思议的新体验

秋天,他派了丹·西格尔(Dan Seigel)来解决问题。西格尔来了几个月后 Thrifty 才开始提供运营 18 亿美元的生意需要做的基本财务报告。说实话,我不知道西格尔之前的管理层是怎么了解 Thrifty 药店的经营状况的。

之后,Thrifty 公司进行了管理层的各种变动,但是赤字仍在增长。乌克罗皮纳 1991 年 12 月辞去了太平洋集团下属公司的首席执行官工作,由比尔·伍德(Bill Wood)接任。伍德来自俄克拉何马州,是一位性格爽直的石油商,曾经是天然气公司的总裁。我以前只见过他一次,但他邀请我加入太平洋集团当执行副总裁,掌管 Thrifty 公司。

我们花了 5 天的时间和律师、会计师、投行人员一起开会,最后决定清算 Thrifty 公司。我们选了摩根士丹利来处理,后者在凌乱糟糕的环境下将工作处理得很到位,让我对投行刮目相看,而且当时费用也没离谱到是什么天文数字。

1992 年 5 月,我们和洛杉矶著名的风投公司莱纳德·格林公司(Leonard Green)做了交易。就在交易的最后一天,即 1992 年 9 月 24 日,关于是否能够从涉及的 30 家银行和保险公司那里获得批准的情况依然不明朗。一家日本银行迟迟不肯达成合作,因为所有决策必须在东京出台。

情况就是如此。据统计,在进军零售业的 6 年里,太平洋集团的股票每股从 57 美元跌到了 17 美元,市值蒸发了 16 亿美元。当我们清算完 Thrifty 公司之后,股票涨回了每股 25 美元。对 8 个月的努力来说,这个结果不算太差。我和太平洋集团的高管及其他很多同伴一起工作很愉快,大家都知道自己在处理一件头疼的事情,撸起袖子就干。

269

我在太平洋集团的豪奢办公室位于联邦银行大厦的 55 楼，那是洛杉矶市中心最高级的大楼。这种高级让我极度不安，因为以前的我只在一个建筑资质不全、由工具房改装的办公室里干活，当然，那家公司的盈利状况非常好。在这个铺着厚地毯、自带金碧辉煌的私人洗手间的办公室里待上 8 个月可真够受的，但这次经历也给了我额外奖励。

1992 年母亲节，我带父母来到联邦银行大厦。他们从来没到过 55 层这么高的地方。那是我妈妈最后一个母亲节，她坐在轮椅上，这样我们可以带她看看那时美国最棒的现代艺术作品。她看见了会议室特殊的安全玻璃，这种玻璃让任何电子窃听器都无处藏身；巨大的会议桌是由直升机吊进来的，所有家具都焊在了地面上以防止地震影响，等等。我想，那天应该是她生命中最明亮的日子之一吧。

莱纳德·格林公司从 Thrifty 公司分拆了 3 家运动用品连锁店出来，然后在 1994 年 3 月和凯马特公司（Kmart）完成交易，将剩下的 Thrifty 药店和凯马特公司旗下的 Payless 药店合并。1996 年，莱纳德·格林公司又把 Thrifty-Payless 连锁店合并到了来德爱公司（Rite Aid），把所有 Thrifty 的招牌换成了来德爱。

最后来说说管理。Thrifty 公司在 20 世纪 50 年代到 70 年代一直是非常高效、强大的零售商。我询问了很多老员工，20 世纪 80 年代早期到底哪里出了问题。听到的回答高度一致，问题就发生在他们从位于罗德奥和拉布雷阿的老仓库式办公室搬进威尔希尔大街的前 IBM 大厦之后。在老办公室里，每个人都看得见彼此，知道发生了什么事，而且大家也始终可以看见仓库都收发了什么东西。

后 记　不可思议的新体验

那幢大厦对于公司管理就是一个噩梦。那里一共12层楼，每一层都不怎么宽敞，所以管理层就被分散开了。大厦里大概有1 000名员工，为了安全，每层楼都得配备接待员，这就等于增加了一项费用。莱纳德·格林公司在把地下室那些糟糕的计算机系统外包出去之后，就把这个地方让给了洛杉矶的大主教区。

我坚信，公司总部就应该是一个没有私人办公室隔间的地方，有工厂氛围的样子，就像玛氏糖果公司那样。后面我运营的一家北加州的问题公司和Thrifty一样有着糟糕的办公室。你们觉得从中可以总结出一个结论了吗？

太平洋集团错误地收购Thrifty公司的同一期间，加拿大一家巨型超市连锁店也做了一个类似的错误决策。他们买下了北加州一家濒临破产的杂货批发公司，叫Market批发公司。为了使销售规模有所增长，他们又买下了3家很糟糕的超市连锁店：专营美食的佩特里尼连锁店，成本无底洞的Cost Less Markets，还有位于莫德斯托的一家管理松垮的连锁店，名叫"新交易"（New Deal），销量逐年下滑20%。当我1994年2月加入佩特里尼连锁店的时候，发现这家店也面临同样的问题。这一堆公司一年的销售额是5亿美元，其中一半是批发业务。

这家加拿大巨型连锁超市位于蒙特利尔的母公司1993年陷入了危机，作风奢侈的原管理层被一些头脑敏锐的管理者取代，后者曾经创建了加拿大的普莱斯会员店，那是普莱斯会员店全球范围内销量最高的一家。新任首席执行官皮埃尔·米格诺特（Pierre Mignault）来加州经历了一次令他心灰意冷的访问后，打电话给他的前老板。这位前老板就把我的联系方式给了米格诺特。

在获得了爱丽丝的谅解和支持后，我在那幢选址糟糕的总部大楼附近的马林县租了一间公寓。我还没到64岁，体力还可以，就是通勤太麻烦了。运营一家公司每天的工作时间是12小时，每周7天无休。

米格诺特和伯纳德·麦克唐奈可能是我合作过的最厉害的零售业管理者。他们睿智、经验丰富、一丝不苟又富有远见。他俩专注于梳理加拿大公司的乱局，我要用3年的时间来清算加州的业务。我请了鲍勃·约翰逊一起来，约翰逊曾是乔氏超市的高级项目总监，1990年他辞职加入了罐头食品杂货大卖场任采购部管理者。

莫德斯托市的人口构成状况已经变成了有60%的西班牙裔。但面对这样的变化，新交易连锁店的管理层没有做出任何反应。我把管理层人员换了一批之后，开始将目标客群转向西班牙裔。在那个时期，为西班牙裔服务的商铺必须提供汇款服务，因为每年有几十亿美元被汇入墨西哥。我们在所有店铺都安置了汇款点，把标识语言换成西语，感恩节推广猪肉而非火鸡。

我们还增加了400种"西班牙裔"商品，包括非正式渠道的碧浪洗衣液——这是宝洁公司在墨西哥生产的产品，按理不能在美国销售。在美国，只有西班牙裔开的商店才会有碧浪洗衣液。在曾任Provigo公司人事总监的唐·韦（Don Way）的领导下，新交易连锁店90天内就扭转了颓势，并且成为地域融合的范例。他们所在的区域内，几乎所有商店都转为"西班牙裔"。一家成功的商店需要做的，就是与目标客群匹配。

我们也扭转了 Market 批发公司的颓势。这次成功基于 3 个要素，我只为第一个要素负责，其他的则由"非常出色"的专家们处理。

第一，使西班牙食品业务重回 Market 批发公司。之前的管理层居然在 2 年前卖掉了西班牙食品线。为了给新交易连锁店补货，我们给 Market 批发公司加了 400 种西班牙单品。这才是 Market 批发公司众多的小杂货铺顾客需要的。

第二，Market 批发公司的领导者正在培育一个新计划：设立一个特别的冷冻食品分销部，为超市面包房提供冷冻的烘焙产品。几乎没有超市会自制烘焙产品，大多数产品都是解冻的，或者经解冻再加热的。1994 年，伍德收到了给 60 家幸运超市提供店内烘焙产品的订单。在我离开公司的时候，伍德正在努力争取 Raley's 超市 60 家店铺的订单。

第三，大型杂货批发商 Fleming 决定不再接受每周低于 1 万美元的订单。1994 年，我们适时接过了那些小额订单，真是天上掉馅饼。

来说说低折扣超市（Cost Less Markets）。低折扣超市有 8 家连锁店，每家都是巨大无比的仓储式商店。据我所知，他们售卖的所有商品价格都低于成本价。我一加入公司，马上关闭了 2 家。让低折扣超市继续运营的唯一理由是他们可以保持 Market 批发公司能拿到低供应价的货品数量，这是个很蹩脚的理由。但是，正如我在第 16 章里提到的，剩余那 6 家店的租约里包含"持续营业"条款，所以无法直接关闭。

当我入职 Provigo 公司的时候，发现了一枚"珍宝"——伊戈尔·切尔卡斯（Igor Cherkas）。切尔卡斯是乌克兰移民，也是迄今我所见过的最有活力的人，而在活力背后，他还有睿智的头脑。切尔卡斯以前是佩特里尼连锁店的首席财务官。我们一起完成了一些重大改革，其中有一些措施不太明智，但是我们把低折扣超市的销售业务转型到偏向民族习惯的产品，比如鱼头，从而收获了成功。关闭那6家商店是不可动摇的结论，虽然这会牵涉到违反租约等问题。

为了充分利用切尔卡斯的活力和他对连锁店行业的深入理解，我把佩特里尼连锁店交给他运营。佩特里尼连锁店之前是湾区一家领先的肉类连锁店，创始人是一位可敬的老人——弗兰克·佩特里尼（Frank Petrini）。随着创始人逐渐老去，佩特里尼公司也开始式微。当加拿大人1988年来收购它的时候，店铺基本上都是即将倒闭的状态。接盘的加拿大公司管理层中有一个人曾经坚持把挡雪板产品放在店里售卖，尝试了各种傻瓜式零售方法。到1994年，顾客完全搞不清楚这家店到底是卖什么的。我立即关闭了18家店铺里的2家，其他一些运营糟糕的店铺因为租约里有"持续营业"条款，暂时无法关闭。

在之前一些章节里，我提过关于超市售卖大品牌产品的内容。那些产品都是由生产商来支付入场费和广告补贴的。在我到岗佩特里尼公司4周后，一位名叫鲍勃·萨伊西（Bob Saisi）的经验老到的杂货采购员找我说，他已经找不到可以"补贴"下个月广告费用的品牌产品了。佩特里尼公司已经把资源都榨干了。厂商们发现佩特里尼连锁店卖不动货，就不再积极给予支持了。这时候我发现我正面临一个问题，公司的相关行动太频繁，带来了太多改变。我感到时间紧迫，但也明白不应该急于求成。

尽管如此，我们12月前开始有了转机。葡萄酒顾客的购买量是原来的3倍，黄道蟹和其他海鲜产品在买肉的顾客中也大受欢迎。佩特里尼公司转型的众多痛苦之一，就是从肉食向海鲜产品的业务转型。

完成所有这些动作后，皮埃尔·米格诺特非常感激，表示如果他能如承诺的那样给我们3年时间，那我们一定可以成功。但是，他无法兑现这个时间的承诺，因为蒙特利尔那边施加给他新的压力，要求他即刻撤出加州市场。

为了寻找收购佩特里尼公司的买家，我们经历了一段困难时期。我在1992年完结Thrifty公司事宜的时候，认识了吉姆·科尔伯格（Jim Kohlberg）和杰里·科尔伯格（Jerry Kohlberg）。1992—1993年，我为他们做过一些顾问工作。

在几个月的艰难谈判后，麦克唐奈证明了自己的才干，也教会了我什么叫作"风险管理"。1995年1月，我们把佩特里尼公司卖给了科尔伯格家族。这一切之所以可以顺利结束，很大程度上是因为房地产部负责人的出色工作，他利用自己和佩特里尼房东们的私人关系，解决了租客主体变更的问题。转让承租关系是租约里的一项关键条款。但是，佩特里尼公司的租约里显然没有这项条款，因此后来只能动用员工的销售能力来帮助我们过关。

正如我在第16章中谈到的，科尔伯格家族直截了当地关闭了低折扣超市，把Market批发公司卖给了另外一家批发商，通过关停或售卖的方式把佩特里尼公司拆分开来。科尔伯格家族只保留了西班牙裔化的新交易连锁店，这让我倍感欣慰。在我们关停加州业务的时候，蒙特利尔母公司的股票每股从 5 美元涨到了 8 美元，涨幅 62%。真的值得庆贺！

1995 年 1 月我回到帕萨迪纳家里的时候，真的精疲力竭了。在北加州的那 10 个月如同与巨蟒搏斗一般，虽然过程中有很多收获，但也把我折腾到不得不飞去法国休息的地步。休假结束后，我再一次被推到了"战火"中。

"运动小木屋"是一个拥有 47 家店铺的高端运动用品公司，坐落在南加州。员工都有相关的专业背景，如滑雪、登山、钓鱼。这家公司也是美国最大的"水肺"用品零售商，被认为是美国单店售卖最多"水肺"用品的地方。1993 年刚上市不久，我就曾参与过他们的董事会工作。创始人 1992 年 10 月以 9 美元的每股价格出售了 25% 的股票。我在 1994 年辞去了董事会职务，去运营在北加州的公司。

我刚回到帕萨迪纳的家里，这家公司董事会刚解任首席执行官，他们要求我来补位，并同时物色了一名新的首席执行官。股票每股价格跌到 3 美元，公司确实到了千钧一发的时候。在我的第一次会议上，公司对接的银行告诉我"运动小木屋"的信用账户 15 个月后就要过期了，他们不会再续约。这个消息真够让我"醒脑"的。

1994—1995 年几乎一整年都没有下雪，而这家公司挺了过来。真正的问题是结构性的，其中最难解决的问题是采购系统几乎没有任何监管。我忘记了接下来几周我们清算了多少商品，它们数量巨大，价值十几万到几十万美元。我在那里只待了 9 周时间，但那 9 周里，我算是发挥了作为管理者最出色的表现，做了全面整顿。

我聘请了金·罗宾斯（Kim Robbins）担任商品部总经理。她曾经是卡特霍利霍尔百货商店（Carter Hawley Hale）的一名高管。罗宾斯在加入的一年时间里，在梳理库存和采购流程方面表现出色。经验老到的店铺总监丹尼斯·特劳施（Dennis Trausch）提出了创新的店铺补贴计划，马上就有了成效。我选了鲍勃·豪特（Bob Haueter）负责我们的广告业务，他的工作也非常到位。

我们停止了所有报纸广告，这样就减轻了采购部门的压力。毕竟要把成百上千种单品信息印刷出来真是个噩梦。我们做起了电台广告，这个手段非常奏效。豪特后来告诉我，"运动小木屋"在运动用品界里"垄断"了电台。

我能够传授的最重要的一件事就是，在任何一家陷入困境的公司中，一线人员完全知道应该怎么做日常运营工作。如果你去问他们，你会得到解决方案。在Thrifty药店的案子里，那些深陷绝望的可怜的店经理让我了解到了所有有用的信息。一家深陷泥潭的公司，它的问题永远出在首席执行官、董事会和那些控股的股东身上。一线人员绝不会是问题的源头。

我为什么辞职？因为环境。换句话说，我不愿意"引诱"一位能力卓越的人才来此接任首席执行官，没别的原因了。关于这一点，汤姆·彼得鲁诺（Tom Petruno）在《洛杉矶时报》上做了很好的解释。

在我离开"运动小木屋"之后，公司有了不少进展，所以另一家银行

1996年接下了其信用账户业务。接下来开始下雪了,"运动小木屋"生存了下来,持续运营,没有陷入像Thrifty公司和北加州那几家连锁店那样的关停命运。

在我的任期内关闭的那两家企业,我们成功地完成了清算,之后母公司的股价显著跃升。这属于财务方面的成功,但"运动小木屋"是我最满意的作品,因为其体现的是运营方面的成功。

我从1958年开始的首席执行官生涯,在这里画上了一个圆满的句号。

作为顾问去给客户排忧解难

自从我离开乔氏超市后,很多公司打电话来请我做顾问。我对这个角色一直不是很感兴趣。20世纪50年代,我在休斯飞机公司任职的时候,观察到顾问这一角色就是告诉管理层他们已经知道的事情,只是碍于职场政治,这些事情需要通过第三方的声音说出来。

一些潜在客户会突然打来电话,但他们似乎不需要顾问,需要的是"魔法棒"。这些客户深陷绝境,发现自己手里空无一物,愿意给我每小时200美元的顾问费。其中一些人,无论自己当下的财务状况、员工关系有多糟糕,都觉得乔氏超市的"奇迹"可以复制在他们身上。有的公司的女性员工面临性骚扰问题,有的公司租约情况很糟糕,还有的公司的规划毫无头绪,缺少有力的组织监管。

大多数陷在泥潭里的潜在"客户"如今都不复存在了,这一点也没什么好惊讶的。比如，有一家酒类连锁店，负债比是 1 600 ∶ 1，别觉得我在开玩笑。有一家连锁便利店的持有者取消了员工保险补贴，理由是他得经常关闭店铺，保险费太贵了——我一得知这个消息，马上终止了和这家公司的业务。

还有一家连锁店卖弹力紧身衣给追逐时尚的青春期女孩，拿到的广告补贴甚至高过售卖产品的收益。那是一门好生意，但是太依赖百货商场的客流量了。冷战结束后的大萧条时期，加州几乎每家百货商店都如第 11 章里提到的那样，因为他们依赖的商圈萧条而走投无路。

我们且把这个现象叫作"弹力时尚"。其实这里面有一个与人事相关的问题，那就是店经理都是女性，她们因为年轻时表现出色而被升至店经理。她们在少女时代就开始做店员，同顾客有很强的共情和连接感，因为她们同样处于破茧而出的成长探索期。但是，随着年龄的成长，她们就渐渐失去了成为那些少女偶像的能力。甚至，她们开始对这门业务产生了负面影响。所幸，这家公司背后的投资人准确预判了加州还有 4 年的衰退期要渡过，以及商场将会日渐没落，因此他切断了财务支持。这家公司被解散了。

说到这里，我想提一件事，那就是客户公司的首席执行官手下一般会有特别助理，这一角色专门负责客户关系、广告或者选品业务。其中有一名助理 50 多岁，是公司第二代继承人。他对助理的工作内容一无所知，却还在尽力证明自己可以成功。由此看来，"富不过三代"其实都等不到第三代，第二代就有可能毁掉家族事业。我还清楚地记得，当时我坐在他对面，他身后是装有镜子的漂亮吧台。我能看见镜子里身为顾问的自己在和他对话时频频皱眉的样子。之所以皱眉，一部分原因是针对我自己，比如在想"我在这里到底在做什么？你知道这个家伙不会关闭生意差的店铺的"，或者在思考"他应该开给员工更高的工资"。

现在，我给有问题的客户免费做咨询，这样能为我带来更多的心理收益。我可以对着那些疯狂失智的计划——像作家翁贝托·埃科所写的，"面对真相发出大笑"了。

作为董事去迎接新挑战

1989年之后，我先后加入了一些非常有趣的公司，成为董事会成员。在罐头食品杂货大卖场的4年，我的回报丰厚。你问我怎么看这家位于爱达荷州布莱克富特市的公司？它除了在商业上非常成功，同时也真正地帮助低收入人群获得便宜的食物。

1992—1994年，房地产业处于低迷时期，我加入了加州一家银行的董事会。这次经历怎么形容呢……很紧绷？美国联邦存款保险公司（FDIC）自视为那家银行存款业务的第二保险方，那些董事会成员的资产净值是首要的。那时，我在斯坦福大学取得了金融政策专业学位，有机会和美联储的管理者坐在一起，我所任职的银行徘徊在CAMEL3和CAMEL4[①]的位置，这个场景挺让我有成就感的。

---

① 美国金融机构统一评级制度叫作"骆驼评级制度"（CAMEL），英文字母缩写分别代表：资本充足率（Capital Adequacy），资产质量（Assets Quality），管理能力（Management），盈利性（Earning），流动性（Liquidity）。——编者注

后　记　不可思议的新体验

当我接受 Provigo 公司的工作邀请后，就辞去了银行董事会的职务，因为我无法当一名不出席会议的银行董事会成员。我不仅要参加董事会月度会议，还要参与贷款委员会会议和审计委员会会议，这让我分身乏术。但这家银行的情况在逐渐变好，其股价在我的任期内涨了 50%。所以当我离任并将股权兑现后，我赚了 18.5 万美元。我把这笔钱捐给了洛杉矶歌剧院，支持我所爱的歌剧《费加罗的婚礼》(Le Nozze di Figaro) 的制作。这部剧由伟大的男中音、绅士汤姆·艾伦（Tom Allen）主演。

现在，我在几家公司的董事会就职。因为他们都运营良好，我就不多说什么了。董事会的工作让我感到满足的同时，也带来一定的挑战。

写这本书的感觉和在董事会工作的体验一样，让我有一种满足感，也很有挑战性，适合我当前的年纪。正如约瑟夫·康拉德（Joseph Conrad）在《大海如镜》(The Mirror of the Sea) 中所写的：

与人打交道的艺术同与船待在一起时一样。当人和船都处在不稳定的环境中时，会受到或微妙或强大的力量的影响。两者都渴望别人发现和了解自己的优点，而不是盯着自己的缺点。

我希望读者能通过此书了解我的优点，多过看到我的不足。

未来，属于终身学习者

我们正在亲历前所未有的变革——互联网改变了信息传递的方式，指数级技术快速发展并颠覆商业世界，人工智能正在侵占越来越多的人类领地。

面对这些变化，我们需要问自己：未来需要什么样的人才？

答案是，成为终身学习者。终身学习意味着永不停歇地追求全面的知识结构、强大的逻辑思考能力和敏锐的感知力。这是一种能够在不断变化中随时重建、更新认知体系的能力。阅读，无疑是帮助我们提高这种能力的最佳途径。

在充满不确定性的时代，答案并不总是简单地出现在书本之中。"读万卷书"不仅要亲自阅读、广泛阅读，也需要我们深入探索好书的内部世界，让知识不再局限于书本之中。

湛庐阅读 App: 与最聪明的人共同进化

我们现在推出全新的湛庐阅读 App，它将成为您在书本之外，践行终身学习的场所。

- 不用考虑"读什么"。这里汇集了湛庐所有纸质书、电子书、有声书和各种阅读服务。
- 可以学习"怎么读"。我们提供包括课程、精读班和讲书在内的全方位阅读解决方案。
- 谁来领读？您能最先了解到作者、译者、专家等大咖的前沿洞见，他们是高质量思想的源泉。
- 与谁共读？您将加入优秀的读者和终身学习者的行列，他们对阅读和学习具有持久的热情和源源不断的动力。

在湛庐阅读 App 首页，编辑为您精选了经典书目和优质音视频内容，每天早、中、晚更新，满足您不间断的阅读需求。

【特别专题】【主题书单】【人物特写】等原创专栏，提供专业、深度的解读和选书参考，回应社会议题，是您了解湛庐近千位重要作者思想的独家渠道。

在每本图书的详情页，您将通过深度导读栏目【专家视点】【深度访谈】和【书评】读懂、读透一本好书。

通过这个不设限的学习平台，您在任何时间、任何地点都能获得有价值的思想，并通过阅读实现终身学习。我们邀您共建一个与最聪明的人共同进化的社区，使其成为先进思想交汇的聚集地，这正是我们的使命和价值所在。

CHEERS

湛庐阅读 App
使用指南

读什么
- 纸质书
- 电子书
- 有声书

怎么读
- 课程
- 精读班
- 讲书
- 测一测
- 参考文献
- 图片资料

与谁共读
- 主题书单
- 特别专题
- 人物特写
- 日更专栏
- 编辑推荐

谁来领读
- 专家视点
- 深度访谈
- 书评
- 精彩视频

HERE COMES EVERYBODY

下载湛庐阅读 App
一站获取阅读服务

BECOMING TRADER JOE: HOW I DID BUSINESS MY WAY AND STILL BEAT THE BIG GUYS by JOE COULOMBE, FOUNDER OF TRADER JOE'S, WITH PATTY CIVALLERI

Copyright © 2021 LISLER, INC.

This edition arranged with HarperCollins Leadership through Big Apple Agency, Inc., Labuan, Malaysia.

Simplified Chinese edition copyright © 2024 BEIIJING CHEERS BOOKS LTD.

All rights reserved.

本书中文简体字版经授权在中华人民共和国境内独家出版发行。未经出版者书面许可，不得以任何方式抄袭、复制或节录本书中的任何部分。

版权所有，侵权必究。

图书在版编目（CIP）数据

坪效之王 /（美）乔·库隆布（Joe Coulombe），（美）帕蒂·奇瓦莱里（Patty Civalleri）著；侯静雯译. -- 杭州：浙江教育出版社，2024.8. -- ISBN 978-7-5722-8543-1

Ⅰ. F272

中国国家版本馆 CIP 数据核字第 2024JY1773 号

浙江省版权局
著作权合同登记号
图字：11-2024-275 号

上架指导：企业管理

版权所有，侵权必究
本书法律顾问　北京市盈科律师事务所　崔爽律师

坪效之王
PINGXIAO ZHI WANG

[美] 乔·库隆布（Joe Coulombe）　帕蒂·奇瓦莱里（Patty Civalleri）　著
侯静雯　译

责任编辑：胡凯莉
美术编辑：韩　波
责任校对：刘姗姗
责任印务：陈　沁
封面设计：ablackcover.com

出版发行：	浙江教育出版社（杭州市环城北路 177 号）
印　　刷：	天津中印联印务有限公司
开　　本：	720mm ×965mm 1/16　　　　插　　页：8
印　　张：	19.5　　　　字　　数：249 千字
版　　次：	2024 年 8 月第 1 版　　　印　　次：2024 年 8 月第 1 次印刷
书　　号：	ISBN 978-7-5722-8543-1　　定　　价：109.90 元

如发现印装质量问题，影响阅读，请致电 010-56676359 联系调换。